Anna Korth
Die Wandler zwischen den Welten.
Intrapersonale Biprofessionalität als Transprofessionalität

Anna Korth

Die Wandler zwischen den Welten. Intrapersonale Biprofessionalität als Transprofessionalität

Eine qualitativ-empirische Studie zur Subjektperspektive auf das berufliche Selbstbild von Professionsträger*innen mit zweifachem Professionsbezug

BELTZ JUVENTA

Die Autorin

Anna Korth, Lehramtsassessorin für Latein, Griechisch und Italienisch für das Lehramt am Gymnasium; Soziale Arbeit (BA). Promotionsstipendiatin im Graduiertenkolleg „Multiprofessionalität in der Bildungsinfrastruktur und in Sozialen Diensten" am Institut für Sozial- und Organisationspädagogik der Stiftung Universität Hildesheim. Arbeits- und Forschungsschwerpunkte: intrapersonale Biprofessionalität.

Dieses Buch ist erhältlich als:
ISBN 978-3-7799-6960-0 Print
ISBN 978-3-7799-6961-7 E-Book (PDF)

1. Auflage 2022

© 2022 Beltz Juventa
in der Verlagsgruppe Beltz · Weinheim Basel
Werderstraße 10, 69469 Weinheim
Alle Rechte vorbehalten

Herstellung und Satz: Jenny Pötzsch
Druck und Bindung: Beltz Grafische Betriebe, Bad Langensalza
Beltz Grafische Betriebe ist ein klimaneutrales Unternehmen (ID 15985-2104-100)
Printed in Germany

Weitere Informationen zu unseren Autor_innen und Titeln finden Sie unter: www.beltz.de

Inhalt

III. Teil: Ergebnisteil

Einführung

Vielfach wurde in der Sozialen Arbeit, der Sozialpädagogik und der Pädagogik die Frage danach gestellt, wie sich Biografie und Beruf miteinander verbinden und welche Beziehung zwischen beiden besteht (vgl. überblicksartig die Beiträge aus Kraul 2002). Es wurde danach gefragt, was den Pädagogen / die Pädagogin bzw. den „Erzieher" (Spranger 1968) im Kern seiner Persönlichkeit ausmacht: Was ist die eigentliche, ja unverwechselbare Echtheit der Träger*innen dieser Berufsgruppen und wie lässt sich dieser Kern fassen? Oder lässt sich überhaupt etwas Eigentliches, Unverwechselbares in den einzelnen Berufsbiografien dieser Berufsgruppen finden, das einem Schwerpunkt ähnelt, der Biografie und Beruf ‚aufspannt' und in das jeweilige aufeinander ausgerichtete Verhältnis setzt? In diesem Zusammenhang wird auch die Frage gestellt, ob es eine besondere Berufung gäbe, die Sozialarbeiter*innen haben (Pfaffenberger/Schenk 1992), und wie diese zu verstehen sei.

An die Frage nach dem Kernelement jener Berufe bezogen auf diejenigen, die diese Berufe ausüben, knüpft sich eine andere, viel diskutierte Frage. Noch immer wird darum gestritten, ob die Soziale Arbeit / Sozialpädagogik und die Pädagogik als Profession bzw. als Professionen verstanden werden können und ob der Sozialen Arbeit dieser ‚Status', den die Soziologie der Profession, nicht jedoch dem Beruf zuspricht, anerkannt werden kann (vgl. dazu überblicksartig Schütze 1992). Die Argumente dafür und dagegen wurden vielfach benannt und in einer bis heute anhaltenden Diskussion gegeneinander ins Feld geführt (vgl. ebd.). Auch bei anderen Berufsgruppen wird darüber diskutiert, ob diese als Professionen zu verstehen seien. Den „alten Professionen" (Mok 1969) der Mediziner*innen, Jurist*innen und Theolog*innen stehen die „neuen Professionen" (ebd.) entgegen, darunter zum Beispiel die Lehrerschaft. Doch nicht nur bei den pädagogischen Berufen, den Lehrer*innen, Sozialpädagog*innen, Pädagog*innen und Erzieher*innen (vgl. Reichertz 1993, S. 205), sondern auch bei anderen Berufsgruppen wie denen der Ingenieur*innen, Wissenschaftler*innen und Künstler*innen wird darüber gestritten, ob sie als Professionen bezeichnet werden können (vgl. Pfadenhauer 2003, S. 31). In diesem Zusammenhang wird neben der Bezeichnung der „neuen Professionen" (Mok 1969) auch von „would-be-professions" (Hughes 1958, S. 133), von „semi-professions" (Etzioni 1964) und „von klassischen und neuen Professionen" (Stichweh 1994, S. 325) gesprochen.

Die drei „klassischen" (ebd.) Professionen, deren Professionsstatus unbestritten ist, haben sich, so wird argumentiert, über Jahrhunderte hinweg zu dem hin geformt, was heute als Profession bezeichnet werden kann (Stichweh 2000,

S. 29 f.). Um zu belegen, wann man von einer Profession sprechen kann, fallen die Stichworte der Autonomie (Pfadenhauer 2003, S. 40, mit Marshall 1939), „kollegiale Binnenkontrolle" (Oevermann 1997, S. 9) und die Bearbeitung von Zentralwerten gemäß einem professionellen Altruismus im Interesse der Klient*innen (vgl. Parsons 1968). Sie werden genannt, um das, was immer schon als Profession gegolten hat, von dem abzugrenzen, was noch unter den Begriff des Berufs fällt.

Diejenigen, die sich dafür aussprechen, dass pädagogische Berufe – und darunter die Soziale Arbeit bzw. Sozialpädagogik – Professionen sind, halten den Gegner*innen entgegen, dass unabhängig von Profession oder Beruf Professionalität reklamiert werden kann, die sich an unterschiedlichen Aspekten festmachen lässt (vgl. Bauer 2018). Jene Professionalität lässt sich zum Beispiel am beruflichen Handeln, das unter gewissen Bedingungen als professionell verstanden werden kann, erkennen (vgl. König 2014, S. 75). Die Berufe, deren berufliches Handeln als professionell eingestuft werden kann, können Professionalität reklamieren (vgl. Bauer 2018). In diesem Zusammenhang wird Professionalität häufig auch in die Person der Noch-Berufsträger*innen oder schon Professionellen hineinverlegt und in Form eines Spektrums verschiedener Kompetenzen wahrgenommen (vgl. König 2014, S. 75).

Spricht man von professionell bzw. nicht-professionell, ist diesem Sprechen häufig eine Qualitätszuschreibung an die Professionellen bzw. an das, was als professionell gilt, unterlegt. Ob die Arbeit tatsächlich „qualitätsvoller" ist, wenn sie von Professionsträger*innen ausgeführt und weniger „qualitätsvoll", wenn sie von Angehörigen anderer Berufsgruppen, denen der Status einer Profession nicht zugesprochen wird, vorgenommen wird, wird häufig nicht hinterfragt. Zu eng scheint immer noch die Beziehung zwischen Profession und professionellem Qualitätsanspruch. Wenn das, was als professionell bezeichnet wird, gleichzeitig auch meint, dass es mit ‚gut' gleichzusetzen ist, dann muss das, was als ‚professionell' gilt, auch besser sein als das, was nicht professionell oder gar unprofessionell ist. Und so liegt es nah, denjenigen, die einer Profession angehören und damit professionell sind, Qualitäten oder Kompetenzen zuzusprechen (vgl. König 2014), die diejenigen, die nicht-professionell sind, nicht haben können. Hier ließe sich einwenden, dass Ärzt*innen, Jurist*innen und Theolog*innen ebenso ihre ‚Schönheitsfehler' machen – so wie sie auch von Angehörigen anderer Berufsgruppen oder Professionen gemacht werden: Man denke nur an die Blutspendeskandale oder die sogenannte Herzklappenaffäre. Dennoch werden die Fehler von Professionsträger*innen weniger dahingehend in der Soziologie zur Kenntnis genommen, dass die Frage gestellt werden würde, wie die gern unter den Tisch gekehrte Fehlerhaftigkeit jeglichen Handelns – unabhängig davon, ob es als professionell oder unprofessionell ausgewiesen wird – professionstheoretisch miteinbezogen wird. Jedoch gibt es die Überlegungen dazu, wie sich professionelles Handeln darstellt und dass es davon bedroht sein kann, dass „Paradoxien und Antinomien" (Schütze 1992) auftreten und sogar als typisch für dieses Handeln erkannt werden können. Sie tragen dazu bei, den Blick auf das, was sich zwischen Professionsträger*in und Klient*in abspielt, zu öffnen.

Von professionssoziologischer Seite wurde mit Blick auf das eigene Forschungsfeld festgestellt, dass sich das, was unter einer Profession zu verstehen ist, einem nicht-wissenschaftlich fundierten, alltagsweltlichen Zugang entziehe und sich erst mit einem theoretischen Vorverständnis erschließe (vgl. Maiwald 1997, S. 11). Es braucht also einiges an Wissen, um einen Begriff, der intuitiv so wenig fassbar ist, zu verstehen. Auch wird das Begriffsverständnis dadurch nochmals erschwert, als dass der Professionsbegriff aus vielen unterschiedlichen Ansätzen heraus diskutiert wird: dem des funktionalistischen, des machttheoretischen und des interaktionistischen Models, um nur einige zu nennen (vgl. dazu überblicksartig Pfadenhauer 2003, S. 31 - 54). Sie alle ringen um den Vorrang in der Begriffsdeutung (vgl. ebd.). Auch hat sich ein Fokus der Untersuchungen auf die bereits erwähnte Berufsgruppentrias der Mediziner*innen, Jurist*innen und Theolog*innen, die wie schon erwähnt unbestritten als Professionen gelten, gerichtet. Ihnen wurden Untersuchungen gewidmet, die sich zum Beispiel entweder mit Professionsfragen zur Berufsgruppe der Mediziner*innen (vgl. Parsons 1970, Larson 1977, S. 19 - 39) oder der Professionalisierungsgeschichte der juristischen Profession (vgl. Maiwald 1997) befassten. Diese Fokussierung der Professionssoziologie auf die Dreiheit der klassischen Professionen ließ das Bild dessen, was als Profession verstanden wird, gewissermaßen scharf gezeichnet hervortreten unter Bezugnahme auf die Professionen der Ärzt*innen und Jurist*innen (vgl. Rüschemeyer 1972). Somit können diese Berufsgruppen analytisch im Sinne professionstheoretischer Modelle als Inbegriff dessen gelten, was Professionen sind.

Bei anderen Berufsgruppen ist man sich wie schon erwähnt weniger einig, ob diese Professionen sind: Neben den „alten Professionen" (Mok 1969) wurden die „neuen Professionen" (ebd.) wie zum Beispiel die pädagogischen Berufe hinsichtlich eines möglichen Professionsstatus kritisch in den Blick genommen (vgl. Reichertz 1993, S. 205; Sahle 1985). Doch auch bei einer Berufsgruppe, die unbestritten als Profession gilt, die der Theolog*innen, wird diskutiert, ob deren gesellschaftliche Funktion nicht von einer anderen Berufsgruppe, die der Psychotherapeut*innen, abgelöst worden ist (vgl. dazu überblicksartig Abbott 1980).

Im Zuge der Diskussion um die Frage nach dem Professionsstatus der pädagogischen Berufe ist auch die Frage nach der Professionalisierung (Larson 1977, Abbott 1988, Freidson 2001) von Berufen als Entstehungsprozess von Professionen zu nennen. Dieser Prozess der Professionsentstehung wurde auch aus machttheoretischen Gesichtspunkten (Freidson 2001, Larson 1977) heraus beleuchtet. Doch lässt sich daraus schließen, dass – wie Wilensky (1972) fragt – jeder Beruf irgendwann eine Profession sein wird? So wie von Professionalisierung im Sinne eines Gewinns an Status gesprochen wird, wird zunehmend auch über das entgegengesetzte Phänomen, den Verlust an Status, und von Deprofessionalisierung gesprochen (Freidson 2001, S. 129 - 132, Jarausch 1996, Krause 1996). Ob und unter welchen Bedingungen diese Deprofessionalisierung drohe, wurde gefragt.

Nicht zuletzt wurden Ideen darüber entwickelt, dass sich die heutige Welt in ihrem dynamischen Veränderungsprozess so gestalten könnte, dass unterschiedliche Arten von Technologie den/die ‚menschliche/n' Professionsträger*in überflüssig machen könnte (vgl. Susskind/Susskind 2017). Führt man diesen Gedanken im Sinne von Susskind/Susskind (2017) konkret aus, lässt sich die Frage stellen, ob irgendwann Apps, die den Gesundheitszustand überprüfen, praktizierende Allgemeinmediziner*innen überflüssig machen oder ob die allgegenwärtige mediale Verbreitung von Information, die in großen Teilen der westlichen Welt vielfach zugänglich ist, den Gang zum Anwalt ersparen könnte, da der informierte Laie sich schnell ein Bild seiner Rechte zu machen imstande ist und auch allein ein Widerspruchsschreiben verfassen kann.

Im Zusammenhang mit Sozialer Arbeit wie auch anderen Professionen und Berufsgruppen, die in hohem Maße nicht nur mit Angehörigen der eigenen Profession oder Berufsgruppe zusammenarbeiten, sondern auch mit denen anderer Professionen und Berufsgruppen, wird darüber diskutiert, was Multiprofessionalität ist (vgl. dazu Karic et al. 2019) und welche Bedingungen dazu beitragen, dass von Multiprofessionalität gesprochen wird (vgl. ebd., S. 9 ff.). Auch wird gefragt, ob man in Bezug auf Soziale Arbeit davon sprechen kann, dass diese immer schon multiprofessionell sei insofern, als dass sie immer schon mit anderen Professionen und Berufsgruppen zusammengearbeitet hat (Wagner 2019, Korth et al. 2020). Angesichts dieser Diskussionen entsteht der Eindruck, dass, spricht man von Multiprofessionalität, etwas stattfinde, was die vormals so fest erscheinenden Grenzen zwischen den einzelnen Professionen aufzuheben vermag und in andere neue Dimensionierungen stellt, die die alten, festen Horizonte der auf Abschottung bedachten alteingesessenen Professionen teilweise auflöst bzw. anders rahmt.

Neben den starken Befürworter*innen der Meinung, dass sich Professionen deutlich von Berufen abgrenzen lassen sollten, gibt es Versuche, Professionen in ihrer jeweiligen Eingebettetheit in den sozialweltlichen Kontext zu sehen, innerhalb dessen sie stattfinden, und vor dem Hintergrund ihres Zusammenspiels mit der sie umgebenden Umwelt (Strauss 1991). Diese Ansätze bewirken mit ihrer Pragmatik eine stärkere Fokussierung auf die Interaktion zwischen Berufsträger*in/Professionsträger*in und Klient*in.

Nimmt man die Untersuchungen zu Profession und Biografie in den Blick, so lässt sich feststellen, dass all die Fragen danach, wie sich Profession und Biografie des/der Professionsträger*in in Beziehung zueinander setzen lassen, von einem Gedanken, man möchte ihn schon fast Paradigma nennen, getragen werden. Ohne dass es explizit in den Fokus der Wahrnehmung rückte, wird von Folgendem ausgegangen: Pro Berufsbiografie wird eine Profession veranschlagt.[1] Man stellt also nicht die Frage danach, ob jemand, der Lehrer*in, Psychotherapeut*in, Ärztin oder Arzt, Priester*in etc. ist, nicht gleichzeitig auch eine zweite Professionszugehörigkeit aufweist, zum Beispiel Psychotherapeut*in und Jurist*in ist, Ärztin oder Arzt und Theolog*in, Anwältin oder Anwalt und Lehrer*in etc. So stellt sich der Bezug zwischen Einzelprofessionsträger*in und einer Profession (und nicht zweier oder mehr Professionen) als das vorrangige Augenmerk der Professionsforschung mit Biografiebezug dar.[2]

Die Berufsforschung nimmt den beruflichen Wandel sowohl auf Ebene des Arbeitsmarktes als auch im Hinblick auf sich neu etablierende Arbeitsbereiche wie New Media in den Blick und untersucht innerhalb dieses Kontextes auch Arbeitnehmer*innen auf die Zahl ihrer vorherigen Arbeitsplätze (vgl. Schmidt/ Spree 2005, S. 107 ff. und 193 ff.). Auch befasst sie sich mit Mehrfachqualifikationen von Berufsträger*innen (Royl 2005). So entsteht der Eindruck, dass im Feld der Forschung zum Beruf mehr Raum dafür ist, berufliche Veränderungen auf der Ebene der einzelnen Berufsträger*innen einzubeziehen und Personen in den Blick zu nehmen, die nicht nur einen beruflichen Hintergrund, sondern mehrere berufliche Hintergründe aufweisen (ebd.). Die Frage nach der Mehrfachberuflichkeit erscheint eher als eine Realität, die es zu untersuchen gilt, als dies in der Professionsforschung der Fall ist, die den Blick wenig auf Professionsträger*innen mit einem zwei- oder mehrfachen Professionshintergrund richtet. Hierzu bildet eine Studie zu den Professionalisierungswegen von Psychotherapeut*innen eine Ausnahme, da hier auch Psychotherapeut*innen untersucht werden, die einem anderen Beruf / einer anderen Profession angehört haben (vgl. Schaeffer 1990).

Berufe werden in der Berufsforschung häufig in den Kontext des Arbeitsmarkts gestellt, dem von vornherein Veränderung und Beweglichkeit zugedacht wird (vgl. Brücker et al. 2012). So erscheint es als Tatsache, dass Arbeitsmarktveränderungen

---

1 Nittel/Seltrecht (2016) formulieren folgende Voraussetzung, die begründen soll, warum sich pro Berufsbiografie eine Profession und nicht zwei Professionen miteinander verbinden: „Die starke Amalgamierung von Biographie und Berufsbiographie geht Hand in Hand mit der Verschränkung von innerem Beruf (den intrinsischen Motiven und der persönlichen Motivation) mit dem äußeren Beruf (Status, externen Erwartungen) (Brunner 2004, S. 502). Und je mehr Lebenszeit im Prozess der individuellen Professionalisierung absorbiert wird, desto geringer ist die Wahrscheinlichkeit des Auftretens einer radikalen Zäsur, eines berufsbiographischen Spurwechsels, der in eine andere Fachkultur einmündet" (ebd., S. 141).

2 Schaeffer (1990) bildet hier eine Ausnahme, insofern in ihrer Studie Professionsträger*innen mit Mehrfachprofessionszugehörigkeit in den Blick genommen werden, jedoch geschieht dies nicht unter dem Aspekt einer zweifachen-Professionsträgerschaft, sondern folgt der Frage danach, wie sich professionelles, psychotherapeutisches Handeln im „Anfangsstadium der Professionalisierung" (ebd.) darstellt.

neue Arbeitsbereiche schaffen (vgl. Schmidt/Spree 2005). Auch wurden Fragen zu Öffnungs- und Schließungsprozessen des Arbeitsmarktes zum Beispiel bei Entstehung neuer Märkte wie der IT-Technologie (vgl. ebd.) von der Berufsforschung aufgeworfen. Und es wurde untersucht, warum und wie sich Personalbesetzungen änderten und warum welche Berufsträger*innen mit unterschiedlichen formalen Qualifikationen Eintritt in eine neu entstandene Sparte des Arbeitsmarktes, der sogenannten New Media, fanden (vgl. ebd.).

Schon seit Längerem wird nicht nur über die „Patchwork*familien*" gesprochen, sondern auch über den „Patchwork*lebenslauf*" bzw. die „Patchwork*karriere*" (https://arbeits-abc.de/patchwork-karriere/ und Bloemer 2005). Unter der Schlagzeile „Ade unbefristeter Arbeitsvertrag, hallo Patchworkkarriere" (https://arbeits-abc.de/patchwork-karriere/) finden sich – sucht man im Internet – Tipps für Arbeitnehmer*innen mit Mehrfachberufshintergrund, die lediglich ein gutes Selbstmanagement brauchen, um jeder Personalleiterin/jedem Personalleiter den Wert der eigenen Berufsbiografie und Arbeitskraft nachvollziehbar darzustellen und damit problemlos einen Einstieg in den präferierten Job zu finden. Es lässt sich beobachten, dass jene „Patchworkkarriere" Züge aufweist, die zeigen, dass sie im Gegensatz zu einem klassischen Lebenslauf „(…) mit lebenslanger Betriebszugehörigkeit" (Bloemer 2005, S. 7) konstruiert wird. Und es stellt sich die Frage, wie normal die „Normalerwerbsbiografie" (Gerstenauer 2016, S. 7) angesichts einer in ständiger Veränderung begriffenen Arbeitswelt ist, die die Planung einer Karriere für den/die Einzelne*n erschwert (vgl. ebd.). Düstere Prognosen prophezeien sogar das „Ende der Arbeit" (Rifkin 2016) und rechnen für das 21. Jahrhundert mit einem zunehmenden Rückgang von Arbeitsplätzen und mit Unterbeschäftigung, die im Unverhältnis zur Überproduktion steht. Dies würde dann Mehrfachberufsbiografien der Arbeitnehmer*innen als Reaktion auf die Veränderungen der Arbeitswelt zunehmend notwendig machen, ließe sich hier weiter argumentieren. Ebenso lässt sich jedoch auch Normalität bzw. Nicht-Normalität der neuen Flickenteppich-Mischung an Berufsbezügen, -kenntnissen und -erfahrungen zur Diskussion stellen wie auch ihre Vor- und Nachteile zu dem als „klassisch" (vgl. Bloemer 2005) verstandenen Berufsweg mit *einem* Berufshintergrund: Ist Patchwork bereits die neue Normalität oder nur eine in der letzten Zeit vermehrt auftretende andere Form des Berufslebenslaufs, der die alte Norm der Zielstrebigkeit ohne Umwege infrage stellt? Entsprechend ließe sich fragen, ob die Zukunft angesichts von Arbeitsmarktveränderungen, neuen Technologien, immer dynamischer werdenden Bedürfnisneuausrichtungen – sei es zum Beispiel in Bezug auf den persönlichen Konsum oder die sich jeweils verändernde Lebensweise – den Patchworklebenslauf als neue „Geradlinigkeit" im Sinne einer Reaktion auf den steten Wechsel etablieren wird. Und wenn das geschähe, wo und innerhalb welcher Berufsbereiche würde sich dann das neue und als ‚normal' verstandene Patchworkberufsleben widerspiegeln? Wäre es in mehr als nur einigen Berufssparten wie den bereits erwähnten New Media zu finden und damit auch in den Berufen, die sich als Professionen verstehen lassen?

Blickt man auf die Forschung zu Profession und Biografie der Einzelprofessionsträger*innen, bilden Professionsträger*innen mit einfacher Professionszugehörigkeit nach wie vor bei Forschungsfragen die bereits erwähnte nicht weiter hinterfragte Norm in der Professionsforschung mit Biografiebezug. Professionsträger*innen, die einer Profession angehören, erscheinen aufgrund der starken Fokussierung auf diese Form der Professionsträgerschaft als impliziter Maßstab (vgl. Nittel/Seltrecht 2016). Über die monoprofessionellen Selbstkonstruktionen, zum Beispiel auch vor dem Hintergrund weiterer Bezugnahmen wie Migration, Gender etc., hat die Forschung zu Biografie und Profession bereits einige Ergebnisse herausgearbeitet (vgl. Daigler 2008, Braun 2010). Zu bi- oder mehrfachprofessionellen Selbstkonstruktionen dagegen ist unter entsprechendem Fokus eben jener anderen und von vorherigen In-den-Blick-Nahmen verschiedener Ausrichtungen auf eben diese Mehrfachprofessionalität noch nichts bekannt.

Ähnlich verhält es sich bei genauerer Betrachtung des Professionalitätsbegriffs. Professionalität mit Bezug auf den/die Professionsträger*in oder als „personaler Ansatz" (König 2014, S. 75) funktioniert nach wie vor als Zuschreibung an Professionsangehörige mit einfacher und nicht mehrfacher Professionsträgerschaft. Geht es um den Professionalitätsbegriff mit personenbezogener Schwerpunktsetzung (vgl. ebd.), dann stellt sich diese häufig als eine Zuweisung von Kompetenz, Wissen, Erfahrung an den/die einzelne*n Professionsträger*in dar (vgl. ebd., S. 75 f.). Entsprechend gibt es Versuche, die spezifische Lehrer- oder Pädagogenprofessionalität herauszuarbeiten (vgl. die Beiträge in Zlatkin-Troitschanskaia et al. 2009). Dies geschieht immer unter der Fokussierung darauf, Professionsträger*innen zu untersuchen, die „nur" Pädagog*innen, Lehrer*innen, Theolog*innen, Jurist*innen, Ärzt*innen etc. sind, nicht gleichzeitig Pädagog*innen und Theolog*innen, Jurist*innen und Sozialarbeiter*innen, Ärzt*innen und Lehrer*innen. Hier stellt sich die Frage, wie es sich mit Profession und Professionalität verhält, wenn die „normalen" professionssoziologischen Kontexte und Rahmungen verlassen und andere Konstrukte diskutiert werden. Wie lässt sich Professionszugehörigkeit in ihrer „anderen" Ausformung verstehen und denken, wenn es dabei um ProfessionsträgerInnen*innen geht, die zum Beispiel Sozialpädagog*innen und Lehrer*innen, Theolog*innen und Pädagog*innen, Jurist*innen und Sozialarbeiter*innen sind?

Angesichts der Forschungslücke in der pädagogischen Professionsforschung mit Referenz auf die Biografie der Professionsträger*innen, die Mehrfach-Professionsträgerschaften noch immer darstellen, ergibt sich die Frage danach, wie sich Professionalität begreifen lässt, wenn sie vor dem Hintergrund eines anderen und nicht des gewohnten Paradigmas verstanden wird. Wie lassen sich Professionsträger*innen mit mehrfachem Professionshintergrund und -bezug, also Pädagog*innen, die gleichzeitig auch Jurist*innen sind oder Sozialarbei-ter*innen, die zusätzlich der Lehrerprofession angehören usw., in ihrer spezifi-schen oder anderen Professionalität verstehen? Gibt es eine solche andere Profes-sionalität? Und wenn dies so ist, wie stellt sich diese dar?

Und noch andere Fragen fallen in diesem Zusammenhang ein, so zum Beispiel: Wie sehen und verstehen sich zweifach-professionelle Professionsträger*innen selbst? Haben Sie Zugehörigkeitsambivalenzen bzw. sind beide Professions-zugehörigkeiten/-bezogenheiten wichtig und spielen in ihren Selbstbildern eine Rolle? Spielen beide Zugehörigkeiten eine Rolle, auch wenn nur noch in einem Berufsbereich gearbeitet wird? Wie verändert sich ihre Selbstsicht mit dem Aus-üben des zweiten Berufs? Oder gibt es diesbezüglich keine Veränderung? Wie üben sie, wenn sie in beiden Bereichen tätig sind, dies täglich aus? Gibt es Pro-bleme der Vereinbarkeit? Wie fühlen sie sich von ihren einfach-beruflichen Kolleg*innen wahrgenommen? Und wie nehmen sie diese wahr: Sehen sie sich in Differenz zu diesen? Wie reagiert das Berufsbild darauf bzw. gibt es Reaktionen irgendwelcher Art? Dies alles sind Fragen, die sich in diesem Zusammenhang stellen ließen.

I. Teil: Theoretischer Teil

1. Forschungsstand zum Professionsbegriff

Um zu klären, was genau eine Profession ist, soll ein Blick auf den Stand der Diskussion um den Professionsbegriff geworfen werden. Dabei wird versucht, die Entwicklung der Diskussion nachzuverfolgen, wichtige und prominente Ansätze herauszuarbeiten und schließlich die Position, auf der in dieser Arbeit Bezug genommen werden soll, vor dem Hintergrund der vorher dargestellten Ansätze zu beschreiben.

1.1 Der Professionskriterienansatz

Die Diskussion darum, was eine Profession ist, wird seit einigen Jahrzehnten geführt. Insbesondere mit Talcott Parsons (1968) und dessen funktionalistisch orientiertem Professionsmodell setzte eine breite Rezeption des Professionsbegriffs nicht nur im englischsprachigen, sondern auch im deutschsprachigen Raum ein. Da viele Bezugnahmen auf Parsons' Professionsbegriff erfolgt sind, wird auch vom klassischen Professionsmodell gesprochen (vgl. Pfadenhauer 2003, S. 37 ff.). Dies lässt vermuten, dass Parsons den Professionsbegriff begründete, doch gab es bereits vorher Überlegungen, Beruf und Profession begrifflich zu unterscheiden und nach Merkmalen zu suchen, die eine Profession vom Beruf trennt, mit anderen Worten: danach zu suchen, was das ‚Mehr' oder das ‚Etwas' ist, das die Profession im Gegensatz zum Beruf ausmacht. Die Vorgänger des klassischen Professionsmodells nach Parsons wie zum Beispiel Carr-Saunders und Wilson (1936) entwickelten ein Modell, das eine Unterscheidung zwischen normalen und besonderen Berufen bzw. zwischen Beruf und Profession verspricht. Dieses Modell versteht Professionen als Berufsgruppen, die eine „intellectual technique" (ebd., S. 297 ff.) aufweisen und nutzen. Damit ist nach Maiwald (1997, S. 13) „eine spezifische Kunstfertigkeit oder technische Kompetenz (…), die nicht auf Basis einfacher Einübung erworben wird, sondern die einen gewissen „Wissensbezug" besitzt" (ebd.), gemeint. Diese besondere Technik bzw. Kompetenz kann unterschiedlich begründet sein, zum Beispiel wissenschaftlich, institutionell oder ästhetisch (vgl. ebd.). Wichtig ist hier der Wissensbezug auf theoretisches Wissen, den Carr-Saunders und Wilson (1936) Professionen als tragendes Merkmal zuschreiben (vgl. Pfadenhauer 2003, S. 32). Ohne dieses theoretische Wissen und den Bezug darauf ist auch eine Profession nicht denkbar, so lassen sich die Vertreter*innen des ersten Professionsbegriffsansatzes verstehen (vgl. ebd.). Kritiker*innen der Überlegungen sprechen von einer „Reduktion auf die Wissensbasis von Professionen" (ebd.). Durch diesen Wissensfokus, den der Professionskriterienansatz anlegt, um Professionen als solche begrifflich zu fassen, werden andere Charakteristika, die Professionen ausmachen, ausgeblendet. Carr-Saunders' und Wilsons (1936) Ansatz wurde später von anderen angelsächsischen Studien aufgegriffen; die Merkmale, die die Vertreter*innen des Professionskriterienansatzes als konstitutiv für Professionen herausgearbeitet hatten, wurden von Hesse (1968) zu einem „Professionskriterienkatalog" (ebd.) verdichtet und zu einem Ansatz gebündelt, der Professionen bestimmte Merkmale bzw. Kriterien zuweist, darunter die Anwendung von Können und Kompetenz auf der Basis von theoretischem Wissen zugunsten anderer und nicht eigener Bedürfnisse (vgl. ebd.). Damit besteht Ausrichtung und Zielorientierung von Professionen in der Fokussierung der Probleme anderer und lässt sich daher als altruistisch bezeichnen (vgl. ebd.). Professionen agieren entsprechend auch zugunsten des Allgemeinwohls (vgl. ebd. bzw. Pfadenhauer 2003, S. 32). Weitere „Kriterien" (Hesse 1968) von Professionen sind ihre Selbstverpflichtung, sich um das Wohl anderer zu bemühen und sich dabei ethisch angemessen zu verhalten und dies in Form zum Beispiel von ethischen Richtlinien oder Kodizes, zu deren Folgeleistung sich Professionen verpflichten, niederzulegen (vgl. Pfadenhauer 2003, S. 32). Auch macht es Professionen aus, dass sie sich zu Verbänden bzw. fachbezogenen Vereinigungen zusammenschließen (vgl. ebd., S. 32 f., und Wilensky 1972).

Kritisch wurde neben der schon erwähnten fragwürdigen, weil zu kurz gegriffenen Reduktion von Professionen auf ihren Wissensbezug (vgl. Pfadenhauer 2003, S. 32) angemerkt, dass die professionskriterientheoretischen oder indikatorentheoretischen Positionen kein Muster im Sinne eines „Strukturierungsprinzips für die Bestimmungsmerkmale von Professionen" (ebd., S. 33) erkennen lassen. Es stellt sich also die Frage, wie und warum kriterientheoretische Positionen die Merkmale, die darüber entscheiden, unter welchen Voraussetzungen von einer Profession gesprochen werden kann, festlegen (vgl. ebd., vgl. Johnson 1972, vgl. Goode 1972).

Zu Vertreter*innen des Professionskriterienansatzes lassen sich auch Daheim (1970), Kairat (1969), Hartmann (1972) und Rüschemeyer (1972) rechnen. So versteht Hartmann (1972) Professionen als Teil eines Phasenmodells aus Arbeit, Beruf und Profession. Innerhalb dieser Trias ist die Profession von Arbeit und Beruf dadurch unterschieden, dass ihr eine funktionale Dimension (Wissen) und eine gesellschaftliche Dimension (gesellschaftliche Ordnung) zugeschrieben wird (vgl. ebd.). Kritisch ließe sich hier fragen, ob und wenn ja warum Arbeit und Beruf die Wissensdimension und die Dimension der gesellschaftlichen Ordnung nicht zugeschrieben wird. So wirkt es, als hätten Arbeit und Beruf als von der Profession unterschiedene Phasen keinen Wissensbezug. Jedoch sind Berufe ja ebenfalls an Wissen orientiert und haben eine gesellschaftliche Rolle. Ob es Gründe gibt, davon zu sprechen, dass diese Rolle mit dem verwandt ist, was Hartmann (1972) unter „gesellschaftlicher Dimension" (ebd.) versteht, darüber ließe sich durchaus diskutieren. Rüschemeyer (1972) schreibt im Gegensatz zu Hartmann (1972) Professionen eine „technische" Kompetenz und „Zentralwertorientierung" (Rüschemeyer 1972) zu, während Daheim (1970) und Kairat (1969) Professionen auf ihren Wissensbezug reduzieren und den vorher genannten moralisch-ethischen Aspekt von Professionen nicht als Kriterium anerkennen, das genügend Schärfe aufweist, um die Profession vom Beruf klar zu unterscheiden. Eine entgegengesetzte Position zu der Dimensionierung von Professionen als Berufsgruppen, die sich um ein theoretisches Wissen herum konstituieren und sich auf dieses Wissen beziehen, nimmt Dewe (1996) ein, der grundsätzlich den theoretischen Wissensaspekt als weniger wichtig einschätzt und Professionswissen als Handlungswissen versteht. Damit steht nach Dewes Meinung das Wissen, auf das sich Professionen beziehen, auf der Seite der Praxis und nicht der Theorie (vgl. ebd.).

1.2 Das funktionalistische Professionsmodell

Nach Parsons (1968) und dem von ihm entwickelten funktionalistischen oder „klassischen Professionsmodell" (Pfadenhauer 2003, S. 37 ff.) sind Professionen gesellschaftstragend insofern, als dass sie die Wegbereiter von Fortschritt und Neuerung in komplexen modernen Gesellschaften seien (vgl. Parsons 1968). Da sie Probleme lösen, deren Kern einen zentralen Wert haben wie den der Gesundheit, des Rechts, der Bildung etc., bringen sie Gesellschaften als Ganzes voran und bereiteten ihnen den Weg in die Zukunft (vgl. ebd.), lauten die Überlegungen des klassischen Modells. Da es in diesem Ansatz mehrheitlich um die Funktion geht, die Professionen innerhalb der Gesellschaft einnehmen, wird auch vom funktionalistischen Modell gesprochen (vgl. Pfadenhauer 2003, S. 37). Im klassischen bzw. funktionalistischen Modell wird davon ausgegangen, dass Professionen eine zentrale Position beim Funktionieren einer Gesellschaft einnehmen und ihr Wegfall eine Änderung im gesellschaftlichen Gefüge zur Folge hätte (vgl. Parsons 1968, S. 160). Einige zentrale Ausführungen, basierend auf Parsons (1968), zu Professionen sind:

1. Professionen sind Träger des Funktionierens und des Fortschritts moderner westlicher Gesellschaften (vgl. ebd., S. 160).
2. Sie dienen der Steigerung der „Rationalität" (ebd., S. 163 ff.) in komplexen Gesellschaften; diese Rationalitätssteigerung ist notwendig, um die vielschichtigen Problemlagen der Gesellschaftsmitglieder zu bearbeiten (vgl. ebd.).
3. Sie sind gemeinwohlorientiert bzw. am Wohl anderer und nicht an utilitaristischen Interessen orientiert (vgl. ebd., S. 171 ff.).
4. Professionen sind Wissenserzeuger und -anwender, daher sind sie sowohl in theoretischen Bereichen zu finden (in der Wissenschaft) als auch in praktisch bezogenen Bereichen: Zum Beispiel wäre ein solcher Vertreter der juristischen Profession ein zugelassener Anwalt, der Mandate von Klient*innen übernimmt (vgl. ebd., S. 179).

5. Vernunftbasiertheit der Professionen: Sie sind situiert in rationalistischen und nicht traditionalistischen Gesellschaften und sind selbst vernunftorientiert (vgl. ebd., S. 164 ff.).
6. Träger*innen von Professionen üben gesellschaftliche „Autorität" (ebd., S. 165) aus, die sich auf „überlegene fachliche Kompetenz" (ebd.) stützt und durch „Funktionsbestimmtheit" (ebd., S. 166) geprägt ist.
7. Konkrete Vertreter*innen der Professionen sind: Ärzt*innen (vgl. ebd., S. 165 f.), Professor*innen (vgl. ebd.), Anwält*innen (vgl. ebd., S. 169) und die Träger*innen technischer und pädagogischer Berufe (vgl. ebd., S. 179).
8. Eingebundenheit der Professionen in einen institutionellen Rahmen, der sich darauf stützt, dass den Professionsträger*innen vonseiten der Klient*innen Vertrauen entgegengebracht wird, das für das Aufrechterhalten der Beziehung zwischen beiden notwendig ist – gleichzeitig benötigt dieser Rahmen das Zustandekommen bzw. das Bestehen eines „komplexen Gleichgewichts" verschiedener sozialer Kräfte" (ebd., S. 179).
9. Beziehungsstruktur zwischen Professionsangehörigen und Klient*innen
    a) ist funktional spezifisch im Gegensatz zu zum Beispiel freundschaftlichen Beziehungen, die funktional diffus sind; ein Arzt will seinen Patienten heilen, es geht ihm nicht um die Pflege einer von persönlicher Zuneigung getragenen zwischenmenschlichen Beziehung (vgl. ebd., S. 168 f.).
    b) ist universalistisch (von der Person der/des Klient*in abstrahiert bzw. entfernt, klassifiziert sich die Beziehung nicht über Nähe wie es partikularistische Beziehungen tun (z. B. verwandtschaftliche oder freundschaftliche Beziehungen) (vgl. ebd., S. 168 f., S. 170 f.).

Von mehreren Seiten wurde Parsons vorgeworfen, dass er Professionen auf die funktionalistische Dimension reduziere (vgl. z. B. Pfadenhauer 2003, S. 37). Aufgrund jenes vorrangigen Fokus geraten andere Aspekte, die das Wesen von Professionen beschreiben, aus dem Blick (vgl. ebd.). So beschäftigt sich der funktionalistische Ansatz nicht mit gesellschaftlichen Machtstrukturen, die sich in einer ungleichen Machtverteilung ausdrücken[3]. Diese Macht strukturiert sich in einer Machtkonzentration zugunsten einiger Gesellschaftsgruppen oder bestimmter Individuen und zu Ungunsten anderer (vgl. den nachfolgenden Abschnitt zu machttheoretischen Modellen). Dass eben dieses Machtgefälle gerade auch die Professionen und ihre Träger*innen betrifft, da Professionsträger*innen im Klientenkontakt mit größeren Handlungsmöglichkeiten ausgestattet sind als ihre Klient*innen und damit ein Machtgefälle zwischen Professionsträger*innen und Klient*innen zugunsten der Professionsträger*innen und zu Ungunsten ihrer

---

3   Dies führen insbesondere die Vertreter*innen machttheoretischer Professionsmodelle als Kritikpunkt am klassischen Modell an. Vgl. dazu z. B. Larson 1977.

Klient*innen besteht, klammert das funktionalistische Modell weitgehend aus und wirkt so zu wenig orientiert an der sozialen Realität von Machtungleichverteilung (vgl. Pfadenhauer 2003, S. 50). Auch macht Parsons' Feststellung der tragenden Funktion von Professionen zugunsten gesamtgesellschaftlicher Weiterentwicklung den Eindruck, dem Entstehungsprozess von Professionen eine nicht weiter begründete Naturalisierung zuzuschreiben (vgl. ebd., S. 52), die sich kritisieren lässt. Entsprechend der bereits erwähnten Reduktion von Professionen auf ihre funktionalistische Dimension (vgl. ebd., S. 37) fällt auch das Bild der Professionsträger*innen sozusagen ,eindimensional-reduziert' aus. Professionsträger*innen scheinen im Sinne des funktionalistischen Primats nicht anders gedacht zu sein als als Träger*innen einer bestimmten Aufgabe, die die jeweils richtigen Handlungen zur Sicherstellung des Klientenwohls vollziehen im Sinne eines Nur-so-vollziehen-Könnens und Nicht-anders-handeln-Könnens. Vor dem Hintergrund dieser starken Funktionalität scheint ein Gros an Subjektivität bzw. jede persönliche Prägung, die die Professionsträger*innen – aber auch ihre Klient*innen – haben könnten und haben, zu verschwinden. Mit anderen Worten kommen Professionsträger*innen als eigenständige Personen, als Subjekte, die unterschiedlichen Machtstrukturen unterworfen sind, unterschiedliche biografische Gewordenheiten aufweisen und nicht zuletzt unterschiedliche Haltungen in Bezug auf das Wohl ihrer Klient*innen haben, nicht vor. Sie sind lediglich, versteht man Parsons richtig, „Träger*innen" von Professionen wie der Ärzte-, der Juristen- oder auch der Lehrprofession und bilden in der oben ausgeführten funktional spezifischen und universalistischen Beziehungsstruktur (vgl. Parsons 1968, S. 178 ff.), die Professionsträger*in und Klient*in verbindet, das entsprechende funktionale Counterpart zu den Klient*innen. Damit sind sie also – die Linie des funktionalistischen Modells weitergedacht – Diagnostiker*innen der Klientenprobleme wie auch Lösungsarbeiter*innen, die den Klient*innen präsentieren, was geschehen soll, damit das jeweils bestehende Problem beseitigt wird. Hier wird erneut etwas ausgeklammert, und zwar, dass es fragwürdig erscheint, ob es die Einheitlichkeit in der Problembewertung und -bearbeitung gibt, wie sie das funktionalistische Modell suggeriert, da unterschiedliche Sichtweisen und Perspektiven zwischen Professionsträger*in und Klient*in vorhanden sein können, die bei der Lösungsbearbeitung miteinander konkurrieren[4]. Auch seien dem funktionalistischen Ansatz zufolge die Professionsträger*innen bezogen auf die funktionale (und damit auch einzig vorhandene) Beziehungsstruktur universalistisch ausgerichtet und positionierten sich nicht in der Nähe, sondern in der Distanz zu den Klient*innen (vgl. ebd.). In der universalistischen

---

4   Dies kritisiert der interaktionistische Ansatz, der im Folgenden noch aufgegriffen wird, am klassischen Modell und arbeitet Paradoxien und Dilemmata, die in der Interaktion zwischen Professionsträger*in und Klient*in auftreten, bewusst ein (vgl. Schütze 1992).

Distanz und nicht in der partikularen Nähe sind Professionsträger*innen im klassischen Modell an der Problembearbeitung tätig und stellen so die Problemlösung sicher (vgl. ebd.). Es stellt sich die Frage, warum die Distanz, wie sie das klassische Modell beschreibt, gut und richtig ist und ob sie etwas zur Problemlösung beiträgt. Es lässt sich fragen, ob es auch eine universalistische Nähe gibt, aus der heraus Professionsträger*innen Klientenprobleme bearbeiten können. Die von Parsons geforderte Verschränkung von Distanz und Problemlösung versus Nähe und vermeintlicher Unmöglichkeit der Problembearbeitung zwischen Professionsträger*in und Klient*in (vgl. ebd.) steht ohne weitere Erklärungen und Ausführungen im Raum.

Auch lässt sich am klassischen Modell kritisch anmerken, dass es eine gelingende Bearbeitung der Klientenprobleme durch die Professionsträger*innen vorauszusetzen scheint, ohne zu berücksichtigen, dass professionelle Arbeit stets auch von dem Risiko geprägt ist, erfolglos zu sein.[5] Ebenso wenig wird im klassischen Modell danach gefragt, wie sich Berufe und Professionen voneinander abgrenzen lassen oder ob es eine Begriffsdiffusion an der Grenze von Berufs- und Professionsbegriff gibt. Damit wird im funktionalistischen Ansatz nicht mit-ein-gedacht, dass es einen Entstehungsprozess von Professionen geben könnte, an dessen Ende das, was als Profession bezeichnet werden kann, als Entwicklungsprodukt steht (vgl. Pfadenhauer 2003, S. 52). Vielmehr erscheinen Professionen als irgendwie schon immer eingebettet in die soziale Wirklichkeit moderner Gesellschaften, ohne dass der Prozess ihrer Entstehung als solcher untersucht wird.[6] Dieses Schon-immer-Bestehen von Professionen stellt jedoch einen Widerspruch dar, wenn Profession und moderne Gesellschaft miteinander verbunden werden, wie es im klassischen Modell der Fall ist. Denn daraus müsste ja folgen, dass es in nicht-modernen bzw. vormodernen Gesellschaften keine Professionen gegeben hat. Wenn es aber in modernen Gesellschaften Professionen gibt, in vormodernen Gesellschaften jedoch nicht, dann müssen Professionen entstanden sein, also einen Entwicklungsprozess durchlaufen haben, so wie eine vormoderne Gesellschaft ja ebenfalls nicht von einem Moment auf den anderen zu einer modernen Gesellschaft wird.

---

5 Dies kritisieren zum Beispiel systemtheoretische Modelle mit dem Verweis darauf, dass der Erfolg professioneller Arbeit nicht sicher ist bzw. die Arbeit von Professionsträger*innen stets auch von Misserfolg und Zielverfehlung bedroht sind (vgl. Pfadenhauer 2003, S. 45, und Stichweh 1994, S. 296 f.). Auch Vertreter*innen interaktionistischer Ansätze würden hier einwenden, dass professionelle Arbeit aufgefordert ist, „Antinomien und Paradoxien" (Schütze 1992, Schütze 1996) zu bearbeiten.

6 Pfadenhauer formuliert es als „Naturereignis" (Pfadenhauer 2003, S. 58).

1.3 Die revidierte Professionalisierungstheorie

Oevermann knüpft mit seiner „revidierten Theorie professionalisierten Handelns" (Oevermann 1996) an das klassische Professionsmodell an und ist sich mit diesem einig, dass Gesellschaften die Leistungen, die Professionen erbringen, brauchen (vgl. Pfadenhauer 2003, S. 40). Die professionalisierten Tätigkeiten und Dienstleistungen, die gesellschaftlich so wichtig sind, können weder durch den freien Markt noch durch staatlichen Einfluss kontrolliert werden (vgl. ebd.). Daraus resultiert die professionelle Autonomie jenseits anderer Kontrollinstanzen als derer, die Professionen über sich selbst ausüben, wie es Parsons (1968) in seinem Modell proklamiert. Hier greift Oevermanns (1996) Kritik am klassischen Professionsmodell, das keine Begründung dafür liefere, warum sich Professionen als Korporationen darstellen, die frei von anderen Kontrollinstanzen eine interne Binnenkontrolle in Form von eigener Verwaltung und selbst ausgeübter Kontrolle über Ausbildung Professionszugang haben (vgl. Oevermann 1997, S. 9). Professionen agieren nach Vorstellung der revidierten Professionalisierungstheorie vor einem Hintergrund von Strukturen, die als vorhanden betrachtet werden (vgl. Reichertz 1993, S. 35). Diese können von Natur gegeben oder durch Kultur hergestellt sein und bestimmen das Handeln von Subjekten (vgl. ebd.). Die Lebenspraxis ist der Raum, an dem sich die vielen Strukturen, die Oevermann veranschlagt, realisieren und innerhalb derer gehandelt werden muss (vgl. Pfadenhauer 2003, S. 41). Professionelles Handeln kommt dann ins Spiel, wenn die Lebenspraxis als Ort der Realisierung der Strukturen am handelnden Subjekt und die gegebenen Tatsachen in Konflikt kommen und eine Krise entsteht, die es zu bewältigen gilt (vgl. ebd.). Ein solches professionelles Handeln können Berufe gewährleisten, die direkt mit der Lebenspraxis in Bezug stehen und gleichzeitig vermittelnd operieren (vgl. ebd.). Oevermann sieht die Tätigkeiten, die Professionen oder professionalisierte Berufe ausüben, als in die Krisen der Lebenspraxis eingebunden und gleichzeitig so tätig, dass sie systematisch den Klient*innen Selbständigkeit vermitteln wollen (vgl. ebd.). Damit unterscheiden sich professionalisierte Berufe grundsätzlich von anderen Berufen (vgl. ebd.). Die Berufe, die gemäß der revidierten Professionalisierungstheorie im Paradigma des professionalisierten Handelns operieren, lassen sich auf drei Komplexe aufteilen: den therapeutischen Komplex der Gewährleistung leiblicher und psycho-sozialer Integrität, den rechtspflegerischen Komplex zur Gewährleistung der „Sicherung eines hinreichenden Konsens kollektiver Ordnungsvorstellungen" (Oevermann 1997, S. 11) und den Komplex von Wissenschaft und Kunst für die „methodisch kontrollierte, erkenntnismäßige Explikation von Geltungsgründen" (ebd.). Unter Professionen sind nach Oevermann solche Berufe zu verstehen, die unter Anwendung wissenschaftlicher Erkenntnis Probleme der Lebenspraxis ihrer Klient*innen lösen (vgl. Pfadenhauer 2003, S. 42); damit stellen sich Professionen strukturell als Vermittlerinnen von Theorie und Praxis in der Moderne dar (vgl. ebd., S. 42). Mithilfe der stellvertretenden Deutung, einem neben der Lebenspraxis weiteren Kern der revidierten Professionalisierungstheorie, bearbeiten Professionsträger*innen Fälle auf Ebene wissenschaftlicher Erkenntnis und Analysemethoden (vgl. ebd., S. 43).

Kritisiert wurde an Oevermanns strukturfunktionalistischer Professionstheorie, dass der Sinn nicht als im Subjekt verortet verstanden wird, sondern in den als objektiv verstandenen Strukturen zu suchen ist (vgl. Pfadenhauer 2003, S. 43). Sinn ist also nicht subjektiv konstituiert, sondern objektiven Ursprungs (vgl. ebd.). Daher sind die Strukturen zu befragen, wenn es um eben jenen Sinn geht, denn diese sind die eigentlichen Sinnträger (vgl. ebd.). Im Kontext anderer nicht objekt-hermeneutischer Standpunkte ließe sich hier einwenden, dass es Gründe gibt, Sinnkonstitution im Subjekt zu vermuten (vgl. ebd.). Daher müsste das Subjekt befragt werden, um zu verstehen, wie sein Handeln zu deuten ist. Nicht „vorsoziale Algorithmen" (vgl. ebd.) müssen in den Blick genommen werden, sondern lediglich Menschen, die in einer historisch jeweils gegebenen Umgebung und in einem sprachlich repräsentierten sozialen Kontext handeln (vgl. ebd.). Darüber hinaus lässt sich das Konzept der stellvertretenden Deutung als widersprüchlich kritisieren, da ähnlich wie in Parsons' funktionalistischem Ansatz Professionen auch bei Oevermann als Ergebnisse eines quasi aus sich selbst heraus stattfindenden gesamtgesellschaftlichen Rationalisierungsprozesses erscheinen, ohne dass dieser Prozess und seine Ergebnisse weiter hinterfragt werden (vgl. Schütze 1992, Reichertz 1993).

1.4 Machttheoretische Ansätze

Wie bereits im Abschnitt zum klassischen Professionsmodell erwähnt gibt es ein kritisches In-den-Blick-Nehmen des klassischen Modells durch Vertreter*innen des machttheoretischen Ansatzes wie zum Beispiel Larson (1977) und Freidson (1975). Den Ausgangspunkt nimmt die Kritik des machttheoretischen Ansatzes am funktionalistischen Modell an der Beobachtung, dass Professionen sich vor allem dadurch besonders auszeichnen, dass sie eine machtvoll-einflussreiche sowie privilegierte gesellschaftliche Position innehaben (vgl. Pfadenhauer 2003, S. 50). Diese gesellschaftlich besondere Position ist Ergebnis von bestimmten Strategien, die eine Absicherung im Sinne einer „Monopolisierung professioneller Märkte und (…) die Höherbewertung der dort erbrachten Leistungen" (ebd.) zum Ziel haben. Auch streben sie Kontrolle über den Berufszugang für Professionsaspirant*innen aus, die einem bestimmten festgelegten Profil und Standard entsprechen (vgl. ebd. und vgl. Larson 1977). Die im funktionalistischen Modell proklamierte Zentralwertorientierung von Professionen, die in altruistischer Grundhaltung am Klientenwohl arbeiten (Parsons 1968), gerät im machttheoretischen Ansatz zugunsten des Macht-Fokus zunehmend aus dem

Blick (vgl. Pfadenhauer 2003, S. 50 ff.). Zentral scheint in machtkritischen Positionen vielmehr, dass die machtvolle Stellung der Professionen zunächst als eine Form bzw. Ausprägung sozialer Ungleichheit wahrgenommen wird und die Autonomie der Professionsträger*innen in der Problembearbeitung nicht auf bestimmte professionelle Kompetenzen und Besonderheiten der Lösung der Klientenprobleme zurückzuführen ist, die eben diese professionelle Autonomie erfordert und eine Fremdkontrolle erschwert (vgl. ebd.). Vielmehr ist die Autonomie des professionellen Handelns Ergebnis der gelungenen Monopolisierung professioneller Dienstleistungen wie auch der Privilegierung der Professionsträgergruppe (vgl. ebd.). Die privilegierte Stellung von Professionen ist also aus Sicht des machttheoretischen Paradigmas Ergebnis der erfolgreichen Machtsicherung einer herrschenden Klasse – als die Professionen hier verstanden werden – und stützt sich auf staatliche Protektion (vgl. ebd., S. 50). Damit sind Professionen als das Ergebnis von gesellschaftlichen Aushandlungsprozessen wie auch zielgerichteter berufspolitischer Strategien, die auf Macht- und Einflusserhöhung, verbunden mit Privilegiensicherung, abzielen, zu sehen (vgl. ebd., S. 53).

Der „power approach" (ebd., S. 50) blickt also auf die machthöhere und privilegierte gesellschaftliche Stellung von Professionen und versteht diese nicht als gegebene Tatsache, die sich in irgendeiner Weise sozusagen historisch-naturalistisch (vgl. ebd., S. 52) zu ihrem jetzigen Zustand hin entwickelt hat, wie es das funktionalistische Modell suggeriert (vgl. ebd., S. 51). Wie bereits erwähnt scheint Parsons hochgradig homogene gesellschaftliche Ausprägungen im Auge zu haben, wenn er von der „modernen westlichen Gesellschaft" (Parsons 1968, S. 160) spricht, deren Funktionsträger*innen, Vorreiter*innen und Wegbereiter*innen Professionen seien (vgl. ebd., S. 160 ff.). Damit entwirft Parsons wie schon im vorhergehenden Abschnitt ausgeführt ein zu „harmonistisches Professionsbild" (Pfadenhauer 2003, S. 54), das negative Aspekte an Professionen wie egoistisch und nicht altruistisch begründete Machtbestrebungen der Professionen, die nicht nur dem Klientenwohl, sondern auch dem eigenen Wohl dienen, ausblendet.

Kritisieren ließe sich am machttheoretischen Ansatz eben jene Überbetonung der Machtstellung von Professionen (vgl. ebd.). In dieser Überbetonung besteht die Gefahr, Professionen nur noch als machtfixierte Interessensgruppen zu verstehen (vgl. ebd.). Aus Sicht des „power approach" arbeiten Professionen zielgerichtet auf Macht- und Privilegienerwerb und -erhalt hin ohne Orientierung an der Bearbeitung der Probleme ihrer Klient*innen (vgl. ebd.). Damit rutscht der „power approach" aufgrund seiner Kritik des funktionalistischen Modells in die Überbetonung des Machtungleichgewichts, in dem Professionen stehen und das diese zu eigenen Zwecken nutzen, und läuft ebenfalls Gefahr, die Wirklichkeit zu einseitig bzw. verzerrt zu sehen (vgl. ebd.). Mit anderen Worten verstehen machttheoretische Modelle Professionen als lediglich bestrebt zur Machtnutzung im Eigeninteresse, wodurch außer Acht gelassen wird, dass Professionen ja durchaus auch klientenorientiert handeln und nicht nur egoistisch-machtbestrebt.

Zwei weitere Kritikpunkte am machttheoretischen Ansatz lassen sich in diesem Zusammenhang noch benennen: Nach Stichweh (1994) vernachlässigen sowohl das funktionalistische Paradigma als auch der machttheoretische Ansatz die Rolle der Universitäten, die eine Zwischenrolle zwischen Disziplin und Profession einnehmen. Da eine differenzierte Einbindung der Universitäten in ihre Rolle als Mittler zwischen zwei Sozialsystemen (vgl. ebd., S. 286 f.) – Disziplin und Profession – nicht erfolgt, wird Professionalisierung von beiden Ansätzen, dem funktionalistischen wie auch dem machttheoretischen Modell, so beschrieben, als handle es sich in erster Linie um Rationalisierung im Weberschen Sinne (vgl. ebd., S. 280).

1.5 Das interaktionistische Modell

Interaktionistische Ansätze, wie sie Hughes (1958) und Strauss (1985) in der Tradition der Chicago School entworfen haben, verfolgen die Idee, dass der Kern von Professionen im professionellen Handeln bzw. in der professionellen Praxis liege. Berufe und auch Professionen sind nach Strauss ‚soziale Welten‘, die nach bestimmten Kriterien funktionieren wie Arbeitsteilung, Spezialisierung und Statusdifferenzierung (vgl. Strauss 1991). Unter sozialer Welt wird eine Gemeinschaft, eine Gruppe verstanden, die ihren Mitgliedern Möglichkeiten der Welterfahrungen und bestimmte Interaktions- und Kommunikationsstrukturen bietet (vgl. Pfadenhauer 2003, S. 47). Das Professionsgefüge wird also als dynamisches Miteinander von Kollektivmitgliedern verstanden, das sich über Aushandlungsprozesse, zum Beispiel den der Arbeitsteilung, konstituiert und neue Berufsgruppen einschließt bzw. alte verdrängt (vgl. ebd.).

Ein prominenter Vertreter des interaktionistischen Modells im deutschsprachigen Raum ist Fritz Schütze (1992), der am Beispiel der „Sozialarbeit als ‚bescheidener Profession‘" (ebd.) die Kernelemente von Professionen herausarbeitet. Professionelles Handeln findet zwischen den zwei Welten der „Expertensinnwelt" (ebd., S. 135) der Professionsträger*innen und der „alltäglichen Laienwelt" (ebd.) der Klientinnen statt. Dabei ist die „Expertensinnwelt" (ebd.) als ein sowohl von der Laienwelt als auch von anderen Professionen abgegrenzter „Orientierungs- und Handlungsbereich" (ebd.) zu verstehen. Damit wird auf die grundsätzliche Unterschiedlichkeit von Klienten- und Professionsträgerperspektive verwiesen, die sich je nach Standpunkt (Klienten- bzw. Professionsträgerstandpunkt) anders darstellt und in der „Interaktion" (ebd., S. 136) zwischen Professionsträger*innen und Klient*innen verhandelt wird unter „tieferer Interpretation" (ebd.) der Klientenproblematiken als dies in der Alltagswelt möglich ist. Darin liegt auch die Herausforderung professionellen Handelns: um die Unterschiedlichkeit der Perspektiven zu wissen und mit ihr umzugehen (vgl. ebd., S. 137). Professionelles Handeln ist immer bedroht von Fehlern, die in der Unvereinbarkeit der Perspektiven und Welten beheimatet sein können (vgl. ebd.). Es ergeben sich als notwendige Konsequenz der professionellen Praxis in der Interaktion mit den Klient*innen unausweichlich „Paradoxien und Antinomien" (ebd.) vor dem Hintergrund der Weltenunterschiedlichkeit (vgl. ebd., S. 135). Damit erklärt das interaktionistische Modell die Fehleranfälligkeit von professionellem Handeln als direkt in der professionellen Praxis begründet und wendet sich gegen Parsons' Suggestion der professionellen Problemlösung als natürlicher Ordnung, die Fehler- und Misslingensmöglichkeiten per se auszuschließen scheint, insofern die Funktionsträger als die die Professionszugehörigen gesehen werden, nur ihre Funktion ausführen und nicht nicht ausführen können. Mit der Einbeziehung von Fehleranfälligkeiten des professionellen Handelns unternimmt das interaktionistische Modell einen Schritt in Richtung professioneller Realität, die Erfolg genau wie Misserfolg der Problembearbeitung durch die Professionsträger*innen impliziert. So hat professionelles Handeln keine per se bedingte Erfolgsgarantie aufzuweisen und steht damit im Widerspruch zu dem alltagsweltlich verwendeten Begriff professionell als qualitätsvoll und damit erfolgreich. Ebenfalls wichtig für das Verständnis von Professionen aus Sicht des interaktionistischen Ansatzes sind die Begriffe „Lizenz" und „Mandat" (Pfadenhauer 2003, S. 49). Ohne formale Qualifikation, die sich durch die abgeschlossene Ausbildung ergibt („Lizenz", ebd.) können Professionsträger*innen für ihre Klient*innen nicht aktiv werden und im Sinne des Klientenwohls handeln (vgl. ebd.). Gleichzeitig gewährt den Professionsträger*innen das „Mandat" die Berechtigung zur Deutung von Bedarfen (vgl. ebd.). „Professions do not merely serve, they define the very wants which they serve." (Hughes 1971, S. 424). Es geht also nicht nur darum, dem Wohl der Klient*innen zu dienen, sondern auch herauszuarbeiten, worin genau dieses Wohl besteht (vgl. ebd.).

1.6 Systemtheoretische Positionsbestimmungen von Professionen

Die Systemtheorie geht davon aus, dass Gesellschaften sich funktional immer weiter ausdifferenzieren; und diese funktionale Ausdifferenzierung ist Grundlage für die Positionsbestimmung von Professionen (vgl. Pfadenhauer 2003, S. 44). Professionen entstehen nach Luhmann innerhalb unterschiedlicher Funktionssysteme (vgl. ebd.). Diese weisen aufgrund der bereits erwähnten funktionalen Differenzierung gegensätzliche Zustände zum Beispiel „gesund/krank, haben / nicht haben" (ebd.) auf. Einer der Zustände, die in zweiwertiger Opposition zueinander konzeptioniert sind, ist der angestrebte (gesund), der andere der nicht angestrebte Zustand (krank) (vgl. ebd.). Professionen übernehmen innerhalb dieser Funktionssysteme die Rolle, Personen dahingehend zu verändern, dass diese dem angestrebten Zustand entsprechen (vgl. ebd.). Der Erfolg dieser Aufgabe der Veränderung von Personen hin zu einem präferierten Zustand kann jedoch nicht garantiert werden, es ist Gelingen wie auch Misslingen möglich (Luhmann 1981 S. 192). Mit dem Gedanken des Überführens von Personen zu einem gewünschten Zustand greift Luhmann Hughes' Idee des „people processing" (Hughes 1971) auf und beschreibt Professionen als verantwortlich dafür, Personen, die dem im jeweiligen System nicht erwünschten Zustand entsprechen, in die Richtung der gewollten Position zu bewegen (vgl. Pfadenhauer 2003, S. 44 f.). Die Funktionssysteme, innerhalb derer Professionen wirksam werden, unterscheiden sich durch die Mittel, mit denen der präferierte Zustand hergestellt wird (vgl. ebd.). Während einige Systeme wie das Wirtschaftssystem den erwünschten Zustand (haben vs. nicht haben) über ein technisiertes Medium (Geld) herstellen können, zeigen sich andere Funktionssysteme als nicht technisierbar (vgl. Luhmann 1981). In diesem Zusammenhang lässt sich von einem „Technologiedefizit" (Luhmann/Schorr 1979) bestimmter Systeme sprechen. Dies betrifft das Gesundheits-, Erziehungs-, Rechts- und Religionssystem, da all diese Bereiche über kein technisiertes Medium zur Herbeiführung des positiv besetzten Zustandes verfügen (Pfadenhauer 2003, S. 45). Daher bedarf es eines anderen Mittels, und zwar dem der professionellen Erarbeitung des gewünschten Zustandes (vgl. Kurtz 2000, S. 170). Mit anderen Worten gleichen professionelle Praktiker*innen in ihrer Funktion und ihrer professionellen Arbeit das Defizit der vier genannten Teilsysteme aus. Professionsträger*innen übernehmen also die Rolle der professionellen Erarbeitung, ohne wie bereits beschrieben mit Sicherheit die erfolgreiche Bearbeitung des Zustands in Richtung des gewünschten Ziels garantieren zu können (vgl. Pfadenhauer 2003, S. 45). Im Gegenteil ist die professionelle Arbeit von Unsicherheit hinsichtlich der Modi der Problembearbeitung gekennzeichnet (ebd.). Dies zieht es nach sich, dass professionelle Praktiker*innen ein gewisses Maß an Risikofreudigkeit und Verantwortungsübernahme aufbringen müssen, während Klient*innen Vertrauen in die Professionsträger*innen setzen sollten (ebd.). Wichtig ist die Betonung des Problembearbeitungscharakters, den die professionelle Arbeit wesenhaft aufweist (vgl. ebd.). Für den systemtheoretischen Ansatz sind damit in genau den Riskanzen um die professionelle Arbeit und ihren Erfolg auch ihre Entstehungsbedingungen zu suchen, während das funktionalistische Modell dagegen eine gesamtgesellschaftliche Wertübereinstimmung voraussetzt, die als Erklärungsgrundlage für die Entstehung und den Fortbestand von Professionen herangezogen wird (vgl. ebd.).

Kritisch lässt sich der systemtheoretische Ansatz dahingehend beleuchten, dass der Machtaspekt weitestgehend ausgeblendet wird (vgl. ebd., S. 46). Dass Professionsträger*innen mehr Macht als ihre Klient*innen haben und dies mit vielen weiteren Auswirkungen verbunden ist wie bereits im Abschnitt zum machttheoretischen Ansatz beschrieben, wird hier vernachlässigt (vgl. ebd.). Dem systemtheoretischen Ansatz ist im Vergleich zum funktionalistischen Modell zugutezuhalten, dass hier die vom funktionalistischen Modell vorausgesetzte systemübergreifende, gesamtgesellschaftliche Entstehungsverortung von Professionen überwunden wird (vgl. ebd.). Jedoch ist kritisch zu sehen bzw. zu fragen, ob die Zuständigkeiten und Befugnisse von Professionen nicht eher Produkt von Aushandlungsprozessen und nicht lediglich der binären Differenz innerhalb der Systeme zuzuschreiben sind (vgl. ebd.).

1.7 Zusammenfassung der Ansätze

Nach dem Ausblick auf die verschiedenen professionstheoretischen Ansätze lässt sich zusammenfassend-überblicksartig zum Stand der Diskussion um den Professionsbegriff Folgendes sagen:

Erstens sind die professionstheoretischen Ansätze heterogen und an jeweils unterschiedlichen Bezugs- bzw. Ansatzpunkten orientiert. Während der kriterientheoretische Ansatz (Carr-Saunders/Wilson 1936) von der Wissensbasis als zentraler Konstitutionsgrundlage von Professionen ausgeht, betrachtet der funktionalistische (Parsons 1968) und der strukturfunktionalistische Ansatz (Oevermann 1996) das Ganze der Gesellschaft, innerhalb derer Professionen eingebunden sind, als Dreh- und Angelpunkt dessen, was Professionen ausmacht. Machttheoretische Ansätze (Larson 1977 und Freidson 1975) betonen den Prozess der Erlangung und Bewahrung eines professionellen Status als einen nicht nur von altruistischen, sondern auch von egoistischen Interessen getragenen, der vor dem Hintergrund der Machtstellung von Professionen besteht. Interaktionistische Positionen (z.B. Schütze 1992) nehmen dagegen Aushandlungsprozesse zwischen Professionsträger*innen und Klient*innen in den Blick, um zu verstehen, was das professionelle Handeln ausmacht. Nicht zuletzt der systemtheoretische Ansatz sieht in der funktionalen Differenzierung gesamtgesellschaftlich sowie auch zwischen Professionsträger*innen und Klient*innen den Kern, von dem ausgehend sich Professionen begreifen lassen. Es lässt sich feststellen, dass die unterschiedlichen Ansätze aufgrund ihrer stark unterschiedlichen Positionsbestimmung dessen, was eine Profession ist, kaum zur Deckung gebracht werden können.

Versucht man *zweitens* einen „gemeinsamen Nenner" (Pfadenhauer 2003, S. 32) der professionstheoretischen Theoriepositionen auszumachen und fragt danach, worin sich die Positionen *nicht* unterscheiden, gibt es trotz der gerade beschriebenen Unterschiedlichkeit drei Gemeinsamkeiten, die sich aus den professionstheoretischen Ansätze herausarbeiten lassen: Professionen sind bestimmte Berufe, die sich von anderen Berufen in Form bestimmter Merkmale, über die sich die Forschung nach wie vor nicht einig ist, unterscheiden (vgl. ebd., S. 32). Während die Bestimmung der Oberbegrifflichkeit, also die Deduktion, in ein Meer aus Unterschiedlichkeiten mündet, ist induktiv jedoch für viele Ansätze (Parsons 1968, Oevermann 1996, Schütze 1992) klar, dass es sich bei den Berufsgruppen der Ärzt*innen, Jurist*innen, Priester*innen und Lehrer*innen um Professionen handelt. Mok spricht in diesem Zusammenhang von „alten Professionen" (Ärzt*innen, Jurist*innen, Priester*innen) und von „neuen Professionen" (Lehrer*innen) (Mok 1969).

Drittens lassen sich neben den als „klassisch" (Stichweh 1994) geltenden Professionen und den pädagogischen Berufsgruppen, deren Professionsstatus seit einiger Zeit zunehmend mehr Anerkennung erfährt (vgl. Stahl 1998), weitere Berufsgruppen benennen, deren noch beruflicher bzw. schon professioneller Status nach wie vor kritisch diskutiert wird, ohne dass von einem Ende der Diskussion gesprochen werden kann. Dies ist zum Beispiel bei den Sozialarbeiter*innen bzw. Sozialpädagog*innen der Fall (vgl. Schütze 1992). Schütze (1992) ist der Ansicht, dass Sozialarbeit eine „bescheidene Profession" (ebd.) ist, Staub-Bernasconi (2007) spricht von einer „Menschenrechtsprofession" und Kleve (2000) von einer „Profession ohne Eigenschaften". Diese zusätzlichen Attribuierungen, die den Professionsstatus der Sozialen Arbeit genauer zu bestimmen versuchen, machen die Unabgeschlossenheit der Diskussion um den Status der Sozialen Arbeit als Profession deutlich, da Soziale Arbeit entsprechend dieser Positionen nicht per se, sondern nur unter gewissen Bedingungen als Profession bestehen zu dürfen scheint.

Auch besteht der Eindruck, dass einige Ansätze eine deutliche Differenzierung von Professionen im Sinn haben, die sich so ausdrückt, dass Professionen als grundsätzlich unterschieden von Berufen betrachtet werden. Diese Differenzierung oder Besonderung der Professionen tendiert insbesondere dazu, eine schlüssige und widerspruchsfreie Deduktion des Professionsbegriffs zu präsentieren, die jedoch nicht gelingt, da sich wie in den vorhergehenden Abschnitten ausgeführt an jedem Professionsansatz Kritikpunkte aufführen lassen. Es besteht der Eindruck, dass einige Professionsmodelle eine Art merkmalsorientierte Herauslösung der Profession aus ihrem beruflichen Kontext im Sinn haben, die an unterschiedlichen Berufsgruppen, die als Professionen verstanden werden (z.B. Mediziner*innen oder Jurist*innen), durchgeführt wird und die zeigen soll, dass Professionen spezifisch professionsbezogene Kernelemente gemeinsam haben, die darauf hinweisen, dass es einen gemeinsamen Professionskern gibt, der für alle Professionen gilt. Doch die Frage bleibt offen, ob eine solche gesonderte Betrachtung der Profession sinnvoll ist (vgl. dazu auch Freidson 2001, S. 10), denn die jeweiligen typischen Elemente, die nicht für alle Professionen gelten, sondern nur für eine Profession, geraten auf diese Weise aus dem Fokus und damit verbunden der berufliche Kontext, in dem Professionen agieren. Daher wird hier die Meinung vertreten, Professionen nicht nur in Bezug auf ihr Profession-Sein zu betrachten, sondern auch im Hinblick auf den jeweils beruflichen Zusammenhang, in den die Professionen eingebettet sind.

Argumentiert man machttheoretisch, sind Professionen zunächst die Eroberinnen und Bewahrerinnen ihres eigenen Status – unabhängig davon, ob sie Zentralwerte in altruistischer Hilfstätigkeit für ihre Klient*innen bearbeiten. Nimmt man Goodes Modell der Profession einer sich selbst reproduzierenden Primärgruppe (vgl. Goode 1972), findet sich hier die Betonung eines Selbsterhalts von Professionen aus auch egoistischem Interesse. Geht man davon aus, dass Professionen nicht per se Ergebnisse eines naturhistorischen Vorgangs von gesellschaftlichen Rationalisierungsprozessen (vgl. Pfadenhauer 2003, S. 52), wie Parsons dies beschreibt, sind, so erscheint es naheliegend, Professionsträger*innen als die Träger*innen dieses professionsbezogenen Selbsterhalts genauer in den Blick zu nehmen, denn ohne sie als Professionsreproduktion (Goode 1972) gäbe es auch keine Profession.

2. Eigene Positionierung: Was ist eine Profession?

Aus diesen Beobachtungen lässt sich Folgendes schließen: Der interaktionisti-sche Ansatz wirft am wenigsten Kritikpunkte auf (siehe dazu Abschnitt 1.5). Im Gegensatz zu anderen Theoriepositionen nimmt er das Geschehen zwischen Professionsträger*innen und Klient*innen in den Blick und damit auch das kon-krete berufliche Handeln von Professionsträger*innen. Auf diese Weise werden Professionen zurückbezogen auf ihre beruflichen Kontexte, in denen sie agieren. Da gerade die starken Differenzierungsbestrebungen der trennscharfen Abgren-zung von Professionen zu Berufen problematisch sind und sich mitunter wenig gut bzw. nicht ohne nachvollziehbare Kritik begründen lassen, werden hier Pro-fessionen erstens im interaktionistischen Sinne verstanden und zweitens ange-lehnt an den funktionalistischen Ansatz (Parsons 1968) und die revidierte Profes-sionalisierungstheorie (Oevermann 1996) als institutionalisierte, gesellschaftlich anerkannte Bearbeiter*innen von Klientenproblemen, die Zentralwertbezug haben. Entsprechend der interaktionistischen Position wird hier davon ausge-gangen, dass Berufe dann Professionen sind, wenn das berufliche Handeln be-stimmte Merkmale aufweist: einen relativ abgegrenzten Orientierungs- und Handlungsbereich" (Schütze 1992, S. 135). Dieser ist verbunden mit „höhersym-bolischen Teil-Sinnwelten" (ebd.), das berufliche Handeln ist gekennzeichnet durch einen direkten Bezug zwischen Professionsträger*innen und Klient*innen, der durch einen auf Vertrauen beruhenden Arbeitskontrakt gerahmt ist (ebd.). Innerhalb dieses Kontraktes findet die Bearbeitung des Falls unter Anwendung professionsbezogener „Analyse- und Handlungsverfahren" (ebd.) statt. Konkret heißt das, dass hier davon ausgegangen wird, dass Berufe, die sich in diesem Sin-ne als Professionen verstehen lassen, diejenigen Berufe sind, die übereinstim-mend von den meisten Theoriepositionen als Professionen verstanden werden: Ärzt*innen, Jurist*innen, Theolog*innen und Lehrer*innen. Bei der Berufsgrup-pe der Sozialarbeiter*innen bzw. Sozialpädagog*innen wird mit Schütze (1992) davon ausgegangen, dass diese ebenfalls institutionalisierte Bearbeiter*innen von Klientenproblemen sind, die im oben genannten „relativ abgegrenzten Orientie-rungs- und Handlungsbereich" (ebd., S. 135) in direkter Interaktion mit den Klient*innen auf Basis eines auf Vertrauen aufgebauten Arbeitskontraktes den Fall bearbeiten und dazu professionsbezogene Analyse- und Handlungsverfah-ren unter Bezugnahme auf „höher-symbolische Teilsinnwelten" (ebd.) nutzen.

3. Profession und Professionsträger*innen

In den vorhergehenden Abschnitten wurde die Frage beantwortet, was entsprechend unterschiedlicher theoretischer Ansätze zum Professionsbegriff unter einer Profession verstanden werden kann und welche Position in dieser Studie dazu eingenommen wird. Einige der besprochenen Professionsmodelle erwähnen im Zuge der Ausführungen zum Professionsbegriff auch die Angehörigen einer Profession (Parsons 1968, Oevermann 1996, Goode 1972), zum Beispiel indem sie neben der Berufsbezeichnung – wie Ärzt*innen, Jurist*innen, Lehrer*innen, Ingenieur*innen (Parsons 1968) – von den „Berufsexperten" (Schütze 1992, S. 136 f.), den „Professionals" (Hughes 1971, S. 422 ff.) oder den „professionellen Gemeinschaften" (Goode 1972, 157 f.), die „Mitglieder" (ebd.) haben, sprechen. Die Professionsträger*innen werden also als Professionszugehörige und über diese Zugehörigkeit zu der Profession, deren Träger*innen sie sind und der sie angehören, verstanden. Mit anderen Worten entscheidet die Professionszugehörigkeit über die Professionsträgerschaft. In den meisten Ansätzen zum Professionsbegriff findet sich keine weitere über die Professionszugehörigkeit hinaus differenzierte Begriffskonzeptionierung der Professionsträger*innen. Im Abschnitt 1.1 wurde das klassische Professionsmodell bereits dahingehend kritisch beleuchtet, dass Professionsträger*innen darin vordringlich als Funktionsträger*innen gesehen und auf funktionale Aspekte reduziert werden. Auch wurde die Beziehung, in der Professionsträger*innen nach Auffassung des klassischen Modells zu ihren Klient*innen stehen, beschrieben und kritisch in den Blick genommen. Goode (1972) bildet hierzu eine Ausnahme, insofern er eine Profession nicht nur über bestimmte Merkmale identifiziert, was Professionen gesellschaftlich ausmacht, sondern darüber hinaus als Gesamtgruppe aller Professionsträger*innen sieht. Damit rückt er den Aspekt, dass Professionen Professionszugehörige haben und über diese erst als Professionsgruppe in Erscheinung treten, in den Vordergrund und fasst so auch den Professionsträgerbegriff differenzierter, als dies in anderen Modellen geschieht. Professionsträger*innen stehen, so soll Goode (1972) hier verstanden werden, also als Einzelprofessionsträger*innen in einer Beziehung zur Professionsträgergesamtgruppe. Sie sind damit – führt man den Gedanken weiter – Repräsentant*innen der Gesamtgruppe, jedoch nicht wie im klassischen Modell nur als Träger*innen der Funktion, die die Profession, der sie angehören, erfüllen müssen. Vielmehr erscheinen sie als Gruppenangehörige der „Primärgruppe" (ebd.), als die Professionen auch beschrieben werden. Sie scheinen über ihre Funktion hinaus Merkmale aufweisen zu können, die das klassische Modell Professionsträger*innen nicht zuspricht. Auch Oevermanns revidierte Professionalisierungstheorie schenkt den Professionsträger*innen eine ähnliche Art von Aufmerksamkeit, die den Blick auf das Handeln von Professionsträger*innen im Rahmen des „Arbeitsbündnisses" (Oevermann 1996, S. 152 ff.) richtet. Oevermann zufolge ist die Beziehungsstruktur nicht nur universalistisch, wie Parsons dies reklamiert (vgl. Parsons 1968, S. 168 f., S. 170 f.), sondern auch partikularistisch, nicht nur funktional spezifisch, sondern auch funktional diffus, nicht nur neutral, sondern auch von affektiven Elementen geprägt (vgl. Oevermann 1997, S. 15): „(…) dass es sich bei den professionalisierten Tätigkeiten um eine widersprüchliche Einheit von spezifischen, rollenförmigen und diffusen, den ganzen Menschen umfassende Beziehungsformen und Beteiligungen handelt, um eine widersprüchliche Einheit also, in der Theorie (methodische Begründung und rollenförmige Kanonisierung) und Praxis (krisenbezogener Einsatz und Beteiligung des ganzen Menschen) miteinander zu einer spezifischen Praxisform vermittelt sind." (ebd.)

In dieser Studie wird der Versuch unternommen, Professionsträger*innen differenzierter zu betrachten und nicht lediglich als Funktionsträger*innen, die auf ihre funktionale Rolle beschränkt werden. Professionsträger*innen werden hier mit Goode (1972) als Angehörige einer Professionsträgergesamtgruppe verstanden. Damit stehen sie über ihre Professionsträgerschaft in einem doppelten Bezug: Erstens gehören sie der Gesamtgruppe der Professionsträger*innen an und stehen zu ihr in Beziehung. Zweitens sind sie selbst auch ein Teil der Gesamtgruppe und stehen mit sich selbst in Bezug. Von diesem zweiten Bezug, in dem Professionsträger*innen stehen, wenn es um den Bezug zu sich selbst geht, soll hier als von einem Subjektbezug gesprochen werden. Damit werden Professionsträger*innen sowohl als Professionsgruppenangehörige und Subjekte im Sinne von Reckwitz (2010) verstanden, die ihr Subjekt-Sein auf beruflicher Ebene praktisch herstellen.

Gemeinsam ist Goode, (1972) Parsons (1968), Oevermann (1996, 1997), Schütze (1992) und Larson (1977) etc., dass der Professionsträgerbegriff so angelegt ist, dass die Professionsträger*innen als *einer* Profession angehörig gedacht werden. Die Frage nach Mehrfach-Professionszugehörigkeiten, zum Beispiel Zweifach-Professionsträgerschaften, die Sozialpädagog*innen *und* Jurist*innen, Lehrer*innen *und* Sozialarbeiter*innen, Ärzt*innen *und* Pädagog*innen etc. aufweisen würden, bleibt dabei unberührt. Professionsträger*innen werden in den theoretischen Modellen in ihrer Professionszugehörigkeit auf eine *Einfach*-Professionsträgerschaft und die Zugehörigkeit zu *einer* Profession reduziert, ohne den Blick auf Mehrfachzugehörigkeiten zu erweitern und in theoretische Überlegungen einzubeziehen.

4. Biografie und Profession

Das klassische Modell beschränkt wie schon ausgeführt Professionsträger*innen zu stark darauf, dass sie Träger*innen der Funktion bzw. der Funktionen sind, die Professionen erfüllen. Dass aber die jeweils individuelle Berufsbiografie der Professionsträger*innen einbezogen werden muss, wenn es darum geht, mehr über Professionen zu erfahren, das wurde in der neueren Forschung vermehrt in den Blick genommen. In der pädagogischen und erziehungswissenschaftlichen Forschung wurde vielfach die Frage danach, wie Einzelprofessionsträgerbiografie und Profession in Bezug zueinander stehen und welche Verbindungen es zwischen beiden gibt, gestellt. Dies wurde empirisch untersucht: Hoff (2002) nimmt Gymnasialdirektorinnen vor dem Hintergrund der Frage nach ihrer Professionalisierungin den Blick, Fabel-Lamla (2004) befasst sich mit der Professionalisierung ostdeutscher Lehrer*innen, Daigler (2008) untersucht das berufliche Selbstverständnis von Sozialpädagog*innen, Kunze (2013) geht der Biografie und dem beruflichen Handeln eines Waldorflehrers nach und Nürnberg/Schmidt (2018) untersuchen das biografische Selbstverständnis von Erzieher*innen. In diesen Studien gilt das Augenmerk Professionsträger*innen unter Fokussierung auf ihre einfache Professionszugehörigkeit. Mehrfachzugehörigkeiten werden nicht in die Untersuchung einbezogen. Schaeffer (1990) bildet hierzu eine Ausnahme und befasst sich mit Professionsträger*innen, die mehrere Ausbildungswege und so auch Zweifach-Professionsträgerschaften aufweisen, fokussiert diese jedoch auf die Frage nach Berufswandlungsprozessen und nicht in erster Linie auf die Mehrfach-Professionszugehörigkeit der untersuchten Fälle. Mehrfach-Professionsträgerschaften als solche stellen sich als ein in der pädagogischen, sozialpädagogischen und erziehungswissenschaftlichen Forschung wenig untersuchter Bereich dar.

5. Professionalität

Betrachtet man den Professionalitätsbegriff, lassen sich zwei Ansätze unterscheiden: professionsbezogene und „kompetenzbezogene" (König 2014, S. 75) Ansätze. Letztere haben ihre Herkunft in der psychologisch oder pädagogisch ausgerichteten Professionsforschung und fokussieren Bedingungen, die Professionalität ermöglichen, auf Ebene der Person (vgl. ebd.). Als Kern von Professionalität wird hier außerdem das professionelle Handeln verstanden, das Personen ausführen. Um professionell handeln zu können, müssen bestimmte Kompetenzen und Fähigkeiten im einzelnen Individuum vorhanden sein (vgl. König 2014, S. 75). Liegen diese vor, lässt sich gemäß personenbezogener Ansätze von Professionalität sprechen (vgl. ebd.). Demgegenüber suchen professionsbezogene Ansätze Professionalität nicht in der Person, sondern beleuchten Professionalität als „berufliche Identität" (ebd., S. 76), die einer Profession gemeinsam ist. Professionalität entsteht also sozusagen als Begleiterscheinung zum Entstehungsprozess von Professionen, der als Professionalisierung von Berufsgruppen aufgefasst wird, die ihrerseits Produkt gesellschaftlicher Differenzierung ist (vgl. ebd.).

Hier wird mit professionsbezogenen Ansätzen davon ausgegangen, dass es etwas gibt, das als „berufliche Identität"(ebd.) bzw. Professionalität bezeichnet und Professionen zugesprochen werden kann. Entsprechend weiter gedacht müsste es dann unterschiedliche Formen von Professionalität geben – je nach Profession, von der die Rede ist. Dies spiegelt sich zum Beispiel darin wider, dass von einer „Lehrerprofessionalität" (Zlatkin-Troitschanskaia et al. 2009) gesprochen wird, also einer spezifischen, an eine Profession gebundenen Professionalität. Mit Schütze (1992) wird hier außerdem davon ausgegangen, dass Professionsangehörige bzw. „Professionsnovizen" (ebd., S. 193) in eine Profession „einsozialisiert" (ebd.) werden. In dieser Zeit der „Einsozialisierung" (ebd.) lernen Professionsträger*innen nicht nur kennen – davon wird weiter ausgegangen –, was die „berufliche Identität" (König 2014, S. 76) ihrer Profession ist, sondern erwerben darüber hinaus auch Wissen, Kompetenzen und Fähigkeiten, die sie für ihre spätere professionsbezogenen Tätigkeit brauchen und praktisch anwenden. Damit werden, so wird weiter angenommen, Professionsträger*innen im Verlauf ihrer Einsozialisierung auch Träger*innen der Professionalität, die für ihre Profession als typisch verstanden werden kann.

6. Multiprofessionalität

Bisher wurde Professionalität ähnlich wie die Professionsträgerschaft vor dem Gesichtspunkt der Einfach-Zugehörigkeit untersucht. Seit einiger Zeit ist vermehrt davon die Rede, dass es neben der einfachen Professionalität auch noch eine andere Form von Professionalität gibt: Multiprofessionalität. Doch wie genau lässt sie sich verstehen? Ein Begriffsfokus auf Multiprofessionalität sieht diese in der Zusammenarbeit unterschiedlicher Berufs- und/oder Professionsgruppen begründet (z. B. Heyer et al. 2019, Fabel-Lamla et al. 2019). Häufig wird von multiprofessioneller Zusammenarbeit gesprochen, wenn der Fokus auf das Phänomen der Kooperation diverser Berufs- und Professionsgruppen gerichtet wird (vgl. Volk et al. 2020). Daneben ist von Transprofessionalität die Rede, wenn bei der Zusammenarbeit unterschiedlicher Berufs- und Professionsgruppen „professionsspezifische Unterschiede (…) verschwimmen und de-thematisiert werden" (Büker/Höke 2020, S. 121). Auch wird von transprofessionellen Kooperationsbeziehungen im Sinne einer „grenzbezogenen Kommunikation (…), die sich reflexiv der professionellen Abgrenzung bewusst ist und diese in ihrer Arbeit überwindet, indem die Verflechtung in den Kooperationsbeziehungen gegenüber der Abgrenzung herausgestellt und betont wird" (Volk et al. 2020, S. 8), gesprochen. Nicht zuletzt wird der Begriff Interprofessionalität verwendet, um die Vernetzung unterschiedlicher Berufe zur Zusammenarbeit in der Kinder- und Jugendhilfe und so zum Beispiel im Bereich Familienzentrum zu bezeichnen (vgl. Wulfekühler 2013, S. 12).

In dieser Untersuchung wird nicht, wie dies bei anderen Arbeiten der Fall ist, davon ausgegangen, dass Multiprofessionalität darin besteht, dass verschiedene Berufsgruppen und Professionen in ihrer und durch ihre Zusammenarbeit, die je unterschiedlich angelegt sein kann, gemeinsam Multiprofessionalität erzeugen bzw. herstellen. Dieses Verständnis von Multiprofessionalität sieht vor, dass es mehrere Berufs-/Professionsträger*innen unterschiedlicher Berufs- und Professionszugehörigkeit geben muss, damit von Multiprofessionalität gesprochen werden kann. Das *Multi* bzw. das *Mehr* in *Multi*professionalität ist also an ein *Mehr* an ProfessionsträgerInnen *innen und damit an ein Mehr an Personen geknüpft. Dieses Verständnis von Multiprofessionalität steht mit dem Paradigma, von dem bereits vorher die Rede gewesen ist und das die biografisch orientierte Professionsforschung immer schon vorausgesetzt hat, in Zusammenhang: dem Leitgedanken der Einheit von Biografie und Profession, der vorsieht, dass pro Biografie eine Professionszugehörigkeit gegeben ist. Dieser Leitgedanke bzw. dieses Paradigma war und ist so prägend, dass ein Mehr an Professionsträgerschaften pro Biografie nicht untersucht worden sind. Hier soll bewusst auf die Möglichkeit

einer Erweiterung des Paradigmas eingegangen werden und die Frage nach
Mehrfach-Professionsträgerschaften auf Ebene der Person der Einzelprofessionsträger*innen gestellt werden. Was bedeutet es für Professionsträger*innen, wenn
sie nicht einer Profession, sondern zwei Professionen angehören und sich ihre
Biografie mit zwei Professionen verbindet? In irgendeiner Weise scheint es ja so,
dass Professionsträger*innen, die hier als Subjekte verstanden werden sollen, irgendetwas mit ihrer Professionsträgerschaft machen, oder umgekehrt, dass diese
etwas mit ihnen macht. Da stellt sich die Frage, was es ist, was da in einer zweifachen Bezogenheit geschieht. Hier wird bewusst darauf verzichtet, mehr als eine
doppelte bzw. zweifache Zugehörigkeit zu untersuchen, da weitere, also dreifache
oder gar vierfache Zugehörigkeiten, den Rahmen dieser Arbeit sprengen würden.

Multiprofessionalität, wie sie hier verstanden wird, liegt vor, wenn Professionsträger*innen zwei Professionsbezüge aufweisen. Diese können in der aktuellen
Tätigkeit bestehen, also dann, wenn gleichzeitig in beiden Professionen gearbeitet wird, und dann gegeben sein, wenn entweder die Professionsträger*innen
gleichzeitig in zwei Berufskontexten tätig sind, die mit ihren Professionszugehörigkeiten in Verbindung stehen. Diese Form des Gleichzeitig-in-zwei-Kontexten-
beschäftigt-Seins soll hier im Weiteren als simultane Biprofessionalität bezeichnet werden. Eine weitere Form wird dann als vorhanden verstanden, wenn die
Professionsträger*innen nacheinander erst in einer und dann einer zweiten Profession tätig war, wenn also eine abgeschlossene Ausbildung und eine sich an-
schließende berufliche Tätigkeit in beiden Kontexten vorliegt. Dies soll im
Folgenden sequenzielle Biprofessionalität genannt werden. Auch wird davon ausgegangen, dass Professionsträger*innen mit zweifacher Professionsträgerschaft
Multiprofessionalität (und nicht „nur" Professionalität) auf intrapersonaler, also
auf einer innerpersönlichen Ebene herstellen. Damit wird Multiprofessionalität
als etwas gedacht, das sowohl quasi passiv vorliegt, wenn Professionsträger*innen
zwei Professionszugehörigkeiten aufweisen, als auch aktiv auf innerpersönlicher
Ebene von den Professionsträger*innen mit doppelter Professionszugehörigkeit
hergestellt wird.

7. Fragestellung

Angesichts der Forschungslücke, die Mehrfach-Professionszugehörigkeiten mit dem Referenzrahmen der (Einzel-)Biografie von Professionsträger*innen mit zweifacher Professionsträgerschaft noch immer darstellen, wird hier nach den bisher wenig beforschten biprofessionellen Professionsträger*innen gefragt. Diese werden als biprofessionell verstanden, weil sie entweder gleichzeitig in beiden professionsbezogenen Berufsfeldern arbeiten (simultan biprofessionell) oder nacheinander erst in einer und dann in einer anderen Profession tätig waren (sequenziell biprofessionell). Auch soll hier nach der Perspektive bzw. dem Blick der zweifach professionellen Professionsträger*innen auf ihr berufliches Selbstbild – oder mit anderen Worten auf die Subjektperspektive auf das berufliche Selbstbild der zweifach professionellen Professionsträger*innen – vor dem Hintergrund ihrer zweifachen Professionshintergründe – gefragt werden. Bei der Fragestellung wird den zu untersuchenden zweifach professionellen Professionsträger*innen eine eigene Form von Professionalität zugeschrieben, die wie schon beschrieben in das Konzept der intrapersonalen Multiprofessionalität fällt, insofern davon ausgegangen wird, dass diesen hier in den Blick zu nehmenden zweifach professionellen Professionsträger*innen Professionalität unterstellt wird, wie sie auch den Professionsträger*innen mit einfacher Professionszugehörigkeit unterstellt wird, nur dass die zweifache Professionsträgerschaft, wie hier vermutet wird, mit einer eigenen Form von Professionalität korrespondiert. Konkret soll hier Folgendes gefragt werden:

Wie stellt sich die Subjektperspektive von Professionsträger*innen mit zweifacher Professionsträgerschaft dar im Hinblick auf ihr berufliches Selbstbild vor dem Hintergrund ihrer simultanen oder sequenziellen doppelten Professionsträgerschaft; dabei geht es um Professionsträgerschaften mit doppelter Zugehörigkeit, von denen eine der beiden Zugehörigkeiten die Zugehörigkeit zu einer pädagogischen Profession (Lehrerschaft, Sozialarbeiter*innen/Sozialpädagog*innen/Pädagog*innen)?

Hier wird bewusst nach dem beruflichen Selbstbild gefragt. Dies ist so begründet: Der Berufsbegriff wird hier benutzt, weil darunter die jeweils konkrete Berufsausübung, das auf praktischer oder theoretischer Ebene Tätig-Sein, die Arbeit mit den Klient*innen innerhalb der jeweiligen Kontexten, in denen die biprofessionellen Professionsträger*innen arbeiten oder gearbeitet haben, verstanden wird. So gesehen sind Professionen in ihrer konkreten Tätigkeit gleichzeitig auch

Berufe und werden entsprechend auch als Berufe verstanden.[7] Professionen sind der Arzt-, Juristen-, Theologen-, Lehrer-, Sozialarbeiter-, Sozialpädagogen- und Pädagogen-Beruf.

In dieser Arbeit soll eine qualitative Fragestellung verfolgt werden, die das Wie der Subjektperspektive der biprofessionellen Professionsträger*innen in den Blickt nimmt.

---

7 Freidson wies darauf hin, dass die soziologische Beschäftigung mit Professionen daraus Nutzen zöge, wenn die Nähe zur Berufsforschung gegeben wäre: „With but few exceptions, the study of professions has been in an intellectual world of its own, completely separated from studies of more humble occupations, from long-standing and sophisticated studies of industrial organizations, and from recent work on labor markets and status attainment. In the empirical study of some professions, engineering being the most obvious example because its work is often carried on in industrial plants, attention to such literature is essential. However, the study of all professions can benefit considerably from greater familiarity with the more catholic concepts and illuminating data to be found in the sociology of work" (Freidson 2001, S. 10).

II. Teil: Forschungsdesign

1. Reflexion der persönlich-biografisch orientierten Motivation des Projekts

Das Forschungsinteresse an Berufs- bzw. Professionsträger*innen mit zweifacher Professionszugehörigkeit bzw. Professionalität ist nicht nur ein Ergebnis der wissenschaftlich-theoretischen Beschäftigung mit Professionen, Professionalisierung und Professionalität, sondern beruht auch auf meiner persönlichen, biografisch begründeten Motivation, auf die ich im Folgenden eingehen möchte.

Ich interessiere mich für Profession, Professionalisierung und Professionalität mit dem Fokus auf Zweifachprofessionalität, weil ich selbst einen zweifachen Professionshintergrund habe. Ich war in meinem Erstberuf Lehrerin am Gymnasium und nahm nach fünf Jahren Ausbildung und Arbeit als Lehrerin ein Sozialarbeitsstudium an einer Hochschule für angewandte Wissenschaften auf. Studienbegleitend arbeitete ich mit einem geringen Zeitanteil bei einem konfessionellen Träger der Sozialen Arbeit in der Lernhilfe, einer Hilfe nach § 13 SGB VIII. Seit Aufnahme meines zweiten Studiums und meiner Arbeit in der Lernhilfe als angehende, noch nicht voll ausgebildete Sozialarbeiterin beschäftigt mich die Reflexion der Unterschiede und Gemeinsamkeit beider Berufe bzw. Professionen aus einer praktischen Perspektive heraus. Im Zug meiner Arbeit in der Lernhilfe kamen viele Fragen, bezogen auf meine neue Tätigkeit, auf, wie zum Beispiel danach, wie sich Lehrer- und Sozialarbeiterrolle unterscheiden, wie Ziele und Aufgaben beider Berufe je gelagert sind, wie sich die jeweiligen beruflich-erzieherischen Haltungen, bezogen auf Lehrer- und Sozialarbeiterberuf, darstellen und nicht zuletzt, wie sich die Logiken beider Berufskontexte verstehen lassen. Auch fragte ich mich, ob ich, obwohl ich nicht mehr als Lehrerin arbeite, sondern als angehende Sozialarbeiterin in der Lernhilfe, doch auch noch Lehrerin wäre. Dies sind nur einige Fragen, die ich hier anführe, um die unterschiedlichen Reflexionskomplexe thematisch zu bündeln.

Als ich im Sommer 2016 kurz vor Abgabe meiner Bachelorarbeit und Abschluss meines Studiums der Sozialen Arbeit vom Graduiertenkolleg „Multiprofessionalität in der Bildungsinfrastruktur und in den Sozialen Diensten" erfuhr, entstand vor dem Hintergrund der schon erwähnten berufspraktischen Fragen die Idee zu einem Dissertationsprojekt. Das Projekt basierte wie schon beschrieben auf einem Verständnis von Multiprofessionalität, das so angelegt ist, dass Multiprofessionalität auf der personalen – genauer: der intrapersonalen – Ebene verortet ist. Mit anderen Worten liegt nach der Idee, die in dieser Arbeit verfolgt wird, Multiprofessionalität bei Professionsträger*innen mit zweifachem Professionshintergrund vor und eben diese Professionsträger*innen mit zweifacher Zugehörigkeit sollen hier in den Blick genommen werden.

Dadurch, dass ich mit einer eigenbiografischen Motivation an mein Projekt herantrat und ich Personen beforschte, die eine Gemeinsamkeit mit mir hatten, die ich in meiner eigenen Forschung in den Blick nahm – die zweifache Professionalität –, hatte ich eine große persönliche Motivation an meinem Projekt. Gleichzeitig ergaben sich viele Herausforderungen.

Von Anfang an war ich aufgefordert, mein Vorhaben immer „zweifach" in Form eines ständigen Perspektivwechsels zu denken. Damit meine ich, dass ich projektbegleitend stets meine eigene Eingebundenheit in die Berufsfelder Schule und Soziale Arbeit reflektiert habe. Dies ist der eigenbiografische Reflexionsstrang.

Gleichzeitig war es meine Aufgabe als Forscherin, die Erfahrungen meiner Interviewpartner*innen von meinen eigenen Erfahrungen reflexiv abzugrenzen, mich der Nähe, wo sie in Interviewsettings auftrat, wie auch der Distanz bewusst zu machen und immer wieder neu den Selbstentwürfen, von denen ich erfahren durfte, offen und interessiert entgegenzutreten und das aufzunehmen, was mir im Verlauf der Interviews berichtet wurde. Diese Gedanken verfolgte ich in einem zweiten Reflexionsstrang, der Bezug auf meine Interviewpartner*innen nahm. Diese beiden Reflexionsstränge bearbeitete ich von Anfang bis Ende meines Projekts.

Der Prozess der doppelten Reflexion war begleitet von zwei weiteren Prozessen: dem Prozess der Balance zwischen Nähe und Distanz zu den Forschungsobjekten, also meinen Interviewpartner*innen, und dem Prozess des Rollenwechsels von Forscher- und Interviewpartnerrolle.

Das heißt, ich befand mich in einem dauernden Prozess der Annäherung und Distanzierung wie auch des Wechsels der Rolle zwischen einer Forscherin, die aus eigener Erfahrung der zweifachen Professionalität heraus manchmal bewusst, manchmal weniger bewusst die Nähe zu ihren Interviewpartner*innen sucht, und der Rolle der Forscherin, die sich in der Distanz von den Forschungsobjekten entfremdet. In diesem Zusammenhang war zu beobachten, dass der Entfremdungsprozess je nach Person der Interviewpartner*innen und Situation des Interviews einschließlich Vor- und Nachgespräch mir unterschiedlich leicht- bzw. schwerfiel. Während ich bei meinem ersten Interview noch gleich zu Beginn von meinen eigenen Hintergründen und meiner Forschungsmotivation sprach und eine große Nähe zu der befragten Person hatte, stellten sich in der Nachbereitung des Interviews Zweifel ein, ob es nicht vielleicht besser wäre, mein Vorhaben zu Beginn der folgenden Interviews ohne die biografische Eigenmotivation zu benennen. Also verschwieg ich in den folgenden Interviews am Anfang meine eigenen Hintergründe und machte auf diese Weise eine Erfahrung, die mich zufriedenstellte, aber auch eine weitere Erfahrung, die mich erneut mich selbst fragen ließ, ob ich mich nicht doch persönlicher hätte präsentieren sollen und ob die Zurückhaltung einer Interviewpartnerin, die ich als dritte befragte, mit mir zu tun hatte und diese Zurückhaltung eine Reaktion auf mein für die

Interviewpartnerin mangelndes Sich-Zeigen war. Zum einen reflektierte ich meine persönlichen Erfahrungen wissenschaftlich, was für mich insoweit etwas Neues war, als dass ich in der Zeit meiner praktischen Arbeit in der Lernhilfe meine Rolle, meine Aufgaben, mein Selbstbild noch nicht wissenschaftlich – in Paradigmen der Professionsforschung – reflektiert hatte, wohl jedoch aus berufspraktischer Perspektive heraus.

Auch beobachtete ich nicht nur in der Erhebungs-, sondern auch in der Auswertungsphase folgende Schwierigkeit: Obwohl ich den Kontakt mit den Interviewpartner*innen je nach Gegenüber und persönlicher Passung mehr oder weniger genoss, meistens verbunden mit einem guten Gefühl und großer Zufriedenheit über die neuen Informationen, die ich erhalten hatte, hatte ich Blockaden bei der Auswertung der Daten. Ich hatte Zweifel, ob ich das, was mir die Interviewpartner*innen anvertraut hatten, überhaupt bearbeiten durfte: Hatte ich denn abgesehen von der Einwilligungserklärung, die die Interviewpartner*innen unterschrieben hatten, und von den wenigen Situationen, in denen Interviewpartner*innen konkrete Datenschutzfragen ansprachen, ein Recht dazu, ihre Daten nicht nur aufzubewahren, sondern auch auszuwerten? Sobald es darum ging, mit den Daten etwas zu machen, was später Teil meiner Arbeit werden würde, die dann in geschriebener Form vorliegen würde und so der Öffentlichkeit zugänglich wäre, stellten sich Schuldgefühle meinerseits gegenüber meinen Interviewpartner*innen ein, die sich so äußerten, dass ich es als Verrat ihnen gegenüber empfand, ihre Daten auf einer Metaebene zu reflektieren, die nur von mir, nicht mehr von ihnen betreten werden konnte und ihnen somit Möglichkeiten, sich selbst darzustellen, entzog.

2. Die Kategorien Professionalität und Biprofessionalität: Wer ist biprofessionell?

Wie schon gezeigt worden ist, lassen sich zwei Stränge der theoretischen Ansätze zur Frage danach, was Professionalität ist, unterscheiden: professions- und personenbezogene Ansätze (vgl. König 2014).

In dieser Arbeit wird bei der Frage danach, wie Professionalität und wie die zweifache Professionalität oder Biprofessionalität, um die es hier geht, verstanden wird, sowohl auf professionsbezogene als auch auf personenbezogene Ansätze Bezug genommen (vgl. dazu Kapitel 5 im ersten Teil). Auch wenn die Positionen vielfach getrennt diskutiert und wahrgenommen worden sind (vgl. ebd.), nehmen sie dem hier vorliegenden Verständnis nach auch aufeinander Bezug und schließen sich nicht vollständig aus. Konkret ist damit gemeint, dass hier davon ausgegangen wird, dass von Professionalität gesprochen werden kann, wenn eine Professionszugehörigkeit vorliegt. Damit orientiert sich diese Untersuchung an professionsbezogenen Professionalitätsbegriffen. Gleichzeitig wird jedoch davon ausgegangen, dass Professionalität personenbezogen gedacht werden muss, da sie in direktem Zusammenhang mit den Professionsträger*innen, also den Personen, die einer Profession angehören, steht. Auch wird davon ausgegangen, dass eine Profession als Gesamtprofessionsträgergruppe zu verstehen ist (vgl. Goode 1972) und dass es ohne Professionsträger*innen entsprechend diesem Verständnis keine Profession gäbe und ohne Profession und Professionsträger*innen nicht von Professionalität gesprochen werden kann. Professionalität ist also sowohl professionsbezogen als auch personenbezogenzu verstehen. Mit anderen Worten kann Professionalität nicht als personenunabhängig verstanden werden, da sie dafür zu eng an die Person der Professionsträger*innen geknüpft ist. Konkret würde das so zu verstehen sein, dass ein Arzt professionell ist, weil er der medizinischen Profession angehört und in seiner Ausbildung Fähigkeiten erworben hat, die zu seiner Person in Bezug stehen. Dasselbe gilt für die Berufe, die hier – wie im vorhergehenden Abschnitt ausgeführt wurde – als Professionen verstanden werden: für Jurist*innen, Theolog*innen, Pädagog*innen, Lehrer*innen und Sozialpädagog*innen. Das bedeutet, dass eine medizinische, pädagogische bzw. theologische Professionalität zunächst etwas ist, was Professionsträger*innen nach den Kriterien der jeweiligen Profession, der sie angehören, dazu befähigt, in ihr erwerbstätig zu sein. Jemand ist also dem hier zugrundeliegenden Verständnis dann sozialarbeiterisch professionell, wenn er oder sie eine formale Qualifikation in Form einer abgeschlossenen Ausbildung, eines Diploms oder

Bachelors oder eines anderen Ausbildungs- oder Studienabschlusses in Sozialer Arbeit, Sozialarbeit oder Sozialpädagogik aufweist. Dies lässt sich auf andere der genannten Professionen übertragen: Juristisch professionell ist jemand, wenn er/sie über die formale Qualifikation verfügt und ein erstes und zweites juristisches Staatsexamen aufweist und wenn er/sie zum Beispiel als Rechtsanwalt von der Rechtsanwaltskammer zugelassen ist oder Richter oder Staatsanwalt, etc. ist. Die Lehrerprofessionalität würde in einem abgeschlossenen zweiten Staatsexamen bestehen, das die Voraussetzung dafür ist, an staatlichen und staatlich anerkannten Schulen unterrichten zu dürfen.

Wie sieht es mit einer zweifachen Professionalität aus? Da in dieser Arbeit die Professionsträger*innen mit einer doppelten Zugehörigkeit in den Blick genommen und ihre Selbstbilder und Selbstkonstruktionen erforscht werden sollen, stellt sich die Frage, was hier mit zweifacher Professionalität bzw. Biprofessionalität gemeint ist und wer unter diese Kategorie fällt. In dieser Arbeit wird davon ausgegangen, dass eine zweifache Professionalität dann gegeben ist, wenn eine Person zwei abgeschlossene Ausbildungen hat, bezogen auf zwei der oben genannten Berufe Ärzt*innen, Jurist*innen, Theolog*innen, Lehrer*innen, Pädagog*innen, und Sozialpädagog*innen bzw. Sozialarbeiter*innen, die als Professionen verstanden werden. In Anlehnung an interaktionistische professionstheoretische Ansätze wie den von Schütze (1992) wird außerdem davon ausgegangen, dass eine „Einsozialisierung" (ebd., S. 139) in die Profession stattfindet. „Einsozialisierung" (ebd.) wird hier so verstanden, dass sie nicht nur in der theoretisch-universitären Ausbildung bzw. im Studium erfolgt, sondern auch in der sich anschließenden praktischen Berufsausübung. Zwar sind die theoretische Ausbildung und ihr erfolgreicher Abschluss die formal wichtige Qualifikation und damit Berufszulassung, doch können vordringlich theoretisch angelegte Ausbildungen nicht alle wichtigen praktischen Inhalte vermitteln. Daher wird hier angenommen, dass eine Phase des Lernens und Eingewöhnens auch nach dem formalen Abschluss in der sich anschließenden Phase des Berufsbeginns stattfindet. Es erscheint auch deshalb wichtig, den berufspraktischen Bezug mitzudenken, da davon ausgegangen wird, dass Professionen nicht nur theoretisch, sondern auch praktisch orientierte Berufe sind, bei denen theoretisches Wissen auf die jeweils vorhandenen berufspraktischen Aspekte bezogen wird. Die praktischen Professionsberufe bringen, davon wird hier ausgegangen, die Herausforderungen des Wissenstransfers von der Theorie in die Praxis mit sich und stellen die Berufs- bzw. Professionseinsteiger*innen vor Herausforderungen, die nicht nur in ausbildungsintegrierten Praktika, sondern auch noch später in der Berufsanfangsphase bewältigt werden müssen. Zwar ließe sich hier einwenden, dass studien- bzw. ausbildungsbegleitende Praktika bereits eine Vorbereitung auf die späteren praktischen Aufgaben sind, aber häufig sind diese so angelegt, dass die Praktikant*innen noch nicht die volle Verantwortung tragen müssen. Daher soll der Berufsbeginn mit kompletter

Aufgabenverantwortung als Teil der „Einsozialisierung" (ebd.) in den Beruf / die Profession gesehen werden, der nicht völlig mit einem Praktikum vergleichbar ist.

Entsprechend ist neben der formalen Qualifikation eines abgeschlossenen Studiums oder einer abgeschlossenen Ausbildung darüber hinaus als weiteres Kriterium für die Interviewpartnerauswahl festgelegt worden, dass unter die Kategorie Biprofessionalität Personen fallen, die zusätzlich zu ihren zwei abgeschlossenen formalen Qualifikationen eine mindestens einjährige Berufstätigkeit in den jeweiligen Berufsfeldern haben.

3. Die Erhebung

3.1 Wahl der Erhebungsmethode: leitfadengestützte Einzelinterviews

Da es in der vorliegenden Arbeit darum geht, wie sich die beruflichen Selbstbilder von zweifach Professionellen in deren Eigenkonstruktionen darstellen (siehe dazu Teil I, .), ist die Fragestellung qualitativ ausgerichtet, denn es geht um die jeweilige Beschaffenheit, um das Wie und damit die Qualität des Selbstbildes, das ausgelotet werden soll.

Der Fokus der Arbeit liegt auf den Eigenkonstruktionen der Personen mit zweifachem Professionshintergrund und betrifft damit ihre Haltung und Meinung zu sich selbst. Damit sind nach Diekmann die Methode der Befragung als eine Erhebungsmethode aus der Methodengruppe Befragung, Beobachtung und Inhaltsanalyse sowie prozessproduzierte Erhebungsmethoden am besten geeignet (vgl. Diekmann 2016, S. 434). Da das Forschungsinteresse klar die Einzelpersonen in den Blick nimmt, sollte eine Befragungsmethode gewählt werden, die diese ins Zentrum rückt. Daher wurde das Einzelinterview – und nicht etwa eine Gruppendiskussion – als geeignetes Interviewformat gewählt. In einem Einzelformat – so die Überlegung – können die Eindrücke, Gedanken, Reflexionen, Erfahrungsberichte der Befragten zu ihren Selbstbildkonstruktionen am besten abgefragt werden.

An die Wahl des Befragungsformats Einzelinterview knüpften sich weitere Fragen, die die Art des Einzelinterviews betraf: Sollten es narrative Einzelinterviews (Schütze 1983) mit wenig Steuerungsmöglichkeit vonseiten des Fragenden und sehr viel Freiraum für die Befragten sein? Da bei dieser Interviewart die Rolle der/des Fragenden in vollständiger Zurückhaltung besteht, die/der Fragende lediglich mit einer Erzählaufforderung beginnt und danach keine weiteren Impulse vonseiten der/des Fragenden erlaubt sind (vgl. ebd. und Hopf 2015, S. 355 ff.), besteht bei narrativen Interviews die Gefahr, dass Interviewte ihre Erzählungen in Richtungen schweifen lassen, die sich vom inhaltlichen Interesse der Interviewer*innen entfernen. So kann es dazu kommen, dass viel Material, ja ganze Interviews produziert werden, deren Daten in ihrer Umfänglichkeit gar nicht bearbeitet werden können. Aus diesem Grund erschien es sowohl daten- als auch ressourcensparender, ein anderes Format zu wählen. Es stellte sich als wichtig dar, den Interviewten sowohl den Raum als auch die Freiheit zu geben, erzählen zu können, was sie mitteilen wollten, und dies in einer Ausführlichkeit oder Detailliertheit, die sie selbst bestimmen können, und so kamen stark strukturierte Interviewformate (Diekmann 2016, S. 437) mit wenig offenem Charakter als geeignete Interviewart nicht in

Betracht, da die Befürchtung bestand, dass die Interviewpartner*innen zu sehr eingeschränkt würden in ihren Ausdrucks- und Selbstdarstellungsmöglichkeiten wie auch in ihrer Freiheit, Prioritäten zu setzen und inhaltlich mit dem beruflichen Selbstbild zusammenhängende Anschlussthemen ausführlicher oder weniger ausführlich – je nach eigener Entscheidung – zu entwickeln.

Es ging darum, einen Mittelweg zu finden zwischen sehr offenen und wenig strukturierten Interviewformaten wie dem narrativen Interview und stark strukturierten Formaten (vgl. ebd.). Es sollte ein Freiraum für die eigenverantwortete Selbstdarstellung der Interviewpartner*innen vorhanden sein. Gleichzeitig gab es im Rahmen der Forschungsfrage thematische Interessensfoki, die durch die Datenerhebung in ressourcenschonender Weise bearbeitet werden sollten, und gleichzeitig sollten genug Möglichkeiten für die Interviewerin, ihre Interessensschwerpunkte im Interview zu kommunizieren, vorhanden sein. Daher fiel die Wahl auf ein Mittelformat zwischen den Polen offen / wenig strukturiert und stark strukturiert (vgl. ebd.). Am besten geeignet erschien ein offenes Leitfadeninterview (Przyborski/Wohlrab-Sahr 2014, S. 126 - 132), das beides leistete: den Befragten Raum für die Entwicklung der Inhalte zu geben und dem Fragenden die Möglichkeit, in geringem Maß zu steuern.

3.2 Der Leitfaden

Aus Sicht der Forscherin gab es einige Interessensschwerpunkte, bezogen auf die Forschungsfrage nach den beruflichen Selbstbildern der Professionsträger*innen mit zweifachem Professionshintergrund, die in den Interviews gesetzt werden sollten: die Selbstverortung vor den Professionshintergründen, die Entwicklung bzw. der Verlauf von der Wahl der Erst- zur Wahl der Zweitprofession, verbunden mit der Frage nach Gründen/Motiven/Entwicklungsanbahnungen des Wechsels, die Zugehörigkeit zu den beruflichen Kontexten, das Verhältnis von Selbstbild versus Fremdbild und die Frage danach, ob und wie sich die Interviewpartner*innen im Gegensatz oder in Übereinstimmung mit dem Blick, den ihre Umfelder auf sie richteten, sahen.

Um die Interessensfoki bezogen auf das berufliche Selbstbild der Interviewpartner*innen, abzufragen, wurde ein Leitfaden mit fünf Fragekomplexen entwickelt. Diese enthielten sowohl offene Fragen als auch Narrationsaufforderungen, um die Interviewpartner*innen ins Erzählen zu bringen und nicht mit geschlossenen Fragen zum Argumentieren zu zwingen und so den Raum für Eigenkonstruktionen der Interviewpartner*innen einzuschränken. Insgesamt wurde der Leitfaden mit Fragen und Narrationsaufforderungen so gehalten, dass grundsätzlich offene Fragen geschlossenen Fragen vorgezogen wurden, um bewusst auf eine mögliche Lenkung der Interviewpartner*innen durch die Interviewerin zu verzichten. Zu Beginn der Arbeit am Leitfaden gab es eine Ambivalenz der Forscherin hinsichtlich ihres Interviewführungsstils: Wie direktiv-führend oder zurückhaltend-führend-überlassend wollte sie sein und wie sollten dementsprechend die Fragen bzw. Erzählaufforderungen gehalten sein? In Zusammenarbeit mit vier Kolleg*innen wurde ein Probeleitfaden entwickelt, der Raum dafür ließ, in Form zweier Pretest-Interviews Erfahrungen zu sammeln und je nach gemachter Erfahrung anzupassen. In diesem Leitfaden befand sich ein Einstieg mit einer generalisierenden offenen Frage zur beruflichen Selbstdarstellung (1), einem sich anschließenden Fragekomplex zum beruflichen Verlauf und zur Motivation für den Berufswechsel (2), die Frage nach der sozio-emotionalen Zugehörigkeit mit Fragen zum Hintergrund für die Selbstbildkonstruktion (3) und nicht zuletzt den Komplex Fremdbild (4), der den Blick des beruflichen Umfeldes auf die Interviewpartner*innen thematisierte. Den Abschluss bildeten der Blick in die Zukunft und weitere von den Interviewpartner*innen gewünschte abrundende Ergänzungen (5). Ein Themenkomplex zur Statusminderung oder -verbesserung mit Erzählaufforderungen und Fragen wurde bewusst ausgespart, um den Interviewpartner*innen bei möglicher selbst oder von außen zugeschriebener Statusminderung durch den Professionswechsel bzw. die Professionsveränderung mögliche negativierende Vorfestlegungen und Zuschreibungen vonseiten der Forscherin zu ersparen.

Diese Aussparung stand vor dem Hintergrund der Annahme der Statusunterschiedlichkeit von Professionen, die an der jeweils unterschiedlichen Entlohnung festgemacht wurde. So ist bekannt, dass zum Beispiel Gehälter von Jurist*innen deutlich über den Lohnerwartungen von Sozialpädagog*innen, Sozialarbeiter*innen und Pädagog*innen angesiedelt sind. Auch ist vermutet worden, dass die während eines Interviews erhobenen Daten je nach Person und individueller Geschichte sensibel sein könnten. Zusätzlich wurde vermutet, dass Berufs- bzw. Professionswechsel von persönlichen Krisen begleitet sein könnten und den Daten, die erhoben werden, daher eine Sensibilität nicht von vornherein abgesprochen werden kann. Statusunterschiedlichkeiten zwischen Erst- und Zweitprofessionen könnten dazu führen, dass den Interviewpartner*innen bei Statusminderung ein gesellschaftlich geringeres Ansehen zugewiesen werden könnte und dass das seinerseits Auswirkungen auf das Selbstverständnis und Selbstbild der Interviewpartner*innen haben könnte wie auch im umgekehrten Fall, dass bei Statuserhöhung, verbunden mit einem größeren gesellschaftlichen Ansehen, ebenfalls Auswirkungen auf das Selbstbild vorliegen könnten. So wäre es möglich, dass Statusverlust mit einer negativen Selbstbewertung und Statuserhöhung mit einer entsprechend positiven Selbstbewertung einhergehen könnte und dass mögliche Selbstbildverortungen zwischen den Polen positiv und negativ im Interview kommunikativ zwischen Befragtem/r und der Forscherin explizit oder implizit verhandelt werden müssten. Dieser möglichen Datensensibilität ist versucht worden, durch einen offenen Leitfaden und eine offene Haltung vonseiten der Forscherin gegenüber den Interviewpartner*innen während des Interviews Rechnung zu tragen.

Insgesamt wurde der Interviewleitfaden in Form einer Fragekomplexstruktur entwickelt, die als Frageorientierung verstanden wurde. Es wurden mehrere Fragen und Narrationsaufforderungen entwickelt, die je nach Situation flexibel ausgewählt und herangezogen werden konnten, aber nicht angewendet werden mussten. Der Leitfaden wurde so gehandhabt, dass er als Instrument verstanden wurde, das der Forscherin eine Gesprächsrichtung vorschlug, die sich auf die genannten thematischen Schwerpunkte stützte, ohne sie – und damit auch die Interviewpartner*innen – darauf festzulegen. Dies sollte sicherstellen, dass die Fragen und Narrationsaufforderungen des Leitfadens der Forscherin ermöglichten, den Interviewpartner*innen ein Maximum an Kommunikations- und Gesprächsgestaltungsfreiheit zu schenken. Die Fragekomplexe sollten mit anderen Worten so abgefragt werden, dass sie sich aus dem Gespräch entwickelten, und zwar auf eine für die Gesprächspartner*innen wenig aufdringliche Art und Weise, vielmehr so, dass die Interviewten während des ganzen Gesprächsverlaufs wissen durften, dass sie ihr Selbstbild so entwickeln durften, wie es für sie richtig war.

3.3 Die Gestaltung des Interviewsettings

Aufgrund der Annahme einer möglichen Sensibilität der Daten, die je unterschiedlich gelagert sein kann, und die mit ihren individuellen Auswirkungen eine Tiefendimension haben könnte, die von der Interviewerin/Forscherin vorab und interviewbegleitend gar nicht ermessen werden kann, wurde entschieden, bei der Datenerhebung sowie im Vor- und Nachgespräch mit einem hohen Maß an Vorsicht und Empathie vorzugehen, um den Interviewpartner*innen so viel Raum wie möglich zur Differenzierung ihrer Selbstbilder zu geben und diese nicht durch unbedachte oder unsensible Reaktionen, Nachfragen, Kommentare etc. an Stellen im Interview, die für die Interviewpartner*innen thematisch schwierig sind bzw. sein könnten, an der Darstellung dessen, was sie mitteilen wollten, zu hindern.

Auch wurde bei der Durchführung der Interviews darauf geachtet, dass diese „face to face" stattfanden. Es wurde davon ausgegangen, dass telefonische Interviews die Qualität der Aktualität des Austausches zwischen Interviewpartner*in und Forscherin minderten. Die Aktualität im direkten Gespräch eines face-to-face-Interviewsettings herzustellen und aufrecht zu erhalten, erschien der Forscherin wichtig, um auf diese Weise die Konstruktionen, Meinungen, Haltungen, Erfahrungen der Interviewpartner*innen als zweifach professionelle Professionsträger*innen klarer – weil von mehr Sinneseindrücken gestützt – als Konstruktionen der Interviewpartner*innen wahrnehmen zu können. Auch war die Aktualität eines solchen Settings als Verfremdungshilfe für die Forscherin gedacht, die mit ihrer eigenen zweifachen Professionshintergründen eine Gemeinsamkeit mit den Interviewpartner*innen aufwies. Aus Vorsicht vor möglichen Verzerrungen auf der emotionalen Ebene, die durch bestimmte Schilderungen, Erfahrungen, Gedanken, die von den Interviewpartner*innen kommuniziert wurden, ausgelöst werden könnten, und um ein hohes Maß an Offenheit für die Interviewpartner*innen während der Interviewsituation zu ermöglichen, sollte eine Form des Interviews gewählt werden, das die Forscherin darin unterstützte, nicht nur eine Folie der Ähnlichkeit, sondern auch eine Folie der Unterschiedlichkeit bei der Reflexion anzuwenden und so die Eigenkonstruktionen der Interviewpartner*innen so gut wie möglich in ihrer Eigenheit wahrzunehmen.

Außerdem wurde insgesamt die Aufmerksamkeit darauf gerichtet, den Interviewpartner*innen möglichst offen, ohne sofortige Zuschreibungen, und wertschätzend zu begegnen. Da die Forscherin von den Interviewpartner*innen Daten erhielt, die diese der Forscherin umsonst zur Verfügung stellten, was durch eine Einwilligungserklärung der Interviewpartner*innen in die Weiterverarbeitung der Daten in pseudonymisierter Form, formal abgesichert wurde, wollte die Forscherin ihrerseits während des Interviews möglichst viel auf immaterieller Ebene „zurückgeben" und bemühte sich stark, sich nach Rahmenvorgaben der Interviewpartner*innen was Gesprächszeit und -ort anging zu richtenund den Interviewpartner*innen in einem freundlichen Vorgespräch einen Kurzabriss des Forschungsvorhabens und eine Einleitung in das Interviewgespräch zu bieten. Nach Ende des Interviews sollte ein Nachgespräch geführt werden und darin eventuell anfallende Fragen vonseiten der Interviewpartner*innen beantwortet werden und so einen anderen Austausch zu ermöglichen als dies vorher, während des eigentlichen Gesprächs, der Fall war. Um die Interviewgespräche möglichst offen zu halten, war es das Ziel, einen zwanglosen Gesprächscharakter herzustellen und eine Situation zu schaffen, in der eine vertrauensvolle Ebene möglich war, auf der basierend die Gesprächspartner*innen entscheiden konnten, was sie von sich preisgeben und welche und wie viele sensible Informationen sie mitteilen wollten. Um den Interviews den Rahmen eines Gesprächs auf einer gleichberechtigten Ebene und nicht den subtilen Rahmen eines Zweiebenen-Verhörs, dessen Inhalt die Forscherin zensierte, zu geben, verzichtete die Forscherin darauf, sich eins zu eins an vorformulierte Erzählaufforderungen oder Fragen zu stützen und gestaltete wie schon beschrieben den Leitfaden entsprechend. Auch passte sich die Forscherin dem Erzählfluss der Interviewpartner*innen in ihrem Fragekomplexen an, was Flexibilität vonseiten der Forscherin erforderte und den Interviewpartner*innen ermöglichen sollte, ihre Erfahrungen, Gedanken, Berichte etc. in der von ihnen gewählten Reihenfolge zu priorisieren und entsprechend nach eigenem Wunsch ausführlich oder knapp zu beschreiben. Auch übte die Forscherin insgesamt ein hohes Maß an Zurückhaltung, da sie nicht mit ihren eigenen Meinungen, Haltungen, Gedanken „stören" wollte; die

Gesprächspartner*innen sollten das Gefühl haben, den Raum auf jeder Ebene für sich zu haben.

3.4 Der Zugang zu den Interviewpartner*innen und die erhobenen Daten

Um Interviewpartner*innen zu finden, wurden zum einen Gesuche mit einer Kurzbeschreibung des Dissertationsprojekts und der gesuchten Personen in drei Foren mit thematischem Bezug zu Sozialer Arbeit, Sozialpädagogik bzw. Pädagogik gesetzt. Zum anderen nutzte die Forscherin ihr aktuelles und früheres berufliches Umfeld und fragte dort nach, wer Personen kannte, die die Kriterien der zweifachen Professionalität erfüllte.

Über die genannten Wege (Online-Foren / Streuen des Kontaktgesuchs an Personen aus dem Umfeld der Forscherin) ergab sich im Lauf der Feldphase von Mai 2017 bis November 2017 Kontakt zu insgesamt 16 Personen, von denen elf entsprechend der schon beschriebenen Kategorie der zweifachen Professionalität ausgewählt wurden. Zwei Personen wurden als Pretest-Interviewpartner*innen ausgewählt. Die Pretests sollten als Interviewseinstiegsphase für die Forscherin dienen, die so erste Erfahrungen im direkten Kontakt mit den Interviewpartner*innen sammeln und den Leitfaden wie auch Gesprächsführungsstil (siehe vorhergehende Abschnitte) testen wollte, um je nach gemachter Erfahrung Anpassungen vorzunehmen oder Bestandteile des Leitfadens, die gut funktionierten, beizubehalten. Das erste Pretest-Interview kam über einen Online-Forum-Kontakt zustande. Die Interviewte fiel nicht genau in die vorab festgelegte Kategorie Biprofessionalität, da sie nicht in beiden abgeschlossenen Professionen Berufserfahrung aufwies. Das zweite Pretest-Interview ergab sich über einen beruflichen Kontakt. Auch hier entsprach die Interviewte nicht der Kategorie, auch sie hatte keine Berufserfahrung in beiden Berufen. Nach den Interviews wurden einige wenige Anpassungen des Leitfadens vorgenommen und die Entscheidung getroffen, auch den Interviewseinstieg flexibel der Situation anzupassen: Zeigten die Interviewpartner*innen ein eher abwartendes Verhalten und schienen einen „Startschuss" zu brauchen, wurde die vorformulierte, in Kollegenzusammenarbeit entwickelte allgemeine Einstiegsfrage gestellt: „Stellen Sie sich vor, sie wären vor kurzer Zeit umgezogen und träfen einen neuen Nachbarn im Treppenhaus, kämen mit ihm ins Gespräch und würden gefragt werden, was Sie beruflich machen. Was würden Sie antworten?" War jedoch bereits im Vorgespräch ein Kontakt ohne abwartendes Verhalten zu beobachten, wurden die Fragen/Erzählaufforderungen sehr flexibel dem Erzählfluss der Gesprächspartner*innen angepasst und ein maximal zurückhaltender Gesprächsführungsstil angewandt.

Es folgten zwischen Juli 2017 und Oktober 2017 sieben weitere Interviews mit Interviewpartner*innen, die den festgelegten Kriterien völlig entsprachen oder in einigen Punkten davon abwichen. Bei der Auswahl der Interviewpartner*innen wurde – neben den entwickelten Kriterien dazu, was unter der Kategorie Biprofessionalität verstanden wurde – darauf geachtet, welche Professionshintergründe potenzielle Interviewpartner*innen aufwiesen. Um möglichst viele Professionshintergründe abzufragen, wurden die Interviewpartner*innen auch dahingehend ausgewählt, welche Professionshintergründe sie aufwiesen. Alle Interviews wurden als face-to-face-Interviews geführt und fanden bis auf das zweite Pretest-Interview an dem Ort statt, den die Interviewpartner*innen wählten. Das war entweder der Arbeitsort bzw. das Büro der Interviewten oder die Privatwohnung. Bei jedem Interview wurde ein Vor- und ein Nachgespräch geführt. Beides erwies sich als günstig für die Forscherin, um Person und Situation einzuschätzen. Im Vorgespräch erklärte die Forscherin, wenn dies noch nicht im E-Mail-Wechsel oder während eines Telefongesprächs zwischen Forscherin und Interviewten erfolgt war, Thema und Ziel ihres Forschungsvorhabens. Auch wurde den Interviewpartner*innen gesagt, dass die Teilnahme freiwillig sei und das Interview jederzeit auf Wunsch abgebrochen werden kann, wenn die Interviewpartner*innen sich im Verlauf des Gesprächs dazu entscheiden sollten. In einem Nachgespräch konnten weitere Inhalte, die die Interviewpartner*innen am Ende des Interviews angesprochen und dem eigenen Eindruck nach noch nicht ganz zum Abschluss gebracht hatten, kurz angesprochen werden. Auch konnten bestimmte Passagen des Interviews, die den Interviewpartner*innen im Rückblick wichtig erschienen, rückblickend kommentiert und allgemein Feedback gegeben oder Fragen an die Forscherin gestellt werden. Alle Interviewpartner*innen nutzten das Nachgespräch, um das Interview insgesamt aus eigener Perspektive zu kommentieren. Auch wurden von einigen Interviewpartner*innen weitere Fragen gestellt, so zum Beispiel nach der Publikation der Dissertation oder nach dem, was die eben erhobenen Daten der Forscherin brächten und welche möglichen Erkenntnisse sie daraus ziehen würde. Einige wenige Interviewpartner*innen interessierten sich auch für die Frage, was die Daten anderer Interviewpartner*innen ergeben hatten. Darauf antwortete die Forscherin zum Schutz der Daten mit größter Zurückhaltung. Im Anschluss an das Nachgespräch bat die Forscherin um eine schriftliche Einwilligungserklärung zur pseudonymisierten Datenverarbeitung zum Zweck des Promotionsvorhabens und ließ die Interviewpartner*innen eine vorformulierte Erklärung zur Einwilligung in die pseudonymisierte Speicherung und Weiterverarbeitung der Daten zum Zweck des Promotionsprojekts unterschreiben.

Folgende Interviews wurden durchgeführt:

| Juli 2017 | Frau L, | Lehrerin und Sozialarbeiterin, Pretest-Interview |
| Juli 2017 | Frau O, | Soziologin und Sozialarbeiterin, Pretest-Interview |

Juli 2017	Herr T,	Sozialpädagoge und Lehrer, ausführlich ausgewertetes Interview (siehe Fallporträt im Ergebnisteil)
Juli 2017	Herr M,	Jurist und Sozialarbeiter, ausführlich ausgewertetes Interview (siehe Fallporträt im Ergebnisteil)
Juli 2017	Frau S,	Juristin und Sozialarbeiterin
Juli 2017	Frau N,	Sozialarbeiterin und Psychologin
August 2017	Herr K,	Theologe und Pädagoge, ausführlich ausgewertetes Interview (siehe Fallporträt im Ergebnisteil)
Oktober 2017	Frau W,	Rechtsanwaltsfachangestellte, Krankenschwester und Sozialarbeiterin
Oktober 2017	Frau B,	Bankfachangestellte und Sozialarbeiterin
Oktober 2017	Frau A,	Lehrerin und Sozialpädagogin
November 2017	Frau Z,	Philologin und Sozialarbeiterin

Die vergleichsweise hohe Zahl der Interviews ist der Überlegung geschuldet, dass ein Maximum an Face-to-Face-Aktualität mit den Interviewpartner*innen ein hohes Verfremdungsmoment für die Forscherin enthalten könnte. Auch wurden aus diesem Grund Interviews mit Interviewpartner*innen geführt, deren Daten nicht genau in die beschriebenen Kategorien zur Biprofessionalität passten, also in einem Punkt oder zwei Punkten davon abwichen (Frau W, Frau B, Frau A, Frau Z). Die so entstandene große Datenmenge mit Face-to-Face-Interviews wurde von der Forscherin zur Reflexion genutzt. Diese die Datenerhebungsphase durchgängig begleitende Eigenreflexion wurde von der Forscherin für wichtig gehalten, um die Situationen in der bereits beschriebenen Weise doppelt zu reflektieren: eigenbiografisch orientiert im Sinne der Frage, welche Berührungspunkte es zwischen Forscherin und Interviewten gibt, und fremd-objektorientiert vor dem Hintergrund der Frage: Was ist es, was die Interviewten in ihrem So-Sein ausmacht, was ist „unabhängig" von der Forscherin der Fall?

4. Die Auswertung

4.1 Die Wahl der Auswertungsmethode

Zur Auswertung des Datenmaterials wurde die Grounded-Theory-Methode nach Strauss (1994) gewählt. Die Grounded Theory lässt sich in vielerlei Hinsicht verstehen: als Methodologie, als Forschungsstil und nicht zuletzt auch als Auswertungsmethode (Schröer/Schulze 2010, S. 277). In der vorliegenden Studie wird sie als Auswertungsmethode angewandt und daher nehmen die weiteren Ausführungen in erster Linie diesen Aspekt der Grounded Theory in den Blick.

Die Grounded Theory wurde in den 1960er Jahren entwickelt, um ein weiteres alternatives Modell sozialwissenschaftlicher Forschung zu den „grand theories" (vgl. Alheit 1999, S. 1, Strübing 2018) zu etablieren. Mit der Entwicklung der Grounded Theory wurde der Vorwurf an die bisher gängige Sozialforschung und die großen Theorien aufgenommen, dass diese sich von ihren realen Forschungsgegenständen entfernten und zu einer nicht weiter hinterfragten Quantifizierung in der Sozialforschung führten (vgl. ebd.). Die Überprüfung von Hypothesen – das bisher gängige Verfahren – sei nicht geeignet, soziale Veränderungsprozesse und noch nicht beforschte Bereiche wissenschaftlich zu bearbeiten (Alheit 1999, S. 2). Mit anderen Worten ist es im Gegensatz zu den bisher in der Forschung angewandten Modellen nicht Ziel der Grounded Theory, Hypothesen zu bestätigen oder zu verwerfen, vielmehr nimmt sie ihren Ausgangspunkt von einem „konkreten, thematisch eingegrenzten bzw. definierten Erkenntnisinteresse" (Schröer/Schulze 2010, S. 278).

Bei der Grounded Theory handelt es sich im Gegensatz zu anderen „Hypothesen testende[n] (hypothetico-deductive) Verfahren" (ebd., S. 278) um eine gegenstands- bzw. datenbasierte und -orientierte („grounded") Theorie (vgl. ebd., S. 281), deren Ziel es ist, eine Theorie zu sozialen Sachverhalten zu generieren (vgl. Strauss/Corbin 1994 S. 8). Damit ist die Grounded Theory ein offenes, auf die Entdeckung von neuen Sachverhalten ausgerichtetes Forschungsmodell (vgl. Alheit 1999, S. 6). Aufgrund des offenen, an Neuem orientierten Fokus der Grounded Theory, der in großem Maße sach- und nicht hypothesenbezogen ist, ist sie geeignet für die Erforschung bisher nicht untersuchter sozialer Phänomene wie der in dieser Arbeit gestellten Frage nach Professionsträger*innen mit mehrfacher Professionszughörigkeit.

Der Forschungsprozess der Grounded Theory ähnelt hinsichtlich seines methodischen Vorgehens einer ständig erfolgenden „spiralförmigen Hin- und Herbewegung zwischen theoretisch angeleiteter Empirie und empirisch gewonnener Theorie" (Dausien 1996, S. 93). Datenerhebung, -auswertung und Theoriebildung werden also von diesem nicht-linearen Hin und Her zwischen Empirie und Theorie geprägt (vgl. ebd.). Der nicht-lineare, „spiralförmige" (ebd.) Charakter der Forschungsprozesses der Grounded Theory schließt eine vorher festgelegte Anzahl von Daten, wie sie aus dem statistischen Sampling bekannt ist (Schröer 2013, S. 82), aus und nötigt Forschenden ein hohes Maß an theoretischer Sensibilität ab (Ehlke 2020, S. 106 und Hülst 2010, S. 292). Mit deren Hilfe ist es möglich zu erkennen, welche Bedeutung die Daten in der aktuellen Phase des Forschungsprozesses haben und welche sie im weiteren Verlauf noch annehmen könnten (Hülst 2010, Schröer/Schulze 2010). Grundlage für die theoretische Sensibilität könnte beispielsweise ein hohes Maß an Wissen zum Forschungsgegenstand durch Kenntnis des Standes der Forschung, aber auch durch selbst gewonnene Erfahrungen zum Beispiel beruflicher Natur sein, die sich auf den Forschungsgegenstand beziehen (vgl. Hülst 2010, Schröer/Schulze 2010). Trotz der großen Offenheit, mit der Forschende in der Grounded Theory arbeiten, gibt es immer auch eine theoretische Perspektive, von der ausgehend die Daten betrachtet werden (vgl. Truschkat et al. 2007, S. 239). Dieser theoretischen Perspektive sollten sich Forscher*innen bewusst sein und diese stets mitdenken und reflektieren (vgl. ebd.).

Wichtiger Teil der Grounded Theory ist das Kodierverfahren, das sich in die Arbeitsphasen des „offenen, des axialen und des selektiven Kodierens" (vgl. Strauss/Corbin 1994, S. 56 ff., S. 106 - 114) unterteilt. Kodieren, wie es die Grounded Theory versteht, meint, dass Daten aufgeschlüsselt bzw. übersetzt werden durch das Zuordnen und Benennen von Kodes (vgl. Böhm 2008, S. 476). Ein Code lässt sich als eine „Bezeichnung der vor dem Hintergrund der Fragestellung relevanten Phänomene im Datenmaterial" (Schröer/Schulze 2010, S. 281) verstehen. Die drei genannten Arbeitsphasen des Kodierens sind jedoch keine klar voneinander abgrenzbaren Arbeitsschritte, die nacheinander ablaufen und nur durch das genaue Einhalten der Phasenabfolge vonseiten der Forschenden ein Ergebnis versprechen. Vielmehr sind sie als Möglichkeiten des Umgangs mit dem Material gedacht, die von den Forschenden je nach aktuell auftretendem Bedarf in der Forschungsphase genutzt werden können oder zwischen denen hin- und hergesprungen werden darf je nachdem, was die Forschenden gerade benötigen (vgl. Flick 2002, S. 258 f.).

Die erste Bearbeitungsphase des offenen Kodierens dient den Daten und soll diese „sprechen lassen" (vgl. Schröer/Schulze 2010, S. 282). In dieser Phase werden die Phänomene, die es zu untersuchen gilt, in ihre Bedeutungsbestandteile unterteilt (Schröer/Schulze 2010, S. 284). Es wird beim Kodieren zwischen natürlichen und soziologisch konstruierten oder theoretischen Kodes unterschieden (Strauss 1994, S. 64 f.) Natürliche Kodes sind alltagssprachliche und dem empirischen Material direkt entnommene Begriffe (vgl. ebd., S. 64). Sie bieten einen direkten Zugang zu den Daten und sind daher für die Analyse wertvoll, weil sie Bezüge zwischen Kategorien herstellen (vgl. ebd.). Dem gegenüber stehen soziologisch-konstruierte (oder auf eine andere wissenschaftliche Disziplin bezogen psychologisch-, anthropologisch-konstruierte etc.) oder theoretische Kodes (vgl. ebd., S. 65). Sie bieten für die Aufschlüsselung des Materials ein Mehr an Bedeutung, da sie diesem eine theoretische Dimension bieten, die über die „lokale Sinndeutung von Dateien hinausgehen zu allgemeineren Problemen der Sozialwissenschaft" (ebd.). Theoretische Kodes sollten „klar und systematisch" (ebd.) aus dem Material erschlossen sein. Die Bearbeitungsphase des offenen Kodierens ist darauf angelegt, eine große Anzahl von Kodes zu erstellen (vgl. Schröer/Schulze 2010, S. 284). Diese können dann nach noch wenig systematisierten Kategorien zusammengefasst werden (vgl. ebd.). Bei diesen unsystematischen Kategorien handelt es sich um erste Abstraktionen der Bedeutungsinhalte (vgl. ebd., S. 281). Als zweiter Arbeitsschritt erfolgt das axiale Kodieren (vgl. Strauss 1994, S. 101 - 106). In dieser zweiten Arbeitsphase werden die aus der ersten Arbeitsphase herausgearbeiteten Abstraktionen mit weiteren Kodes verknüpft, indem ein Netz von Verknüpfungen um die „Achse der im Fokus stehenden Kategorie" (ebd., S. 101) aufgespannt wird. Durch diese Verbindungssetzungen sollen Achsenkategorien herausgearbeitet werden, die systematisch rekonstruiert worden sind und in einem noch probeweisen Modell relationiert werden (vgl. Schröer/Schulze 2010, S. 284). Zuletzt folgt der Schritt des selektiven Kodierens (vgl. Strauss 1994, S. 106 - 115). Darin sollen die Ergebnisse des axialen Kodierens zusammengefasst werden dahingehend, dass sich eine „analytische Leitidee – auch als Kern- oder Schlüsselkategorie bezeichnet" (vgl. Schröer/Schulze 2010, S. 285) herausbildet. Dies erfolgt dadurch, dass das erarbeitete Netz aus Kategorien verdichtet wird (vgl. ebd.). Die Schlüsselkategorie umfasst das zentrale Phänomen, das den Mittelpunkt für alle anderen Kategorien bildet und aus dem eine Grounded Theory, eine gegenstandsbezogene Theorie (vgl. ebd.), formuliert werden kann. Das Resultat des Prozesses des Kodierens ist schließlich eine Theorie mittlerer Reichweite, die zwischen Großtheorien und kleineren Arbeitshypothesen verortet werden kann (vgl. ebd., S. 282).

4.2 Die Fallauswahl der ausführlich bearbeiteten Fälle

Zur Auswahl der ausführlich zu bearbeitenden Daten wurde so vorgegangen, dass die vier Interviews, die den bereits beschriebenen Kategorien genau entsprachen, herangezogen wurden. Das waren die Interviews mit Herrn T, Herrn M, Frau S und Herrn K. Die Kategorien waren die Zugehörigkeit zur beruflichen Tätigkeit in zwei Professionen, von denen eine die Soziale Arbeit / Sozialpädagogik oder Pädagogik war und die andere Medizin, Jura, Theologie oder das Lehramt für alle Schularten, da diese Berufe wie unter Kapitel 2 im ersten Teil zur eigenen Positionierung, was eine Profession ist, ausgeführt, als Professionen verstanden werden. Die Personen, die für ein Interview infrage kamen, sollten zwei

Ausbildungs-/Studienabschlüsse aufweisen, die sie dazu befähigten, entsprechend ihrer Abschlüsse in anschlussfähigen Arbeitsfeldern zu arbeiten. Diese Arbeitsfelder wie auch die jeweils eingenommene Funktion im Sinne eines Tätigkeitsprofils sollten sich voneinander unterscheiden. Mit anderen Worten sollten Personen, die erst eine Ausbildung machen, in einen Beruf einsteigen und an einem Arbeitsplatz über längere Zeit arbeiten, dann ein weiteres Studium aufnehmen, es abschließen und am vorherigen Arbeitsplatz tätig sind, nicht jedoch noch in einem anderen, vom ersten unterschiedenen Arbeitsfeld gearbeitet hatten, nicht in die Auswahl aufgenommen werden. Auch sollten die Personen in jedem Beruf eine Berufserfahrung von mindestens einem Jahr aufweisen.

Von diesen fünf Interviews mit Personen, die allen Kategorien entsprachen, wurden drei Interviews für eine ausführliche Bearbeitung ausgewählt: Herr T, Herr M und Herr K. Diese Daten wurden herangezogen, weil eine verhältnismäßig und vergleichsweise lange berufliche Tätigkeit (zwischen drei und zehn Jahren) in beiden Bereichen vorlag, während die beiden anderen Fälle (Frau S und Frau W) eine kürzere Berufstätigkeit in beiden Bereichen von zwei Jahren aufwiesen. Neben den wichtigen Auswahlkriterien des Detaillierungs- und Differenzierungsgrades des beruflichen Selbstbildes und der zeitlichen Länge der beruflichen Erfahrung in beiden Berufsfeldern wurde die Auswahl auch nach Kombination der Hintergründe zusammengestellt, und zwar dahingehend, dass darauf geachtet wurde, dass die engere Auswahl der drei Fälle Interviewpartner*innen mit unterschiedlichen beruflichen Hintergründen in Verbindung mit Sozialer Arbeit / Sozialpädagogik zusammenführen sollte und nicht dieselben Professionskombinationen aufgreifen sollte. Daher wurden die Fälle Herr M (Jurist/Sozialarbeiter), Herr K (Theologe/Pädagoge) und Herr T (Sozialpädagoge/Lehrer) ausgewählt, um mit den zweiten Professionshintergründen Jura, Theologie und Lehramt ein Spektrum an unterschiedlichen Professionshintergründen abzudecken.

Kriterien für die Auswahl der Daten von Herrn M, Herrn K und Herrn T für eine ausführliche Bearbeitung waren erstens wie schon benannt die Detailliertheit, mit der die Interviewpartner in den Interview-Settings ihre beruflichen Selbstbilder beschrieben. Hier waren die ausgewählten Interviews besonders ausführlich, kontrastreich und dergestalt, so dass die beruflichen Selbstbilder gut nachvollzogen werden konnten. Alle Interviewpartner antworteten ausführlich und detailliert auf Nachfragen bzw. erklärten Sachverhalte genauer, wenn es die Forscherin wissen wollte. Zum anderen war ein weiteres Kriterium die zeitliche Länge der beruflichen Tätigkeit in den professionsbezogenen Arbeitsfeldern. Es ließ sich beobachten, dass Interviewpartner*innen, die über eine längere Zeit mit hohem Zeitanteil entweder gleichzeitig oder nacheinander in beiden Berufskontexten gearbeitet hatten, entsprechend mehr Erfahrungen, Gedanken, Reflexionen etc. mitteilten und so auch ihre beruflichen Selbstbilder detaillierter und tiefer ausgestalteten als Interviewpartner*innen, die vergleichsweise kurz in einem der beiden Kontexte und deutlich länger in einem anderen gearbeitet hatten.

4.3 Die Transkription der Daten

Die Daten, die zur ausführlichen Bearbeitung ausgewählt worden waren, wurden transkribiert nach Zusammenführung der zwei Audiodateien, die bei den Interviews von M, K und T entstanden (zur Frage, warum es zwei Audiodateien gab, siehe die Fallporträts mit der Beschreibung der Interviewsituation). Bei der Transkription wurde darauf geachtet, die gesprochenen Worte möglichst situationsnah zu verschriftlichen. Dazu wurden kurze Unterbrechungen mit „(.)" oder „(..)" und Satzbrüche mit „/" kenntlich gemacht. Längere Pausen bzw. Unterbrechungen wurden im Transkript notiert. Unverständliche Textstellen wurden mit einem in Klammern gesetzten Verweis gekennzeichnet. Auch wurden Geräusche wie Lachen, Ausatmen etc. dort, wo sie für das Sinnverständnis wichtig erschienen, in Klammern wiedergegeben. Um den tatsächlichen Wortverlauf wiederzugeben, wurden Füllwörter wie äh und ähm wiedergegeben. Bei dialektaler Färbung wurde eine Anpassung dahingehend vorgenommen, dass diese getilgt wurden, um die Rückführbarkeit der Daten zu unterbinden.

4.4 Das Vorgehen bei der Auswertung der Daten

Die Datenauswertung erfolgte in zwei Arbeitsschritten: die jeweils einzelne Auswertung der zur ausführlichen Bearbeitung ausgewählten Interviews (1) und der nachfolgende Vergleich der ausgewerteten Interviews (2) (siehe dazu Ergebnisteil).

4.4.1 Erster Arbeitsschritt: Einzelinterviewauswertung

Im ersten Arbeitsschritt (1) wurde zuerst das Interview mit Herrn M, dann das Datenmaterial des Interviews mit Herrn K und dann das Material des Interviews mit Herrn T ausgewertet. Die Interviews wurden je einzeln in Form von Fallporträts ausgewertet. Bei der Auswertung der Daten wurde entsprechend der beschriebenen Vorgehensweise der Grounded Theory das Datenmaterial in einem ersten Arbeitsschritt des offenen Kodierens in eine große Anzahl von Kodes zergliedert. Zur besseren Bearbeitung der Interviews wurden diese zusätzlich sequenziert, also in Gesprächsabschnitte unterteilt. Die Einteilung der Sequenzen erfolgte in Orientierung an Schützes Überlegungen zu Gesetzmäßigkeiten des „autobiographischen Stegreiferzählens" (Schütze 1984). Dies diente der leichteren und zielführenden Bearbeitung des zum Teil umfangreichen Interviewmaterials und wurde als Arbeitsschritt eingeführt, um nach erfolgter Bearbeitung jedes einzelnen Falles (Arbeitsschritt 1) die Fälle untereinander, basierend auf der Sequenzeinteilung vergleichen zu können (Arbeitsschritt 2).

Anschließend erfolgte das axiale Kodieren mit der Herausarbeitung von Verbindungen zwischen den vorher analysierten Kodes und im letzten Schritt des selektiven Kodierens gelang es zu jedem Interview eine Schlüsselkategorie, die dem soziologisch konstruierten Kode Transprofessionalität entsprach, herauszuarbeiten. Im Interview mit Herrn M ließ sich die Schlüsselkategorie ‚Transprofessionalität' basierend auf einem natürlichen Kode herausarbeiten: der Interviewpartner, Herr M, sprach wiederholt von „meiner Profession" (ITS Herr M, Z. 48), die er zu Beginn des Interviews als Erklärungsfigur nutzte, um der Forscherin zu verdeutlichen, was ihn als Jurist und Sozialarbeiter beruflich kennzeichne bzw. ausmache. Bei der Untersuchung der einzelnen Sequenzen des Interviews mit Herrn M im Arbeitsschritt des axialen Kodierens zeigte sich, dass dieser natürliche Kode („meine Profession" (ebd.)) mit vielen weiteren Kodes verknüpft war und somit eine hohe Vernetzungsmenge aufwies. Im Verlauf des Interviews kam der Interviewpartner immer wieder mit Themen in Berührung, die sich auf „meine Profession" (ebd.) beziehen ließen. In allen Interviewsequenzen ließen sich Verbindungen zu „meine Profession" (ebd.) ziehen. Kein anderer Kode hatte eine so hohe Vernetzungsdichte und daher wurde „meine Profession" (ebd.) bei der Analyse der Daten in der Phase des selektiven Kodierens als Schlüsselkategorie kodiert. Die Schüsselkategorie war untervernetzt mit zwei anderen Kodes, die ihrerseits ein hohes Maß an Untervernetzungen aufwiesen: ‚Jurist' und ‚Sozialarbeiter'.

Bei der Auswertung des Materials der Interviews mit Herrn K und Herrn T wurde ähnlich vorgegangen: auch hier wurden eine Interviewsequenzierung, die als Hilfe bei der Kodierung des Materials (Arbeitsschritt 1) und als nachfolgende Vergleichsbasis für den Quervergleich der Interviews (Arbeitsschritt 2) diente, vorgenommen. Anschließend wurden offen kodiert und Kodes generiert. Die so generierten Kodes wurden miteinander vernetzt (axiales Kodieren) und in einem letzten Schritt (selektives Kodieren) wurde jeweils die Schlüsselkategorie des Datenmaterials aus der Vernetzungsverdichtung herausgearbeitet. Die Schlüsselkategorie wurde aus einem soziologisch konstruierten Kode gewonnen und als Transprofessionalität bezeichnet. Die Schlüsselkategorie wies bei K die direkten Untervernetzungen der Kodes ‚Theologe' und ‚Pädagoge' und bei T die Untervernetzungen ‚Sozialpädagoge' und ‚Lehrer' auf.

Die Wahl der Bezeichnung der Schlüsselkategorie Transprofessionalität wurde deshalb vorgenommen, da so versucht wurde, begrifflich zu zeigen, dass die Schlüsselkategorie etwas anderes umfasste als die direkten Untervernetzungen der Kodes ‚Sozialpädagoge' und ‚Lehrer' wie ‚Theologe' und ‚Pädagoge', die die jeweiligen berufs- bzw. professionsbezogenen Professionalitäten meinten.

4.4.2 Zweiter Arbeitsschritt: vergleichende Auswertung

Beim Vergleich der Interviews ließ sich feststellen, dass die aus Interviewmaterial des Interviews mit Herrn M gewonnene Schlüsselkategorie ‚meine Profession' (ebd., natürlicher Kode) der Schlüsselkategorie ‚Transprofessionalität' (basierend auf einem soziologisch konstruierten Kode) aus den Interviews mit K und T glich. Sowohl „meine Profession" (ebd.) aus dem Datenmaterial des Interviews mit Herrn M als auch Transprofessionalität' aus den Interviews mit Herrn K und Herrn T hatte jeweils die Untervernetzungen der Professionen, die die Interviewpartner ausübten bzw. ausgeübt hatten. Bei M waren die Untervernetzungen zu „meine Profession" wie schon beschrieben der ‚Jurist' und ‚Sozialarbeiter', bei T waren es ‚Sozialpädagoge' und Lehrer, bei K ‚Theologe' und ‚Pädagoge'.

Auch zeigten die der Schlüsselkategorie direkt untergeordneten Kodes (Herr M: ‚Jurist' und ‚Sozialarbeiter', Herr T ‚Sozialpädagoge' und ‚Lehrer', Herr K ‚Theologe' und ‚Pädagoge' eine hohe Zahl an gemeinsamen Untervernetzungskodes. Dabei handelt es sich um folgende Schnittmenge aus zehn Kodes: ‚Motivik für die Professionswahl', ‚professionsbezogenes Handeln', ‚Vereinbarkeit der Professionen', ‚Professionszugehörigkeit', ‚im Beruf erworbenes Wissen', ‚Kompetenz', ‚Erfahrung im Umgang mit Klient*innen', ‚Erfahrung im Umgang mit Kolleg*innen', ‚gesellschaftlicher Status, der einer Profession zugeschrieben wird', ‚finanzielles Entlohnung der Professionstätigkeit'. Nicht gemeinsam ist eine im Vergleich zur Schnittmenge kleinere Differenzmenge: bei M sind es die Kodes ‚Entwicklung des Karriereverlaufs' und ‚Blick auf die Klientenfälle', bei T ‚Räume, in denen Methoden/Erfahrungen aus der Sozialarbeitertätigkeit angewandt/ nicht angewandt werden können', ‚erzieherische Haltung' und ‚Professionsrolle', bei K ‚soziale und politische Haltung'.

III. Teil: Ergebnisteil

1. Fallporträt Herr M (Jurist/Sozialarbeiter)

1.1 Kontaktaufnahme

Die Forscherin hatte wie bereits beschrieben im Juni 2017 in drei Online-Foren mit thematischem Bezug zu Sozialer Arbeit, Sozialarbeit bzw. Sozialpädagogik ein Interviewpartnergesuch für ihr Forschungsvorhaben gestellt. Dabei wurden das Forschungsprojekt und die gesuchte Zielgruppe kurz benannt mit der Bitte um Kontaktaufnahme bei Interesse per E-Mail. Herr M war von seinem Vorgesetzten an der pädagogischen Hochschule, an der er tätig war, auf das Gesuch aufmerksam gemacht worden, da er in die Zielgruppe passte, und hatte sich daraufhin per Mail an die Forscherin gewandt. Nach einem kurzen Mailwechsel, in dem M mehrfach seine Bereitschaft zur Teilnahme erklärt hatte, wurde ein Telefongespräch zur Terminabsprache geführt. Die Vereinbarung eines Termins war unkompliziert. Es gab vorab keine Probleme, die geklärt werden mussten, um M für eine Teilnahme zu gewinnen. M machte während des Telefongesprächs ein Bewirtungsangebot in Form einer Einladung zu Kaffee und Kuchen im Beisein seiner Frau, die ihrerseits M dazu veranlasst hatte, „die junge Frau", mit der sie die Forscherin meinte, doch gleich „richtig einzuladen". Dieses Angebot nahm die Forscherin gern an. Nach der Terminfestsetzung erwies sich M bei der Planung der genauen Uhrzeit für das Interview als sehr flexibel und bereit, sich auf die Bedürfnisse der Forscherin nach einem Zeitpuffer einzustellen, da diese nicht genau abzuschätzen wusste, wie pünktlich sie in der ihr fremden Großstadt vor Ort sein konnte. Er kündigte sein Anwaltsbüro als Interviewort an, in dem er und seine Frau die Forscherin erwarten würden.

1.2 Interviewsituation

Das Interview fand im Juli 2017 nachmittags in Ms Büro in A-Großstadt statt. Ms Frau war ebenfalls anwesend. Während des Interviews saß sie jedoch nicht an dem runden Tisch, an dem die Forscherin und Herr M während des Interviews saßen, sondern an einem Schreibtisch, der etwas entfernt stand. Während des Interviews arbeitete sie konzentriert an irgendetwas, von dem die Forscherin nicht wusste, was genau es war. Zu Beginn und nach Betreten von Ms Büro gab es ein kurzes Vor- und Kennenlerngespräch, das den E-Mail-Wechsel und die Telefongespräche zur Kontaktaufnahme und Anbahnung eines Interviews vertiefte. Die Forscherin saß mit Herrn M und seiner Frau zu dritt an Ms „Kliententisch", den die Forscherin so bezeichnete, da er im Gegensatz zu den zwei Schreibtischen rund war und von beiden entfernt im Raum stand, jedoch nahe der Tür war und so den Eindruck vermittelte, dass dort Gespräche mit Klient*innen aus Ms Anwaltskanzlei geführt werden, während die beiden rechteckigen Schreibtische offensichtlich nicht den Charakter hatten, Klient*innen in einem Gespräch zu begegnen. Am runden Tisch sitzend, nahmen alle gemeinsam Kaffee und Kuchen zu sich, zu dem M die Forscherin schon vorab beim ersten Telefonat, das zur Vereinbarung des Termins geführt worden war, eingeladen hatte. Nach einem kurzen Kennenlernen beider Personen und des Hundes erklärte die Forscherin erneut ihr Forschungsvorhaben. Dies war zwar schon im E-Mail-Wechsel geschehen, bot sich jedoch als Möglichkeit an, um tiefer ins Gespräch zu kommen. Nach einer kurzen Zeit des lockeren Einstiegsgesprächs bei Kaffee und Kuchen begannen die Forscherin und M, weiterhin am Kaffeetisch sitzend, das Interview, während sich seine Frau an den etwas weiter entfernten Schreibtisch zurückzog.

Nach 36 Minuten hatte die Forscherin den Eindruck, mit allen Fragekomplexen des offenen Leitfadeninterviews fertig zu sein und wollte zum Ende kommen. M meinte, noch einiges sagen zu können, wünschte jedoch eine Pause, in der er und die Forscherin mit Kaffee und Kuchen fortfahren könnten und in der M über die Aspekte nachdenken konnte, die noch zu wenig Detaillierung erfahren hatten und die er noch ausführen wollte, um das Interview auch von Ms Seite für beendet und abgeschlossen erklären zu können. Also pausierten die Interviewerin und der Interviewte, aßen ein weiteres Stück Kuchen. Nach etwa zehn Minuten schaltete die Forscherin das Aufnahmegerät wieder ein, als M bereit war und darum bat fortzusetzen. Der zweite Teil des Interviews dauerte 18 Minuten. Dann war tatsächlich aus beiderlei Perspektive ein runder Abschluss gefunden. In einem Nachgespräch erzählte M noch mehr von seiner aktuellen Tätigkeit als Hochschuldozent und tauschte sich mit der Interviewerin, die zwar nicht an einer Hochschule, jedoch an einem Gymnasium unterrichtet hatte, darüber aus, was gute Pädagogik bedeute und was er unter der Dozentenrolle verstand: Er bezeichnete die Rolle eines Dozenten an einer Hochschule als die eines Lebensabschnittsbegleiters und grenzte sich von der Haltung anderer Kolleg*innen ab, die ihre Dozentenrolle anders auffassten, als M das tat. Insgesamt war die ganze Atmosphäre von einer angenehmen Ruhe und Unaufgeregtheit gekennzeichnet, die sich nach Meinung der Forscherin in der Gesprächsbereitschaft und Offenheit Ms widerspiegelte. Es gab eine gute Ebene des Verständnisses, auf die aufbauend beide, Interviewerin und Interviewter, das Gespräch an seinem Ende als nicht nur abgeschlossen, sondern auch als gut und erfüllend betrachten konnten.

1.3 Die Rollenverhandlung in der Interviewsituation

Da die Forscherin Schwierigkeiten bei der Orientierung hatte, holte M sie von der nahegelegenen Haltestelle ab und begleitete sie zu seinem Büro. Er rahmte die Interviewsituation durch eine freundliche, offene Atmosphäre und stellte der Forscherin seine Frau vor. Sie saß im Vorgespräch mit am Kaffeetisch und war während des Interviews ebenfalls im selben Raum anwesend, arbeitete jedoch an einem anderen Schreibtisch, im Gegensatz zu M und der Forscherin, die weiterhin am Kaffeetisch sitzen blieben.

Die Interviewsituation bestand aus einem Vorgespräch, dem Interview und einem Nachgespräch. Im Vorgespräch zeigte sich M sehr interessiert an dem Forschungsvorhaben, zu dessen Prozess er beitragen würde. Er stellte einige Nachfragen, die die Forscherin zum Teil vorab, zum Teil in dem sich anschließenden Nachgespräch beantwortete. Bei der Vorstellung des Forschungsvorhabens erwähnte die Forscherin den Begriff der Profession. Dies geschah spontan und ungeplant, zwar hatte vorher eine Reflexion darüber stattgefunden, ob und inwieweit der Begriff den Interviewten bekannt sein könnte, jedoch bezog sich die Reflexion auf die Gestaltung des Leitfadens, aus dem der vielschichtig diskutierte und wenig greifbare Begriff der Profession entfernt und durch den des Berufs ersetzt worden war. Während des Interviews, in dem keine Fragen oder Gesprächsaufforderungen enthalten waren, die den Begriff der Profession erwähnten, griff M diesen im Vorgespräch verwendeten Begriff auf. Einleitend sprach M von „meiner Profession" (ITS Herr M, Z. 49 f.), um zu beschreiben, wie sich sein berufliches Selbstbild darstellte. Die Forscherin fragte sich während des Interviews, was M genau darunter verstand und ob er entgegen der Annahme der Forscherin aus dem Vorgespräch doch Kenntnisse von der wissenschaftlichen Begriffsdiskussion habe, da er den Ausdruck der Profession so geläufig und vordergründig selbstbewusst auf sich bezogen nutzte. Im Nachgespräch ergab sich aus weiteren Fragen Ms zum Begriff, dass M nicht wie kurzzeitig von der Forscherin vermutet damit vertraut war, was eine Profession sei. Auch schien er den Begriff der Profession nicht schon vorher für sich und sein berufliches Selbst reklamiert zu haben Ein kurzes Gespräch über den Diskussionstand um den Begriff schloss sich an, welches sich an Ms Neugierde und Interesse entzündete. Auf der Suche nach Personen, die als Professionsträger*innen gelten konnten, fiel M ein Mitglied der Hochschule ein, an der er unterrichtete. Jene Sozialarbeitsstudierende war vorher – so wie M – Juristin gewesen. M bot an, einen Kontakt herzustellen. Auf die Forscherin machte Ms Bereitschaft, ihr weitere und neue Möglichkeiten zur Datenerhebung zu eröffnen, den Eindruck, dass M beim Begriff der Profession die Seiten der Status- und Autonomiesicherung von Professionen stark als Kernelement fokussierte und so den Professionsbegriff für sich als Aufwertung seiner beruflichen Tätigkeit verstand, welche ihm die Forscherin mit dem kurzen Gespräch über den Forschungsstand zum Professionsbegriff sozusagen neu eröffnet hatte. Sein Angebot der Kontaktherstellung zu weiteren möglichen Interviewpartner*innen ließ sich vor diesem Hintergrund als nachträgliches Ausgleichsgut verstehen, welches er der Forscherin im Tausch für die Aufwertung anbot, die diese ihm vorher verschafft hatte.

Diese Verhandlung des Austausches immaterieller Güter im Nachgespräch knüpfte an einen weiteren Aushandlungsprozess an, der zu Beginn des Interviews zwischen M und der Forscherin stattgefunden hatte. Die Forscherin hatte beim Einschalten des Geräts sein Funktionieren mit einem „Nimmt auf" (ITS Herr M, Z. 10) kommentiert. Um die eigene Unsicherheit in der Datenaufnahme zu kaschieren und sich selbst Mut zu machen, hatte sie sich angewöhnt, genau darauf zu achten, ob das Gerät wirklich funktioniert und das Funktionieren halblaut zu kommentieren. Aus Angst, die Datenquellen nicht mehr zuordnen zu können, notierte sie währenddessen die Dateinummer. M bemerkte dazu, dass ihn „das Ding gar nicht störe" (ebd., Z. 13). Die Forscherin antwortete mit „super" (ebd., Z. 15). M erwiderte im Rückgriff auf den Kommentar der Forscherin: „Das läuft. Liegt einfach auf dem Tisch" (ebd., Z. 17). Die Forscherin fuhr leicht genervt von dem Geplänkel und ungeduldig fort: „Das liegt einfach auf dem Tisch// äh und/ nimmt schön auf und tut, was es soll." (ebd., Z. 19) M antwortete mit: „Ja" (ebd., Z. 22). Vordergründig mag man die Tatsache, dass M den Kommentar der Forscherin zum Funktionieren des Geräts aufgreift, als ein Zeichen für Ms routinierten Umgang mit Aufnahmegeräten interpretieren, vielleicht auch als eine Darstellung der eigenen Fähigkeiten im Umgang mit Technik, in der er der Forscherin helfen möchte, da er selbst darin versierter ist als sie. Möglich wäre auch, darin Ms sensible Reaktion auf die Unsicherheit der Forscherin zu sehen. Diese Unsicherheit bezog sich auf die Angst vor Datenverlust. Und über diese Daten, die die Forscherin brauchte und die M ihr gab, wurde in dieser Situation verhandelt. Diese Daten stellen das immaterielle Gut dar, das zwischen M und der Forscherin ausgetauscht wird und in deren Austausch beide einwilligen müssen, um das Interview überhaupt beginnen zu können. Mit der Verhandlung des Austausches jenes Gutes zwischen zwei ungleichen Partnern, die sich jetzt erst auf einer anderen Ebene kennenlernen, eröffnet sich das Gut, um das es geht: die Antworten, Erzählungen und Informationen zu der Person Ms. M unterstellt sich als Mann eine kompetente Hilfe bei technischen Problemen bieten zu können, während die Forscherin von sich als Frau ein mögliches Versagen bei der Bewältigung eben jener Probleme annimmt. Nachdem das mögliche Versagen und die damit verbundene Unsicherheit der Forscherin deutlich geworden war, konnte auch M großzügig seine Hilfe anbieten, um eben jenes Versagen abzuwenden und der Forscherin dazu zu verhelfen, unter Verwendung seiner Daten ihrer Aufgabe nachzukommen – soweit das genderkorrekte Interagieren beider zur Prozessierung des Interviews in der Eröffnungssituation, die im Folgenden als Expositionssequenz bezeichnet werden soll. Auf einer anderen Ebene gab es jedoch auch eine nicht genderkonforme Rollenverteilung im Sinne eines unausgeglichenen Machtverhältnisses zwischen Forscherin und Befragtem. Dies basiert auf dem Vertrauensanspruch, den die Forscherin an den Interviewten stellt und in den der Interviewte durch das Zur-Verfügung-Stellen seiner Daten einwilligt. Die

Forscherin ist also in einer damit stärkeren Machtposition, wenn sie in den Besitz der Daten gelangt, während der Befragte in einer unterlegenen Position ist. Eine weitere machtungleiche Rollenverteilung, die Ausbalancierung erfordert, wird am Ende des Interviews deutlich. M erwähnt dort, dass die Forscherin beruflich in einer Position ist, in der M selbst gern wäre. Sie promoviert und auch M möchte eine Dissertation verfassen, um seine Karriere zu befördern, die ihn im Folgenden zu einer Habilitation und einer Professur bringen soll; so lauten seine Zukunftspläne. M muss also aushandeln, ob er als Mann und somit in der genderzuschreibungsmäßig stärkeren Position bereit ist, einer „jungen Frau" gegenüber, die er gentlemanlike von der Haltestelle abholt und mit Kaffee und Kuchen bewirtet und die sich als Frau seiner Zuschreibung nach in einer Position befindet, an der er als Mann schon gern wäre, bereit ist, die Daten zu übergeben, die seine Position vielleicht noch weiter schwächen, insofern er Dinge preisgibt, die ebenfalls nicht den gender- bzw. in diesem Fall den professionsgemäßen Zuschreibungen entsprechen.

1.4 Struktur des Interviewverlaufs: Teil 1 und Teil 2, unterbrochen von einer Kaffee- und Nachdenk-Pause

Das Interview teilt sich in zwei Gesprächsteile. Diese Teilung ergab sich wie bereits beschrieben auf Wunsch des Interviewpartners. Nach der 36.. Minute hatte die Forscherin den Eindruck, alle Fragen des Leitfadens gestellt und abgearbeitet zu haben. Sie wollte zum Ende kommen. M jedoch bat um eine Unterbrechung, die ihm weiteres Nachdenken darüber erlaubte, worüber er noch sprechen wollte. Es schloss sich also eine etwa 15-minütige Pause an, während der M und die Forscherin weiter Kaffee und Kuchen zu sich nahmen. Danach bat M die Forscherin darum, dass sie das Aufnahmegerät wieder einschaltete. Damit griff er die Interaktion zu Interviewbeginn auf, als die Forscherin unsicher gewesen war, ob das Gerät funktionierte. Damit schloss M gleichzeitig auch an den Anfang der Handlungskonstitution (Kallmeyer/Schütze 1977) an, in der er sich als der technikerfahrenere männliche Interaktionsteilnehmer präsentierte, der in seiner Eigenzuschreibung im Gegensatz zur Forscherin keine Sorge um ein mögliches Nicht-Funktionieren des Aufnahmegeräts hatte, sondern souverän die eigene Technikvertrautheit zum Einsatz bringen konnte, während es weiterhin die Rolle der Forscherin war, sich um die Daten zu kümmern, die M ihr lieferte und zu deren funktionierender Aufzeichnung er seine Hilfe anbot. Seine Aufforderung zum Einschalten des Aufnahmegeräts, der die Forscherin nachkam, erlaubte ihm außerdem einen souveränen, eigengesteuerten Einstieg in den zweiten Gesprächsteil des Interviews.

1.5 Kodierung und Bearbeitung des Materials: Schlüsselkategorie (meine Profession), argumentativ-dominante neben narrativ-rezessive Redelinie und Sequenzierung

Das Datenmaterial teilt sich in zwei Audiodateien, die bei der Transkription zu einer Textdatei zusammengeführt worden sind. Die zwei Audiodateien hatten ihren Grund wie beschrieben in der Bitte des Interviewpartners nach einer kurzen Pause der Audioaufnahme, die zum Nachdenken genutzt werden sollte.

Bei der Kodierung des Materials zeigte sich eine Häufung des natürlichen Kodes ‚meine Profession‘. Dieser erwies sich als sinn- und strukturgebend für das ganze Interview wie auch als bedeutungtragend für andere natürliche Kodes wie ‚der Jurist‘ und ‚der Sozialarbeiter‘, die ihrerseits in großer Häufung auftraten. Auch spricht M von „meiner Profession" (ebd., Z. 48 f.) bereits zu Beginn des Interviews und antwortet damit auf die Frage zu seinem generellen Selbstbild, das in Fragekomplex 1 abgefragt wurde. „Meine Profession" (ebd.) wird von M prominent zu Beginn gesetzt und als Figur eingeführt, um der Forscherin kommunikativ verständlich zu machen, was M als Jurist und Sozialarbeiter in seiner Eigenkonstruktion ist. Mit „meine Profession" (ebd.) bezieht sich M auf das Vorgespräch, das er und die Forscherin vor dem eigentlichen Interviewgespräch mit Audioaufnahme geführt hatten. Darin hatte die Forscherin ihr Dissertationsprojekt beschrieben und dabei den Begriff Profession verwendet. M hatte sich mit Interesse erkundigt, was genau eine Profession sei und – so interpretiert es die Forscherin – nicht nur verstanden, dass bestimmte Berufsgruppen aufgrund bestimmter Gründe als Professionen verstanden werden können, sondern die Ausführungen der Forscherin auch so verstanden, dass „Profession" eine Qualitätszuschreibung an die Arbeit, die von Professionen geleistet wird, ist. Profession wurde außerdem – so vermutet die Forscherin – von M so aufgefasst, dass das, was Professionen tun, im Gegensatz zu dem, was Berufe tun, wichtiger oder bedeutungsvoller ist. „Meine Profession" (ebd.) mit einem Spektrum an Eigenkonnotationen und Zuschreibungen Ms, die im Weiteren herausgearbeitet werden sollen, setzt und benützt M, um den Kern seines beruflichen Selbstbildes zu beschreiben, und er nutzt ihn in Verbindung mit der Textsorte Argumentation (vgl. Schütze 1987), die einen vergleichsweise großen Teil das Interview durchzieht. Dieser hohe argumentative Anteil bei der Erstsichtung irritierte, da der Leitfaden so angelegt war, zum Erzählen aufzufordern. Auf die Narrationsaufforderungen antwortete M mehrfach mit kurzen Narrationen, die Erlebnisse bzw. Erfahrungen anrissen, sie jedoch häufig unbeendet ließen und oft in Argumentationen mündeten. Unabhängig davon, dass es eine „normale" Gesprächssituation mit Sicherheit einschließt, dass Themen angeschnitten, manchmal nicht zu Ende geführt und in einer anderen Passage der Erzählung erneut erwähnt und detaillierter besprochen werden, sollte dennoch dem Phänomen des hohen Argumentationsanteils nachgegangen werden. Warum war der erwartete, durch den Leitfaden unterstütze Narrationsanteil nur in einem geringen Umfang zu finden? Wie war das paradoxe Ungleichgewicht zwischen hohem Argumentations- und niedrigerem Narrationsanteil bei bewusst anvisierter Narration durch die Forscherin, gestützt auf den erarbeiteten Leitfaden, zu erklären? Kurz: Warum argumentierte M in einem deutlich höheren Maße als dass er erzählte?

Darüber hinaus bestand aufseiten der Forscherin der Eindruck, dass der Befragte während des Interviews oft so routiniert bzw. überlegt antwortete, als habe er mit gewissen Fragen bereits gerechnet oder als hätten sich mögliche Fragen, die die Forscherin stellen könnte, schon im erwarteten Horizont des Interviewten befunden. So schien es, als habe der Augenblick, in dem die Forscherin ihre Leitfadenfragen und Narrationsaufforderungen M tatsächlich präsentierte, kein Überraschungsmoment für den Interviewten enthalten, auf das dieser mit längerer Überlegung, Satzabbrüchen, Einschüben wie äh, ähm usw. reagieren musste, sondern als befände sich jede dieser Adressierungen vonseiten der Forscherin auf einer Ebene bzw. innerhalb eines Erwartungshorizonts, den M gedanklich-reflexiv bereits durchdrungen hatte. Dieser Eindruck lässt sich durch eine Begründung erklären, die dem Datenmaterial direkt entnommen worden sind: M berichtete im Interview von Vorstellungsgesprächen, in denen er seinen beruflichen Werdegang vom Juristen zum Sozialarbeiter erklärt und Argumente findet, die begründen, warum er als Jurist und Sozialarbeiter der gewissermaßen bessere Bewerber für eine Sozialarbeiterstelle gewesen ist als ein monoprofessioneller Sozialarbeiter (vgl. ebd., Z. 496 ff.). Damit würde sich die Vermutung bestätigen, dass M bereits gedankliche Vorarbeit hatte leisten müssen, um seinen beruflichen Werdegang erfolgreich vor Arbeitgeber*innen als Qualifikationsmerkmal zu begründen, somit Erfolg in Vorstellungsgesprächen zu haben und eine Anstellung zu erhalten. Jedoch liegt auch die Vermutung nahe, dass M selbst einiges an gedanklich-reflexiver Arbeit für die Definition seiner beruflichen Zugehörigkeit, seines beruflichen Selbst wie auch seiner beruflichen Entwicklung hat aufwenden müssen, um seine berufliche Identität zu konzeptionieren. Treffen beide Vermutungen zu, so liegt der Schluss nahe, dass M auf mögliche Fragen der Forscherin vorbereitet war und sich bei der Beantwortung derselben in einem schon gewohnten Kontext der argumentativen Darstellung seines Selbstbildes bewegt hat. Dies erleichterte ihm die flexible Reaktion auf die Anliegen der Forscherin in der Interaktion und ließ ihn souverän wirken. Außerdem lässt sich vermuten, dass der Interviewte die an ihn gerichteten Adressierungen und die Haltung der Forscherin auch als bekanntes Muster interpretiert hat, insofern es die Erinnerung an Vorstellungsgespräche wachgerufen haben könnte, was seinerseits M dazu veranlasst haben könnte, bewusst auf jene mit Argumenten gestützten Selbst-Präsentation zu rekurrieren, die er in den von ihm erwähnten Vorstellungsgesprächssituationen gewählt hatte.

Da die argumentative Textsorte wie bereits beschrieben mit dem Kode ‚meine Profession‘ (ebd., Z. 48 f.) verbunden war und sich beides als in hohem Maß sinn- und bedeutungsgebend für Ms Konstruktion seines beruflichen Selbstbildes

darstellte, wurde „meine Profession" (ebd.) als Schlüsselkategorie herausgearbeitet. Die Textsorte Argumentation wurde als dominante Textsorte interpretiert,
die das explizite Selbstbild Ms wiedergab und damit das repräsentierte, was M bewusst und ausdrücklich von sich zeigen wollte. Ihrer Linie sollte bei der Interpretation gefolgt werden, um das nach außen präsentierte berufliche Selbstbild Ms
interpretativ nachzuzeichnen. Die narrativen Anteile des Interviews stellten sich
dagegen in der Selbstbildkonstruktion Ms als deutlich weniger bestimmend dar
und schienen die dominante, argumentativ gestützte Linie der expliziten Selbst-
bildpräsentation hin und wieder zu durchbrechen bzw. zu durchkreuzen. Auch
schienen sie eine implizite Selbstdarstellung zu transportieren, die sich von dem
Bild, das M nach außen zeigen wollte, unterschied und andere Schichten freilegte,
die mitunter nicht in die explizite, nach außen transportierte Darstellung passten,
sie zu untergraben und ihr zu widersprechen schienen. Für eine Interpretation
stellte es sich als sinnvoll dar, beide Redelinien, die dominant-argumentative und
die narrativ-rezessive, voneinander zu trennen, um Ms Selbstbild nicht nur auf
der Oberfläche, sondern auch in der Tiefe zu erfassen und es bewusst nach den
expliziten und impliziten Anteilen der Selbstdarstellung zu befragen.

Bei der Materialsichtung fiel auf, dass das Interview neben Zweiteilung der
Audiodatei, die wie schon beschrieben, auf Ms Wunsch stattfand, weitere Sinnab-
schnitte aufwies, die sich dadurch voneinander unterschieden, dass in ihnen nicht
nur unterschiedliche Themen verhandelt wurden, sondern auch verschiedene
Handlungskonstitutionen (Kallmeyer/Schütze 1977) in der Interaktion zwischen
Interviewpartner und Forscherin zu beobachten waren. Dieser Beobachtung entsprechend, wurde der gesamte Transkripttext in neun Sequenzen unterteilt. Die
erste Sequenz, in der die interaktionelle Rollenverhandlung zwischen Forscherin
und M stattfand, wird als Expositionssequenz bezeichnet, da hier eine erste Verhandlung der Rollen zwischen Interviewpartner und Forscherin stattgefunden
hatte. Die folgenden Sequenzen wurden nummeriert. Die letzte Sequenz wurde
als Abschlusssequenz bezeichnet.

1.6 Darstellung des Fallporträts von Herrn M (Jurist und Sozialarbeiter)

1.6.1 Basisdaten

M schlug nach Abitur und Wehrdienst den Weg zu seinem Wunschberuf, Lehrer
zu werden, nicht ein, da ihm in der Berufsberatung davon abgeraten wurde mit
dem Hinweis, dass Lehrer gerade nicht gebraucht würden. Stattdessen studierte
er wie seine spätere Frau Jura und schloss erfolgreich mit dem ersten und zweiten
Staatsexamen ab. Sein Interessensgebiet während des Studiums war das Sozialrecht, das er auch als Schwerpunkt seines juristischen Referendariats setzte, das

er beim Sozialgericht ableistete. Nach Abschluss des zweiten Staatsexamens und Zulassung als Rechtsanwalt suchte M aus finanziellen Gründen eine Arbeitsstelle in abhängiger Beschäftigung, da er die Anfangsphase beruflicher Selbständigkeit als zugelassener Rechtsanwalt nicht finanzieren konnte und zu große finanzielle Risiken scheute. Er entschied sich dafür, seine Existenz nicht nur als Rechtsanwalt zu bestreiten, sondern zusätzlich in abhängiger Beschäftigung zu arbeiten. Seine Suche nach einer Wunscharbeitsstelle im Bereich Sozialrecht war erfolglos, da als Qualifikation für eine Tätigkeit als Sozialmanager ein Studium der Sozialen Arbeit bzw. Sozialpädagogik vorausgesetzt wurde. Daher begann M mit dem Studium der Sozialen Arbeit an einer pädagogischen Hochschule und realisierte zeitgleich die Gründung einer eigenen Rechtsanwaltskanzlei, fußend auf einem selbst erarbeiteten Beratungskonzept. Er war gleichzeitig zugelassener Rechtsanwalt und Sozialarbeiter, der in verschiedenen Bereichen der Sozialen Arbeit gearbeitet hatte. Zum Zeitpunkt des Interviews ist Herr M seit wenigen Monaten als Dozent an einer pädagogischen Hochschule in A-Großstadt tätig. Sein Aufgabenbereich umfasst den Unterricht angehender, in Ausbildung stehender Sozialarbeiter*innen im Fach Sozialrecht.

1.6.2 Generelle berufliche Selbstkonstruktion: „(…) ich bin Sozialarbeiter und Jurist (…)" (ITS M, Z. 35) / „meine Profession" (ebd., Z. 48 f.)

M stellt sich zu Beginn des Interviewgesprächs als jemand dar, der Sozialarbeiter und Jurist ist und daher zwei Berufe ausübt. Gleichzeitig beschreibt er seine zweifache Beruflichkeit als etwas, das über Erst- und Zweitberuf hinausgeht. Dies wird daran deutlich, dass er seine beiden zeitgleich ausgeübten Berufe übergreifend als „meine Profession" (ITS M Z. 48 f.) bezeichnet und damit etwas meint, das zwar auf der Grundlage beider Berufe stattfindet, jedoch in seiner Besonderheit eine gewissermaßen neue oder andere Beruflichkeit ist, die es der Forscherin nachvollziehbar darzustellen gilt. Mit der Verwendung von „meine Profession" (ebd.) greift M den von der Forscherin im Vorgespräch benutzten Begriff der Profession auf und antwortet auf die Intervieweinstiegsfrage:

> I: Angenommen (.) Sie ziehen irgendwo neu ein (…) und irgendein Nachbar kommt auf Sie zu (.) und fragt Sie, wer Sie sind, und meint damit Ihren Beruf. Was würden Sie dann antworten?
> B: Wer ich bin? (.) Also die Situation kommt öfters vor. (.) Und ich sage dann immer in der Reihenfolge, ich bin Sozialarbeiter und Jurist. (..)
> I: Okay. (…) Sie haben jetzt gerade von Reihenfolge gesprochen.
> B: Ja.

I: Ich entnehme dieser/ dieser bewussten Verwendung des Wortes eine gewisse Wichtigkeit.

B: Mhm. (bejahend)

I: Können Sie da einfach noch gleich mal ausholen – „in dieser Reihenfolge"?

B: Ja. (…) ich nehme den Sozialarbeiter vorweg, weil der eigentlich das Kernmerkmal meiner Profession ist. Das heißt, mein Wochenarbeitsbild war geprägt durch Soziale Arbeit, nicht anders. Und da, wo die Sozialarbeiter-Kompetenz im Rechtlichen aufhört, da habe ich dann tatsächlich immer den Juristen noch als weiterführende Hilfe für den Sozialarbeiter, als rechte Hand des Sozialarbeiters, selber in petto gehabt." (ebd., Z. 29 - 54)

Nach Ms Ausführungen besteht das, was er als „meine Profession" (ebd., Z 48 f.) bezeichnet, aus den Bestandteilen „der Sozialarbeiter" (ebd., Z. 48) und „der Jurist" (ebd., Z. 53). Beide Teile scheinen zunächst für sich genommen wichtig. Und sie summieren sich zu etwas auf, was übergreifend als sozusagen neue oder andere Profession konstruiert wird.

Fassen wir zunächst die beiden Bestandteile ins Auge. Was genau ist mit „der Sozialarbeiter" (ebd., Z. 48) und mit „der Jurist" (ebd., Z. 53) gemeint? Da M zum Zeitpunkt des Interviews und auch lange Jahre vorher gleichzeitig selbständig als zugelassener Rechtsanwalt und als Sozialarbeiter im Angestelltenverhältnis in Einrichtungen aus unterschiedlichen Bereichen der Sozialen Arbeit tätig gewesen ist – in der Straffälligen-Beratung und in der Wohnungslosenhilfe (vgl. ebd., Z. 192) – scheint sich „der Sozialarbeiter" (ebd., Z. 48) auf die vergangenen Anstellungsverhältnisse im Bereich Sozialer Arbeit zu beziehen und das aktuelle Arbeitsverhältnis als Dozent für Sozialrecht an einer Pädagogischen Hochschule in A-Großstadt einzuschließen (vgl. ebd., Z. 235 ff.). „Der Jurist" (ebd., Z. 53) dagegen meint im Gegensatz zu „der Sozialarbeiter" (ebd., Z. 48) Ms Tätigkeit als Anwalt und seine Arbeit mit den Mandant*innen seiner Anwaltskanzlei. Für M werden „der Sozialarbeiter" (ebd., Z. 48) und der „Jurist" (ebd., Z. 53) also erstens durch den inhaltlichen Bezug der Tätigkeit sowie zweitens durch die unterschiedlichen Beschäftigungsformen – abhängige Beschäftigung als Sozialarbeiter versus selbständige Tätigkeit als zugelassener Rechtsanwalt – strukturiert. Auch werden beide – „der Jurist" (ebd., Z. 48) und „der Sozialarbeiter" (ebd., Z. 53) – drittens über den Wochenarbeitszeitanteil, den M jeweils auf das verwendet, was unter „den Sozialarbeiter" (ebd., Z. 48) bzw. „den Juristen" (ebd., Z. 53) fällt, voneinander unterschieden: Der größte Teil der wöchentlichen Arbeitszeit des „Wochenarbeitsbildes" (ebd., Z. 51) fällt auf die Erledigung der Aufgaben, die er innerhalb seiner Anstellungsverhältnisse als Sozialarbeiter bearbeiten muss: „Das heißt, mein Wochenarbeitsbild war schlichtweg geprägt durch soziale Arbeit, nichts anderes." (ebd., Z. 51 f.). Einen deutlich kleineren Teil verwendet M für die Arbeit mit den Mandant*innen der Anwaltskanzlei:

„(…) und wenn dann Zeit ist und in anderen Fragen, da bin ich dann auch mal der/ der Anwalt, ähm so hier in unserem kleinen Büro, mit Team-Besprechungen, und da (.) nähere ich mich auch rein juristisch ohne Sozialarbeiter-Bezug den äh juristischen Fragestellungen, unseren Fällen, unseren Mandanten." (ebd., Z. 73 ff.)

Nicht zuletzt spielt der Ort, an dem M arbeitet, eine Rolle. Mit „hier" (ebd., Z. 74) meint M sein Rechtsanwaltsbüro, also den Raum, in dem er sich während des Interviews mit der Forscherin befindet. Über den Umfang des Wochenarbeitszeitanteils (großer Anteil für den „Sozialarbeiter" (ebd., Z. 48), geringerer Anteil für „den Juristen" (ebd., Z. 53)) findet eine Priorisierung „des Sozialarbeiters" (ebd., Z. 48) statt, denn dieser prägt bzw. bestimmt wesentlich das „Wochenarbeitsbild" (ebd., Z. 51) Ms. Über den Zeitanteil wird „der Sozialarbeiter" (ebd., Z. 48) zur vorrangig bestimmenden Instanz für Ms Berufsbild, da auf ihn der größere Teil der Zeit, die für erwerbstätige Arbeit – und nicht Freizeit – aufgewandt wird, fällt. Die Soziale Arbeit war „so mein Hauptjob" (ebd., Z. 73), in den sich die juristische Arbeit eingliederte. Diese Ergänzung seines Hauptjobs, die Arbeit als Rechtsanwalt, verläuft „rein juristisch" (ebd., Z. 75) und „ohne Sozialarbeiter-Perspektive" (ebd., Z. 73).

Was ist mit der „Sozialarbeiter-Perspektive" (ebd.) gemeint? Und gibt es demgegenüber eine juristische Perspektive? Worin unterscheiden sich die juristische und die sozialarbeiterische Perspektive, wie M es formuliert? Zur juristischen Perspektive zählt M das Wissen um Recht und Gesetz wie auch dessen Auslegung und Anwendung. Das Wissen um die Persönlichkeit des Gegenübers und eines guten Umgangs zwischen M und seinen jeweiligen Mandant*innen/Klient*innen ist dagegen der sozialarbeiterischen Perspektive zuzuordnen. Während die Methode der Gesprächsführung zur sozialarbeiterischen Perspektive und zum „sozialarbeiterischen Know-how" (ebd., Z. 77) gehört, ist die Bearbeitung der Fälle im Sinne juristischen Subsumierens dem Tatbestand und der Rechtsfolge der juristischen Perspektive zugeordnet. Als Rechtsanwalt wie auch als Sozialarbeiter hat M Erfahrungen dahingehend gemacht, wie sich die Fallbearbeitung optimieren lässt, und auch diese Erfahrungen sind jeweils der juristischen bzw. „Sozialarbeiter-Perspektive" (ebd., Z. 73) zugeordnet. M rahmt also sein berufliches Handeln jeweils unterschiedlich und ordnet es der einen oder anderen Rahmung zu.

Die Rahmungen „Jurist" (ebd., Z. 53) und „Sozialarbeiter" (ebd., Z. 48) nehmen zwar Bezug auf den Berufsbereich und damit die Frage, ob M gerade als Sozialarbeiter in einer Einrichtung Probleme seiner Klient*innen bearbeitet oder als Rechtsanwalt mit seinen Mandant*innen beschäftigt ist, gleichzeitig kann M jedoch das, was er wie bereits beschrieben der einen bzw. anderen Rahmung an Methoden, Wissen und Kompetenz zuspricht, jeweils flexibel und unabhängig davon, ob M abhängig als Sozialarbeiter beschäftigt ist oder freiberuflich als Rechtsanwalt, anwenden. Als Anwalt nutzt er also auch die Methode der Gesprächsführung, die er als sozialarbeiterisch bezeichnet, so wie er als Sozialarbeiter das

Wissen um Recht und Gesetz nutzt, was er als juristische Kompetenz beschreibt, die die sozialarbeiterische Kompetenz überschreitet (vgl. ebd.).

„Da, wo die Sozialarbeiter-Kompetenz im Rechtlichen aufhört, da habe ich (…) den Juristen noch als weiterführende Hilfe für den Sozialarbeiter als rechte Hand des Sozialarbeiters selber in petto gehabt." (ebd., Z. 52 ff.)

Wie lassen sich die Bestandteile von „meine Profession" (ebd., Z. 48 f.) noch in ihrer Aufeinander-Bezogenheit verstehen? Für M ist der „Sozialarbeiter" (ebd.) „Kernmerkmal" (ebd.) von „meiner Profession" (ebd.) und wird „in dieser Reihenfolge" (ebd., Z. 35) bewusst als Erstes benannt: „Ich bin Sozialarbeiter und Jurist (…) in dieser Reihenfolge." (ebd., Z. 35) Beide, der „Sozialarbeiter" (ebd., Z. 48) und „der Jurist" (ebd., Z. 53), machen „meine Profession" (ebd., Z. 48) aus, wobei „meiner Profession" (ebd., Z. 48) ein „Kern" (ebd.) zugeschrieben wird, der aus Sozialer Arbeit besteht. Mit dem „Kernmerkmal" (ebd.), dass Soziale Arbeit für M „Profession" (ebd., Z. 48) ist, scheint ebenfalls eine Priorisierung von Sozialer Arbeit vor Ms juristischer Tätigkeit vorgenommen zu werden, denn der Kern scheint das Eigentliche und Wichtige zu meinen. „Der Jurist" (ebd., Z. 53) dagegen ist sozusagen ein Zusatz, etwas, das den Kern am Rand ergänzt, er ist „eine weiterführende Hilfe für den Sozialarbeiter als rechte Hand des Sozialarbeiters" (ebd., Z. 54). Gleichzeitig ist „der Jurist" (ebd., Z. 53) für M eine Erweiterung „des Sozialarbeiters" (ebd., Z. 54). Diese Erweiterung bzw. Ergänzung bezieht sich auf das, was M als Jurist kann, also die „dem Juristen" (ebd., Z. 53) zugeschriebene Kompetenz (vgl. ebd.).

„Der Jurist" (ebd., Z. 53) komplettiert aber nicht nur ein Können „im Rechtlichen" (ebd.), also dem Bereich, der die Kenntnis von Recht und Gesetz und ihrer Anwendung umfasst, „der Jurist" (ebd.) verfügt auch über einen Erfahrungs- und Wissensfundus. Aus diesem schöpft M, um Probleme seiner Klient*innen zu bearbeiten, die er innerhalb der unterschiedlichen Sozialarbeiterstellen, die er innehatte, betreut. Die Bearbeitung der Probleme, die Ms Klient*innen aus der Sozialen Arbeit haben, gelingt aus Ms Sicht aufgrund seiner juristischen Ausbildung, die die erwähnte Kompetenz „im Rechtlichen" (ebd., Z. 53) nach sich zieht, besser als ohne juristischen Berufshintergrund. Damit überschreitet das, was unter „meine Profession" (ebd., Z. 48) fällt, die vorher aufgezeigten Rahmungen von „der Sozialarbeiter" (ebd.) und „der Jurist" (ebd., Z. 53), denn diese sind jeweils als für sich stehend und voneinander getrennt strukturiert. In dem Moment, in dem eine Ergänzung der Rahmung „der Sozialarbeiter" (ebd., Z. 48) durch die Rahmung „der Jurist" (ebd., Z. 53) stattfindet, wird die vorher vorgenommene strenge Abgrenzung aufgelöst und ein neues Modell der Verhältnisse von „Sozialarbeiter" (ebd., Z. 48) und „Jurist" (ebd., Z. 53) geschaffen, das aus „meiner Profession" (ebd., Z. 48) etwas macht, das mehr ist als die Summe von „Sozialarbeiter" (ebd., Z. 48) und „Jurist" (ebd., Z. 53).

Im Rechtlichen scheinen aus Ms Sicht Sozialarbeiter*innen mit Sozialarbeiter-, aber ohne juristische Qualifikation weniger Kompetenz, Wissen und Erfahrung zu haben als M, der sowohl Jurist als auch Sozialarbeiter ist. M schreibt sich eine „Doppelqualifikation" (ebd., Z. 399, 421, 430), bestehend aus sozialarbeiterischen und juristischen Kompetenzen, Wissen und Erfahrungen, zu, die ihn als besonders qualifiziert ausweist, um komplexe Problemlagen in der Sozialen Arbeit, die einen rechtlichen Bezug haben, zu lösen:

> „Ich bin derjenige, der auf allen Ebenen in einem sozialarbeiterischen Kontext beraten kann" (ebd., Z. 278).

Dies unterscheidet ihn von Sozialarbeiter*innen, die nicht, wie M, auch Jurist*innen sind. Insgesamt sieht M seine beiden beruflichen Hintergründe als Ressource, die es bewusst für eine optimierte Bearbeitung der Probleme der Klient*innen, aber auch Mandant*innen, einzusetzen gilt.

1.6.3 Als Sozialarbeiter und Anwalt gleichzeitig arbeiten: „(…) halbjährliche Fahrleistung von 50.000 Kilometern" (ebd., Z. 218)

Was bedeutet es konkret-praktisch für M, als Sozialarbeiter und Anwalt gleichzeitig zu arbeiten? Örtlich hat M lange Distanzen sowohl zwischen seinem Wohnort, dem Büro seiner Rechtsanwaltskanzlei, dem Sitz der Heimateinrichtung als auch zwischen dieser und den Einrichtungen von Kooperationspartnern überwunden, sodass er auf „eine halbjährliche Fahrleistung von 50.000 Kilometern oder // 100.000 im Jahr kam" (ebd., Z. 218). Den bundesländerübergreifenden Entfernungsradius empfand M als anstrengend und schränkte ihn ein: „(…) und das war sehr, sehr aufwendig und dann habe ich für mich auch ähm beschlossen, (…) (ebd., Z. 217) „[das] möchte ich auf Dauer nicht haben" (ebd., Z. 223). Zu Beginn seines Studiums der Sozialen Arbeit war das Arbeitsverhältnis zwischen dem Sozialarbeitsstudium und der Anwaltstätigkeit „immer so hälftig aufgeteilt noch eine ganze Weile" (ebd., Z. 191 f.). Dies änderte sich dahingehend, dass das „Wochenarbeitsbild" (ebd., Z. 51) „schlichtweg durch Soziale Arbeit geprägt war, nicht anders" (ebd.) und die Soziale Arbeit ein größeres Gewicht erhielt als die juristische Tätigkeit. Die Soziale Arbeit war lange – „jetzt doch rund zehn Jahre" (ebd., Z. 247) – der den Vorrang gebende Zusammenhang, in den sich die juristische Arbeit eingliederte. Diese Ergänzung seines „Hauptjobs" (ebd., Z. 73) verläuft „auch rein juristisch" (ebd., Z. 75) und „ohne Sozialarbeiterbezug" (ebd., Z. 76). M ist es wichtig, wirksam zu sein bei „unseren Fällen, unseren Mandanten" (ebd., Z. 76 f.). Mit „unser" (ebd.) schließt M seine Frau, mit der er das Rechtsanwaltsbüro aufgebaut hat, und die Mitarbeiter ein, die über Beraterverträge beschäftigt sind. Insgesamt sei es jedoch eine tägliche Herausforderung, die Balance zwischen den Arbeitsbereichen von Ms Arbeit als Sozialarbeiter und der Anwaltstätigkeit zu halten. Und so war die Vereinbarung beider Bereiche auch schon zu der Zeit, als M noch Soziale Arbeit studierte und gleichzeitig studienbegleitend als Rechtsanwalt arbeitete, „ein großes Jonglieren" (ebd., Z. 732). Ms gesamte berufliche Tätigkeit ist ein Mosaik, das zusammengesetzt wird, und ein Bild, das nicht fertig wird:

> „(…) hab ich immer Mosaiksteinchen angemalt, ausgemalt und wieder neu zusammengeführt und das/ das Ganze wurde dann so ein/ so ein großes Bild. So. Und das geht im Grunde genommen jetzt auch weiter (…)." (ebd., Z. 356 ff.)

Dieses Bild von Ms beruflichem Selbst ist „wie so eine (.) Netzstruktur, die sich immer weiter ausdehnt und ähm die nimmt einfach mit (.) nach einiger Zeit eine eigene Dynamik auch auf" (ebd., Z. 354). Die Verbindung zwischen dem, was er im Studium der Sozialen Arbeit lernt, und der Umsetzung dieses Wissens ist ihm wichtig und ermöglicht einen Zusammenhang, der für M nötig ist:

> „Also ich habe in der Praxis gearbeitet als Quasi-Sozialarbeiter, habe mir die Themen von dort genommen, um an der Hochschule meine Module zu erfüllen, habe die Erkenntnisse aus den Modulen wieder zurückgenommen in die Praxis." (ebd., Z. 345 ff.)

1.6.4 Vereinbarkeit der Sozialarbeiter- und Anwaltstätigkeit: „(…) gar nicht so einfach, einen zweiten Beruf auszuüben. Die Anwälte haben nämlich sehr starke Restriktionen" (ebd., Z. 687 f.)

M ist jedoch nicht nur, was die zeitliche und logistische Selbstorganisation angeht, aufgefordert, täglich beide Arbeitsbereiche zu vereinbaren, Ms Doppeltätigkeit hat auch noch in anderer Hinsicht ihren Preis: „Manchmal ist es schwierig, beide Professionen zusammenzubringen" (ebd., Z. 680). Dies liegt an den „sehr starken Restriktionen" (ebd., Z. 687), denen Anwälte unterlägen. Diese Restriktionen drücken sich so aus, dass Anwälte „Nebentätigkeiten nicht ausüben dürfen" (ebd., Z. 691). Die sozialarbeiterische Tätigkeit Ms ist aus Sicht der Rechtsanwaltskammer eine Nebentätigkeit: „(…) das war bei meinen Sozialarbeitertätigkeiten so der Fall" (ebd., Z. 706). „Jede Nebentätigkeit setzt ein gesamtes Prüfverfahren voraus" (ebd., Z. 696). „(…) Da geht es dann um solche Themen wie Interessenskollisionen und Verfügbarkeit und und und." (ebd., Z. 691 f.) M führt als Beispiel eines möglichen Interessenskonflikts, den er als zugelassener Rechtsanwalt und aktuell auch Dozent an einer pädagogischen Hochschule hat klären müssen, aus, dass er an der Hochschule für Prüfungen verantwortlich ist:

„(…) die Note ist ein Verwaltungsakt und damit hoheitliches Handeln und Anwälte sind nicht hoheitlich tätig, sondern freie Träger der Rechtspflege. (…) deshalb hat die Kammer einen sehr kritischen Blick drauf." (ebd., Z. 710 ff.)

Im Falle einer nicht von der Rechtsanwaltskammer zugelassenen Nebentätigkeit, die zu einem Interessenskonflikt führt, unter dem Ms Anwaltstätigkeit leidet, könnte die Anwaltskammer M „die Zulassung zur Anwaltschaft auch entziehen" (ebd., Z. 723). In den Augen der Rechtsanwaltskammer ist Ms Nebentätigkeit „schlichtweg nicht typisch" (ebd., Z. 747). Das „macht eine Einzelfallprüfung notwendig" (ebd., Z. 748). Diese Prüfung erfordert Erklärungen von M: „was mache ich denn da und was ist der Inhalt meiner Arbeit" (ebd., Z. 753). Die gute Darstellung seiner sozialarbeiterischen Tätigkeit vor der Kammer, um eine Genehmigung zu bekommen, machte es nötig, dass M „ordentlich Zuarbeit leisten" (ebd., Z. 761) musste. Außerdem musste Ms Hochschulleitung

„(…) Erklärungen abgeben, dass ich im Konfliktfall, also wenn ein Mandat mich jetzt plötzlich wirklich von hier auf jetzt braucht, (…) dass ich (…) als Anwalt frei bin, einfach zu sagen, ich gehe da jetzt hin und (…) dass meine sozialarbeiterische Haupttätigkeit ausnahmsweise das Nachsehen hat." (ebd., Z. 783 - 787)

Aus der Erfahrung der Prüfverfahren der Rechtsanwaltskammer und den skeptisch beobachteten nicht erwünschten Interessenskollisionen zwischen Rechtsanwaltsmandanten und Sozialarbeiterklienten weiß M: „(…) wir werden keine Mandate von Studenten oder von Kollegen annehmen (…)" (ebd., Z. 719). Dies geschieht „einfach als gesunde Selbstbeschränkung" (ebd., Z. 720). Auch von der anderen Seite (in diesem Falle der Hochschule) muss eine Erklärung zur Freistellung Ms akzeptiert werden, jedoch ist es hier vergleichsweise einfach, diese zu erhalten:

„Zum Glück im Hochschulbereich ist es eher so, dass das bekannt ist, dass man mit anderen Berufsgruppen auch zusammenarbeitet, und solche Erklärungen sind zwar nicht alltäglich, aber kommen doch immer wieder mal vor." (ebd., Z. 792 ff.)

Doch nicht nur mit der Hochschule muss für den Erhalt einer Freistellungserklärung verhandelt werden, „auch bei freien Trägern (…) stellt sich das dann tatsächlich erst mal als problematisch dar, so eine Freigabeerklärung zu unterschreiben (…)" (ebd., Z. 801 f.). Von einer solchen Freigabe tatsächlich im akuten Fall Gebrauch zu machen und „diesen Joker zu ziehen" (ebd., Z. 801), komme jedoch selten vor. Um die Freigabe zu erhalten, gebe es „Diskussionsbedarf" (ebd., Z. 813). Dies habe sich „auf Vertrauensbasis und mit guter Kommunikation auch lösen" (ebd., Z. 814) lassen. „In den zwei Monaten" (ebd., Z. 845) von Beginn bis zum Ende eines durch die Rechtsanwaltskammer durchgeführten Prüfverfahrens sei es für M „spannend" (ebd., Z. 841) gewesen. In jener Zeit war M „nicht ganz so ruhig" (ebd., Z. 849), wie er es während des Interviews im Gespräch mit der Forscherin gewesen ist, die ihn als „sehr ausgeglichen" (ebd., Z. 836) bezeichnet. Die „Hürden" (ebd., Z. 824) der erforderlichen Prüfverfahren für Nebentätigkeiten ist „also bei jedem Jobwechsel in Anführungszeichen (…) eine Problemlage" (ebd., Z. 854). Wenn beide Seiten, Rechtsanwaltskammer und Hochschule, Bescheid wüssten, dann „fühlt sich das gut an" (ebd., Z. 866) und „gibt Sicherheit" (ebd.). Wenn sich die Rahmenbedingungen nicht änderten, also kein Wechsel des Arbeitsplatzes innerhalb des Arbeitsfeldes, das von der Rechtsanwaltskammer als Nebentätigkeit betrachtet wird, eintrete, dann „kann ich das bis zur Rente machen, wenn ich lustig bin" (ebd., Z. 859 f.).

1.6.5 Vom juristischen Examen bis zur staatlichen Anerkennung als Sozialarbeiter: „(…) ein mühevoller Weg, der sich letztlich gelohnt hat" (ebd., Z. 184)

Wie genau gestaltete sich der Weg, den M vom „Nur"-Juristen zum Rechtsanwalt und Sozialarbeiter bzw. Sozialarbeiter und Juristen beschritt? M beschreibt den „Berufseinstieg als Jurist" als „etwas holprig (…) (.) in dem Bereich" (ebd., Z. 147), denn es gab „viele Absagen auf Bewährung und so" (ebd., Z. 147). So war der Berufsbeginn „alles in allem sehr, sehr schwierig" (ebd., Z. 138 f.). Sein Wunschbereich ist, an der „Schnittstelle zwischen Juristerei und sozialer Arbeit, Sozialrecht irgendwie beraten, arbeiten" (ebd., Z. 140). Die Bewerbungen werden mit dem Hinweis auf die mangelnde Passung seiner Qualifikation abgewiesen:

> „Und habe da nachgefragt und da hieß es immer: ‚Na ja, für Recht macht bei uns, ist immer nur Zivilrecht, (…) Sozialrecht machen bei uns eigentlich nur Sozialarbeiter so ein bisschen am Rande oder mal ein Sozialmanager.'" (ebd., Z. 142 ff.)

Das ist der Grund für Ms Entscheidung für ein Studium der Sozialen Arbeit:

> „(…) habe ich dann entschlossen, wenn die alle meinen, dass man dafür einen Sozialarbeiterabschluss braucht, um in diesem Bereich beraten zu können, dann mach ich den halt." (ebd., Z. 148 ff.)

Gleichzeitig baut er seine Kanzlei auf:

> „(…) also Anwaltsbüro, wurde dann auch in einem Versuch gestartet, ähm (…)." (ebd., Z. 148)

Der Aufbau erfolgt „allmählich" (ebd., Z. 159) und „vor diesem Hintergrund" (ebd.) der „Kombination" (ebd., Z. 281) bzw. der „Doppelqualifikation" (ebd., Z. 399) „des Juristen" (ebd., Z. 53) und „des Sozialarbeiters" (ebd., Z. 48).

Zu Beginn des Sozialarbeitsstudiums erhält M die Anerkennung für seine juristische Ausbildung in Verbindung mit seinem neu begonnenen Studium, die er in der Berufseinstiegsphase nach dem Jura-Examen vermisst hat:

> „(…) just in dem Moment, wo ich (.) angefangen habe, dieses Studium zu machen, kamen 1.000 Leute auf mich zu und sagten: ‚Mensch, das ist ja eine geniale Kombination.'" (ebd., Z. 154 ff.)

Der formale Abschluss des Sozialarbeitsstudiums ist für M ein Symbol der externen Anerkennung seiner Qualifikation und Kompetenz, die für ihn zu einer persönlichen Aufwertung wird und den Zugang zu seinem Wunscharbeitsbereich eröffnet:

> „Und das ging im Jahre … so, dass ich so im, im Monats-Rhythmus meine Abschlüsse hatte. Erst den Fachanwalt, dann die/ den Hochschul-Abschluss und dann im Sommer irgendwann die staatliche Anerkennung als Sozialarbeiter. Und (.) ab dem Zeitpunkt ähm hatte ich so irgendwie das Gefühl, jetzt haben sich alle Türen und Tore geöffnet. (.) Ähm und alle fanden das ganz toll und plötzlich war ich von der Profession her (..) total interessant für alle möglichen Ansprechpartner. So. Und das war ein mühevoller Weg, der sich letztlich gelohnt hat und wo ich im Zug der weiteren beruflichen Entwicklung einerseits das schöne Gefühl hatte, auch begehrt zu sein mit meinem Spezialwissen." (ebd., Z. 179 - 186)

1.6.6 Außensicht auf M aus dem Bekannten-, Freundes- und Kollegenkreis „(…) da ist jemand, der nicht abgehoben im juristischen Bereich unterwegs ist"

M stieß mit seiner Zweitprofession der Sozialen Arbeit im privaten Umfeld auf wenig Verständnis, da durchweg die Haltung bestand, dass das Ausüben einer Profession, nicht jedoch von zwei Professionen, als normal zu betrachten sei, und innerhalb dieser Normalitätsvorstellung wenig Offenheit für andere Berufsentwürfe vorhanden war:

> „Bekannten-, Verwandtenkreis so. Also, aber es sind alles Kreise, die wirklich weiter weg sind, die nicht verstehen, dass man als Jurist überhaupt noch einen Zweitberuf oder eine Zweit-Profession sogar macht und dass man in dem Bereich auch vorrangig aktiv ist." (ebd., Z. 509 ff.)

Mit „dem Bereich" (ebd., Z. 511) meint M die Soziale Arbeit, die damit von M als „Zweit-Profession" (ebd.) bezeichnet wird. Das Urteil seines Bekanntenkreises, der einen Juristen nur dann als Juristen sieht, wenn dieser rein juristisch tätig ist, mildert sich dadurch ab, dass diese Bekannten seinem Fach fern sind. M misst diesem Teil seiner Kontakte daher wenig Beurteilungskraft bei, folgt man der dominant-argumentativen Redelinie. Die narrativ-rezessive Linie berichtet davon, dass der Wechsel vom hauptberuflichen Juristen zum hauptberuflichen Sozialarbeiter und nebenberuflichen Juristen auch mit einem Statuswechsel vom höheren zum niedrigeren Berufsstatus verbunden gewesen ist, den M für sich selbst anders bewertet als seine Juristenkolleg*innen und der Bekanntenkreis. M vertritt, blickt man erneut auf die dominante Redelinie, dass er seinen Berufswechsel nicht als Statusverlust versteht:

„(…) Kollegin, die das so niedlich mal formuliert hat: ,Jaja, du hast dich ja erfolgreich downgegradet', ja also vom Juristen zum Sozialarbeiter, ne.'" (ebd., Z. 401 f.)

Die dominante Redelinie berichtet davon, dass es ihm wichtig ist, „seine Profession", das Sozialarbeiter- und das Jurist-Sein,

„(…) offensiv zu vertreten, indem man sagt, ,nein, das ist genau der Bereich, wo ich hingehöre. Ich bediene diese Schnittstelle.'" (ebd., Z. 403 f.)

Die rezessive Redelinie deutet dagegen an, dass M das Gefühl gehabt hat, sich vor seinen Juristenkolleg*innen legitimieren zu müssen, was er durch gute Argumentationen tut, worauf dahingehend reagiert worden ist, dass „das (…) akzeptiert wurde" (ebd., Z. 404). Und mit „das" ist Ms zweifache Beruflichkeit gemeint.

Die dominante Redelinie weist eine „Schnittstelle" (ebd., Z. 404) aus. Diese „Schnittstelle" (ebd.) ist der Raum, an dem M mit beiden Beruflichkeiten aktiv werden kann. Sie lässt sich als Bereich verstehen zwischen Sozialarbeit und Jura, in dem Bestände des juristischen wie auch des sozialarbeiterischen Wissens, juristische und sozialarbeiterische Kompetenzen und Fähigkeiten (siehe dazu den Abschnitt zur generalisierenden Selbstpräsentation) und die Fähigkeit zum Perspektivwechsel zwischen juristischer Perspektive („juristisch zu subsumieren" (ebd., Z. 516)) und sozialarbeiterischer Perspektive (die Person sehen) Anwendung finden können. Konkret ist das „Bedienen der Schnittstelle" (ebd., Z. 404) dort möglich, wo Klient*innen so beraten werden, dass beide Wissensbestände und beide Kompetenzen einbezogen und adressatenbezogen nutzbar gemacht werden. Die Etablierung dieser „Schnittstelle" (ebd.), die den Ort, an dem Ms „Profession" (ebd., Z. 48 f.) Anwendung findet, (siehe Abschnitt zur generellen Selbstpräsentation) fundiert, brachte es mit sich, dass M „dann auch Erfolg auf seiner Seite" (ebd., Z. 405) hatte und dass er „(…) [sich] nicht mehr großartig zu rechtfertigen" (ebd., Z. 405 f.) brauchte.

Was macht Ms „Profession" (ebd., Z. 48 f.) noch aus? M schreibt sich die Fähigkeit zu, Unterschiede zwischen Jurist*innen und Sozialarbeiter*innen nicht über Klischees und Stereotypen, sondern aus einem vertieften Verständnis heraus, fundierend auf eigenen beruflichen Erfahrungen und hoher Selbstreflexion, erkennen und benennen zu können. Er versteht, dass Jurist*innen mit Problemen ihrer Mandant*innen anders umgehen als Sozialarbeiter*innen mit denen ihrer Klient*innen, und fragt nicht nur nach dem Kern der Unterschiedlichkeit, sondern auch danach, ob die jeweils unterschiedliche Problembearbeitungslogik erfolgreich Probleme löst. Die Unterschiede beider Professionen in Bezug auf ihre Art der Herangehensweise an Probleme beschreibt er als Perspektive bzw. Blick (siehe Abschnitt zur generalisierenden Selbstpräsentation), aus dem heraus bzw. mit dem sie diese Probleme betrachten. Im Gegensatz zu seinen Juristenkolleg*innen schreibt sich M, beruhend auf seinen beiden beruflichen Qualifikationen, eine Fähigkeit zu nicht nur zur Erkenntnis der „Perspektiv"-Unterschiedlichkeit von Jurist*innen und Sozialarbeiter*innen im Hinblick auf die Problemlagen ihrer Mandant*innen bzw. Klient*innen zu, sondern auch zum Wechsel zwischen Juristen- und Sozialarbeiterperspektive. In dieser Perspektivwechselfähigkeit, einer Art Hin-und-Herschalten zwischen der einen und der anderen Perspektive, sieht M seine besondere Kompetenz, die er als Alleinstellungsmerkmal, das ihn von seinen Kolleg*innen mit einfachem Berufshintergrund unterscheidet, versteht. Auch ist die Fähigkeit ein Abgrenzungscharakteristikum und ein Merkmal von Ms besonderer Qualifiziertheit. M betrachtet Recht „nicht aus der Situation, was ein ausgebildeter Jurist meint zu …" (ebd., Z. 67) und versucht auch nicht „nur juristisch zu subsumieren" (ebd., Z. 516), sondern macht das dem juristischen Arbeitsfeld zugeordnete Wissensgebiet aus anderer – sozialarbeiterischer – Perspektive adressaten- bzw. studierendenbezogen nutzbar:

> „Das heißt, was die Sozialarbeiter bei mir, also die angehenden, lernen sollen, ist soziale Arbeit und im Zuge dessen mit dem rechtlichen Kontext umzugehen. Das heißt, ich betrachte es nicht aus der Situation, was ein ausgebildeter Jurist meint zu/ (..) an Wissen vermitteln zu müssen, was regelmäßig darauf hinausläuft, dass man irgendwie versucht, alles reinzubringen, was wir in einer mehrjährigen Juristenausbildung haben, (.) sondern ich stelle die Frage, welches Zeitkontingent steht mir für die Sozialarbeiter zur Verfügung und welches Handwerkszeug brauchen die? Welche Fragen müssen sie beantworten können, um sich rechtlich einigermaßen sicher auf ihr Berufsleben vorzubereiten? Das heißt, auch da betrachte ich Recht aus der (.) Sozialarbeiter-Perspektive." (ebd., Z. 65 - 72)

Die Perspektivübernahme der Sozialarbeiterperspektive und nicht das alleinige Primat der Juristenperspektive unterscheidet ihn nicht nur von seinen monoprofessionellen Juristenkolleg*innen, sondern auch von den „Medizinrechtlern" (ebd., Z. 512), die so wie er einen zweifachen Professionshintergrund (Medizin und Jura) haben:

> „Also es sind ähm Mediziner, die auch ausgebildet sind und zusätzlich noch Jura haben. Das sind hochgebildete Spezialisten. Die machen das ähnlich." (ebd., Z. 512 f.)

Mit „die machen das ähnlich" (ebd., Z. 514) scheint M zu meinen, dass sie ebenfalls „einen Zweitberuf oder eine Zweitprofession sogar" (ebd., Z. 511) ausüben, wie dies bei ihm der Fall ist. Aber im Gegensatz zu ihm „betrachten" (ebd., Z. 514) sie „ihren Job in der Regel nur aus juristischer Sichtweise und nutzen ihre medizinischen Kenntnisse nur darum, um juristisch zu subsumieren, um die Sachverhalte zu erfassen" (ebd., Z. 514 f.). Die Perspektive steht bei den Medizinrechtlern also im Dienst der juristischen Profession, bei M jedoch ist der Perspektivwechsel frei und zunächst nicht von einer Profession bestimmt, wenngleich Ms „Profession" (ebd., Z. 48 f.) (siehe dazu den Abschnitt zur generellen beruflichen Selbstpräsentation) von Sozialer Arbeit geprägt ist und er sich im Umgang mit seinen Mandant*innen – so wie er sich selbst beschreibt – nicht so verhält, dass er sie lediglich aus der rechtlich-juristischen Perspektive betrachtet, also die Probleme seiner Mandant*innen nicht lediglich auf Tatbestand und Rechtsfolge prüft, sondern auch Wert darauf legt, sich ihrer Probleme auch aus einer anderen Perspektive – vielleicht der der empathischen Einbeziehung der ganzen Person, wie sie als sozialarbeiterische Perspektive verstanden werden könnte – zu widmen. Jedoch unterscheidet sich M nicht nur von seinen juristischen Kolleg*innen mit rein juristischem Hintergrund, sondern auch von seinen Sozialarbeiterkolleg*innen hinsichtlich des anderen Blicks, der anderen Perspektive, die M auf die Fälle hat. Im Unterschied zu den Fachkräften, den anderen Sozialarbeiter*innen, „schaut" M „viel weiter" (ebd., Z. 292), also sein „Horizont ist weitergehend als bei den Fachkräften, die das an sich sehen" (ebd., Z. 292 f.), die also nur die Perspektive der Sozialen Arbeit kennen, insofern sie nicht wie M auch eine juristische Ausbildung abgeschlossen haben. Mit dem „weiteren" (ebd.) Blick schreibt sich M die Fähigkeit eines größeren Verständnisses für die Fallbearbeitung zu – seien es Fälle mit juristischem Bezug bzw. Fälle, die von ihm juristisch gerahmt werden und Mandant*innen seiner Kanzlei betreffen, oder seien es Fälle, mit denen er als Sozialarbeiter in unterschiedlichen Arbeitskontexten befasst gewesen ist. Ms zweifacher beruflicher Ausbildungs- und Erfahrungshintergrund verleiht ihm ein größeres, tieferes, weiteres Verständnis, das er je nach Blick- und Perspektivausrichtung (juristischer bzw. sozialarbeiterischer Art) erfolgreich nutzen kann. Auch weiß M um die Unterschiedlichkeit der Bearbeitungslogiken der Fälle je nach juristischer oder sozialarbeiterischer Perspektive:

„Also wir haben ganz häufig juristische Fragestellungen, die lassen sich aus juristischer Sicht recht einfach beantworten, aus sozialarbeiterischer Sicht sind die hochkomplex. Also zum Beispiel in der Altenhilfe, da sind wir mit einem Unternehmen auch über Beratungsansätze verbunden, ähm (.) da kommen dann mal Fragen zu, wie ist das bei Mietverträgen in so betreutem Wohnen und Serviceverträgen, wenn dann noch irgendwelche Pflegeleistungen oder so gemacht werden? Ja und wie ist das, (.) äh wenn (.) ein Vertrag jetzt wegfällt, können wir dann den anderen Vertrag irgendwie gleich kündigen und so? Und dann kommt eine rein juristische Beratung an äh Paragraphen orientiert, danach aber gleich der Input: (.) ‚Passt auf, was mit den (.) Leuten, mit den Menschen in eurer Einrichtung passiert und mit den Angehörigen.‘, So. Da würde Folgendes/ Kommunikationsprozesse müssten initiiert werden. Man muss sich klar verhalten. Man muss die Mitarbeiter mitnehmen. Da ergeben sich bei Kündigungen von (.) ähm, sage ich mal, Pflegebedürftigen, wenn die Verträge nicht ordnungsgemäß erfüllt werden, ergeben sich auch Probleme auf Mitarbeiterführungsebene und natürlich im Bezug der Public Relation eines Unternehmens. Weil, ich möchte nicht wissen, was (.) die Bild-Zeitung berichtet, wenn plötzlich ein 89-Jähriger pflegebedürftiger Mensch von einer Pflegeeinrichtung (.) auf die Straße gesetzt wird. So. Und das sind die Problemlagen, die habe ich eigentlich immer (.) komplett im Fokus. Und da glaube ich, dass/ da gehöre ich hin." (ebd., Z. 293 - 309)

M beschreibt sich als jemand, bei dem „im Grunde genommen diese Doppelqualifikation" (ebd., Z. 420 f.) vorliegt. Das Beratungskonzept seiner Kanzlei konnten er und seine Frau „nur dadurch etablieren" (ebd.), dass M sowohl Sozialarbeiter als auch Jurist ist. Diese Kompetenz aus der Verbindung „des Sozialarbeiters" (ebd., Z. 48) und „des Juristen" (ebd., Z. 53) sehen die juristischen Kolleg*innen als ein auf Augenhöhe stattfindendes Arbeiten Ms mit seinen Mandant*innen:

„Weil nämlich alle Kollegen gesagt haben: ‚Da ist jemand, der ist nicht abgehoben im juristischen Bereich unterwegs.‘" (ebd., Z. 422)

Seine Haltung zu seiner beruflichen Position beschreibt M so:

„(…) ich habe mein Leben so eingerichtet (…) wie ein Sozialarbeiter. Der Rest ist ein schönes Sahnehäubchen obendrauf: „(…) aber als Sozialarbeiter, so schlecht verdient man auch nicht, wenn man als Sozialarbeiter bezahlt wird, äh die Arbeit als sich/ an sich als Sozialarbeiter ist sowieso unbezahlbar." (ebd., Z. 489 - 494)

Damit führt M die Argumentationslinie seiner „Profession" (siehe Abschnitt zum generalisierenden Selbstbild), die trotz Doppelcharakters aus juristischen und sozialarbeiterischen Anteilen von sozialer Arbeit geprägt ist, weiter. Ms „Profession" (ebd., Z. 48 f.) orientiert sich auch finanziell am Kernelement von Ms „Profession" (ebd.), der Sozialen Arbeit. So sind seine Gehaltserwartungen die eines

Sozialarbeiters, der nach Tarif bezahlt wird und gleichzeitig den immateriellen Wert seiner Arbeit einbezieht, der sich nicht in Zahlen ausdrücken lässt. Wichtig ist für M, dass seine Lebenshaltungskosten, die sich in einem überschaubaren Rahmen befänden, durch sein Einkommen gedeckt werden: „(…) mir kommt es darauf an, dass ich halt meine Grundabsicherung und so was habe" (ebd., Z. 499). Er geht außerdem auf den zweiten Bestandteil von „meine Profession" (ebd., Z. 48 f.), „den Juristen" (ebd., Z. 53), ein:

> „Ich bin dann eher Sozialrechtler, da ist so viel Geld sowieso gar nicht drin." (ebd., Z. 560)

Mit dem stereotypen Bild des Juristen aus der nicht-juristischen Außenperspektive identifiziert sich M nicht:

> „… das Anwaltsleben ist wie (.) bei „Lenßen & Partner" oder sonst irgendetwas und man rennt sowieso nur in (.) äh vor Gericht rum und ist (.) ständig auf/ äh verfolgt irgendwelche Leute oder ähm und natürlich alles im schicken Sportwagen, ja? (…) Und das hochherrschaftliche Anwesen darf natürlich auch nicht fehlen." (ebd., Z. 523 ff.)

Dieses bewusst stereotyp aufgeladene Bild aus der Außenperspektive weist er als nicht-funktionale Identifikationsfolie ab: „Menschen, die von gewisser Materie keine Ahnung haben, da tangiert mich das auch nicht, was die sagen. Da sag ich nur: ‚Realität sieht zum Teil anders aus'" (ebd., Z. 559). So ist für M eine pragmatische Sichtweise auf das, was er beruflich tut, und das gute Erledigen seiner Aufgaben wichtig: „(…) ich erfülle meinen Job und solange der gut ist, läuft es" (ebd., Z. 506).

1.6.7 Implizite Selbstkritik und Selbstaufwertung: von „absoluter Exot" (ebd., Z. 115) zu „Doppelqualifikation" (ebd., Z. 421)

M beschreibt seinen ursprünglichen Berufswunsch: „Ich wollte Lehrer werden." (ebd., Z. 86). In der Berufsberatung sagte man ihm: „Lehrer? Lassen Sie es sein, brauchen wir nicht, (…) werden wir in Zukunft nie mehr brauchen. Tja, was macht man dann?" (ebd., Z. 87 - 91). Er wählt das Studienfach Jura, denn „(…) mit Jura kann man ja angeblich alles machen" (ebd., Z. 92 f.). Es besteht außerdem ein Mangel an anderen sinnvollen Alternativen: „(…) und als ich meinen Wehrdienst absolviert hatte, dachte ich, na, mir fällt irgendwie nichts Besseres ein, ich mache jetzt erst mal Jura" (ebd., Z. 104 f.). Er bildet mit dem Motiv für seine Berufswahl einen Gegensatz zu seiner Frau, die „selbst aus eigentlich Überzeugung mit Jura angefangen hat" (ebd., Z. 97 f.). Im Vergleich zu seinen

Kommiliton*innen ist M ein „absoluter Exot" (ebd., Z. 115), da er sich für das Rechtsgebiet Sozialrecht interessiert und er für die damit verbundenen „(…) Fragestellungen – was ist eigentlich mit Grundsicherung? (…) Wie funktioniert das Rentensystem?" – „immer schon ein Faible" (ebd., Z. 111 ff.) hatte. Das Interesse teilt er nicht mit seinen Kommiliton*innen: „(…) ich saß zum Teil alleine in den Veranstaltungen" (ebd., Z. 115 f.). Er hat mit dieser Interessensgebietswahl eine „Sonderstellung" (ebd., Z. 124), „was er schon immer mochte" (ebd.). M entscheidet für sich im Hinblick auf sein Interessensgebiet und in Abgrenzung zu den Mitstudierenden: „(…) wenn es sonst keiner machen will, ich finde es gut" (ebd., Z. 132 f.) Diese Entscheidung fällt in dem Wissen, dass „damit auch nicht viel Geld zu verdienen" (ebd., Z. 128) ist. Nach Abschluss des Studiums der Sozialen Arbeit genießt es M, „auch von der Profession her" (ebd., Z. 183) „total interessant für alle möglichen Ansprechpartner" (ebd.) und „begehrt zu sein mit meinem Spezialwissen" (ebd., Z. 186). M empfindet sich als kompetent in der Beratung, denn „mit dieser Kombination" (ebd., Z. 281), den abgeschlossenen Studiengängen Jura und Sozialarbeit, „deckt er „tatsächlich alle Fragebereiche ab" (ebd.). M ist dafür „Spezialist" (ebd., Z. 291), „(…) wirklich alles bei Fragestellungen in den Kontext zu nehmen" (ebd.).

1.6.8 Zusammenfassung Fallporträt Herr M

M ist nach der im Kapitel zum Forschungsdesign beschriebenen Kategorie biprofessionell, da er einen zweifachen Professionshintergrund, bestehend aus juristischer und sozialarbeiterischer Profession, aufweist. Auch ist er simultan biprofessionell, da er beide Professionen gleichzeitig ausübt. Er arbeitet aktuell als Dozent an einer pädagogischen Hochschule und als Rechtsanwalt. M präsentiert sich der Forscherin während des ganzen Interviews als jemand, der seine zweifachen Berufshintergründe und -erfahrungen als Ressource, als Kompetenz, sieht, die ihn gewissermaßen zu „mehr" qualifiziert als jemanden, der einen einfachen sozialarbeiterischen oder einfachen juristischen Hintergrund hat. Ms Sozialarbeiter- und Jurist-Sein ist eine „Doppelqualifikation".

M verwendet wie zu Beginn im Abschnitt zur generellen beruflichen Selbstkonstruktion erwähnt gleich zu Anfang des Interviews zur Beschreibung dessen, was ihn als zugelassenen Rechtsanwalt und aktuell als Dozent an einer pädagogischen Hochschule tätigen Sozialarbeiter beruflich ausmacht, den Begriff „meine Profession" (ebd., Z. 48). Er setzt das Possessivpronomen als Zusatz, der die Zugehörigkeit anzeigt, und suggeriert damit, dass das, was nach Ms Verständnis unter den von ihm verwendeten Begriff fällt, vorrangig mit ihm in Bezug zu setzen ist. „Meine Profession" (ebd.) ist wie bereits gezeigt deutlich mehr als die Summe all dessen, was er als Sozialarbeiter an der pädagogischen Hochschule und als Anwalt in der Arbeit mit den Mandant*innen seiner

Rechtsanwaltskanzlei ist. Das, was M als jemand, der zwei Berufe ausübt, ausmacht, ist ein vielschichtiges Geflecht von jeweils an Jura als Profession und an die Soziale Arbeit als Profession anknüpfenden Bezogenheiten. Diese fächern sich auf Ebene der Methodik, des jeweils professionsbezogenen Wissens, der Erfahrung und der Kompetenz auf und werden von M jeweils entweder mit der juristischen oder der sozialarbeiterischen Profession in Bezug gesetzt. M stellt die unterschiedlichen Bezogenheiten über Rahmungen her, die er bewusst vornimmt.

Diese Rahmensetzungen funktionieren über eine Einteilung der Form des beruflichen Tätig-Seins, die sowohl inhaltlich nach Berufsbezug als auch formal nach Beschäftigungsart sowie über den Ort, an dem gearbeitet wird, die Zeit, zu der innerhalb welchen Kontextes gearbeitet wird, und nicht zuletzt den Klient*innen bzw. Mandant*innen, mit denen M arbeitet, funktioniert. Gleichzeitig sind sie Bestandteile von dem, was M seine Profession nennt, mehr als die Summe beider Professionen,und übersteigen darin, dass sie etwas sind, das jenseits von „Sozialarbeiter" (ebd., Z. 48) und „Jurist" (ebd., Z. 53) liegt, den inhaltlichen Tätigkeitsbezug, die formale Beschäftigungsform, den Beschäftigungsort und die Personen, mit denen und für die gearbeitet wird. Was gehört noch zur Rahmung „Jurist" (ebd., Z. 53) und „Sozialarbeiter" (ebd., Z. 48)? Zur Rahmung „Jurist" (ebd., Z. 53) bzw. „Sozialarbeiter" (ebd., Z. 48) gehört auch die jeweils unterschiedlich ausgerichtete – wie M es nennt – „Perspektive" (ebd., Z. 72) auf die Arbeitsinhalte und -ziele des jeweiligen Arbeitszusammenhangs. Diese „Perspektive" (ebd.) teilt sich entsprechend der Rahmungen, innerhalb der sie wirksam wird, in eine sozialarbeiterische und eine juristische „Perspektive" (ebd.). Sie lässt sich als eine Mischung aus beruflichem Wissen, Methoden und der beruflichen Erfahrung verstehen.

Dieses Geflecht der Bezugnahmen auf jeweils Sozialarbeiter- oder juristische Profession verharrt jedoch nicht in streng getrennten Zuordnungsbereichen der Professionen als begrenzter und voneinander abgegrenzter Dimensionen, die Verbindungspunkte verwehren. Vielmehr werden Verbindungen zwischen dem, was jeweils unter die Rahmung Jurist und Sozialarbeiter gerechnet wird, gesetzt und beide Bezogenheiten werden einer neuen Mischung bzw. Anordnung aus juristischen und sozialarbeiterischen Bezugnahmen von M arrangiert. Mit anderen Worten ist M nicht nur als Anwalt tätig, wenn er als Anwalt mit seinen Mandant*innen arbeitet, sondern gleichzeitig auch als Sozialarbeiter, insofern er sozialarbeiterische Methoden nutzt, um die Probleme seiner Mandant*innen besser bzw. optimiert bearbeiten zu können. Ebenso ist er, auch wenn er als Sozialarbeiter in einer Einrichtung der Sozialen Arbeit bzw. aktuell an der pädagogischen Hochschule arbeitet, nicht nur als Sozialarbeiter „aktiv", sondern nutzt bewusst die Kompetenz, die er als juristische Kompetenz beschreibt und die darin besteht, sich Zugang zu Wissen und dessen Anwendung, bezogen auf Recht und Gesetz, zu verschaffen.

Damit stellt M auf Ebene der Aufgabenbearbeitung eine andere Form von Professionalität her, insofern er Methoden, Wissen und Erfahrungen aus beiden Berufsbereichen nutzt und er ein Konzept seiner Rechtsanwaltskanzlei kreiert, das auf beide Berufsbereiche zurückgreift. M ist also in jeweils anderen Mischungsformen tätig und lässt sich damit als jemand begreifen, der grenzüberschreitend arbeitet und bewusst quer zu den Professionen, die er ausübt, Wissensbestände, Methoden, Kompetenzen und Erfahrungen jeweils situationsbezogen einsetzt, um einen höheren Output, eine optimierte Beratung bzw. Lösungsbearbeitung für Mandant*innen bzw. Klient*innen zu erzielen. In Ms Selbstverständnis scheinen seine Professionen Ressourcen zu sein für eine neue Schöpfung bzw. Kreation von Professionalität, die da, wo die einfachen Professionsbezüge im Sinne eines reinen juristischen oder reinen sozialarbeiterischen Bezugs versagen, also da, wo Juristen bei der Beratung ihrer Mandant*innen an Grenzen stoßen, bzw. da, wo Sozialarbeiter*innen nicht genug juristisches Wissen haben, in einem gewissermaßen entgrenzten Eigenbereich, den M als Schnittstelle zwischen Jura und Sozialer Arbeit auffasst, wirksam werden. M stellt eine andere, neue, zwar auf die Erst- und Zweitprofession bezogene, diese aber gleichzeitig überschreitende berufliche Selbstkonstruktion her. Diese neue Selbstkonstruktion lässt sich, insofern sie die engen, einseitig dimensionierten Professionsbezüge von Jura und Sozialer Arbeit aufbricht, Schwerpunktsetzungen neu dimensioniert und transgrediert als eine Form von Transprofessionalität beschreiben. Diese neue Form von Professionalität bzw. Ms Transprofessionalität wird von M hergestellt. Die Produktion dieser, zwar auf die Ausgangsprofessionen Bezug nehmende, sie jedoch gleichzeitig neu arrangierende Form von Transprofessionalität geschieht nicht nur wie bereits beschrieben auf Ebene der Aufgabenbewältigung, sondern zusätzlich auf anderen Ebenen.

Auf der Ebene der sinnhaften Selbstkonstruktion erarbeitet sich M ein Selbstverständnis, das ihn vom „Exoten" (ebd., Z. 113) zu jemandem mit einer „Doppelqualifikation" (ebd., Z. 393, 411) werden lässt. Auch versteht sich M wie bereits dargestellt als jemand, der einen eigenen Arbeitsbereich etabliert, in dem er tätig ist. Auf räumlich-logistischer Ebene stellt M täglich seine Form einer anderen Professionalität her, indem er, um beide Berufe mit ihren Anforderungen zu bewältigen, weite Entfernungen zwischen dem Wohnort, dem Ort, an dem sich seine Rechtsanwaltskanzlei befindet, dem Ort, an dem seine jeweiligen Einrichtungen der Sozialen Arbeit sind, und den Orten der Einrichtungen externer Kooperationspartner*innen, die mit Ms Einrichtungen zusammenarbeiten, zurücklegt. Damit bearbeitet er ein Netz an großen räumlichen Distanzen, das sich aus vier Knotenpunkten zusammensetzt, die von M angesteuert werden. Auf der zeitlichen Ebene muss M ebenfalls täglich ein geschickt ausbalanciertes Management der Zeitanteile aufwenden, die jeweils auf seine Anwaltstätigkeit oder auf seine Arbeit als Sozialarbeiter entfallen. Dies benötigt einen vorab gesteckten Orientierungsrahmen, in dem M bleiben muss, um beides miteinander vereinbaren zu können. Dieser veränderte sich von einer hälftigen Arbeitszeitverteilung hin zu einer Verteilung, die den weitaus größeren Arbeitszeitanteil auf die Soziale Arbeit verwendet.

Begleitet wird die Herstellung der wie vorher beschrieben anderen, grenzüberschreitend wirksamen Art von Professionalität von Konflikten, die sich um die Wünsche, die M, basierend auf seiner zweifachen Beruflichkeit, hat, und seinem Umfeld, das andere Sichtweisen M gegenüber einnimmt, ergeben. Sowohl das Umfeld der Juristen-Kolleg*innen als auch die Bekannten, Verwandten und Freund*innen aus dem privaten Kreis haben ihre Perspektive auf Ms zweifache Berufshintergründe. Sie werten seinen „Wechsel" vom Rechtsanwalt zum Sozialarbeiter, der in Ms Augen kein Wechsel ist, da er nach wie vor als Rechtsanwalt arbeitet, als ein Abstand-Nehmen vom Anwaltsberuf im Sinne einer Zuschreibung, wonach jemand, der gleichzeitig in einer gegenüber dem Juristenberuf statusniedrigeren Position arbeitet, nicht vollständiger Jurist ist. Auch das juristische Kollegenumfeld hat das Status-Downgrade, das M dadurch erfahren hat, dass er auch als Sozialarbeiter arbeitet, im Blick und vermittelt M den Eindruck, er würde in seiner Doppelberuflichkeit wenig akzeptiert und müsse sich durch den Erfolg, den er mit dem Konzept seiner Anwaltskanzlei gehabt hat, das auf beide Beruflichkeiten zurückgreift, beweisen.

2. Fallporträt Herr K (Theologe/Pädagoge)

2.1 Kontaktaufnahme

Herr K hatte sich auf das Interviewpartnergesuch der Forscherin gemeldet und seine Bereitschaft für ein Interview erklärt. Die Vereinbarung eines Termins erfolgte sehr schnell und ohne weitere Nachfragen, Hinweise oder Anmerkungen von Ks Seite. Die Forscherin und K kamen problemlos über Zeit und Ort des Gesprächs überein.

2.2 Interviewsituation

Das Gespräch fand in Herrn Ks Büro statt. Die Forscherin erschien etwa zehn Minuten zu früh zum vereinbarten Termin zur Mittagszeit und wartete auf den Besucherstühlen vor dem Büro. Als K zufällig die Tür öffnete, nahm er mit kurzer Überraschung das zu früh anwesende Gegenüber war, das er als Forscherin identifizierte, mit der er sich abgesprochen hatte, und bat sie herein. Soweit es die Forscherin überblicken konnte, teilte sich K das Büro mit einem Kollegen oder einer Kollegin, denn es gab zwei Arbeitsplätze. Die Regale waren gefüllt mit Büchern, Aktenordnern und Akten, die in ihrer Buntheit leicht chaotisch wirkten. Die Forscherin hatte mit einem jüngeren Mann gerechnet und musste sich zuerst auf das Gegenüber einstellen. Auch das volle Büro hatte sie sich anders vorgestellt. Die Forscherin stellte zunächst kurz ihr Forschungsvorhaben vor, bemerkte aber, dass K irgendwie angespannt wirkte und sich nicht so sehr dafür zu interessieren schien, ausführlich davon zu erfahren. Die Forscherin hatte den Eindruck, dass es dem Interviewpartner lieber wäre, gleich mit den Fragen zu beginnen. Es wirkte, als wolle ihr der Interviewpartner damit sagen: „Ich kenne das alles schon, lassen Sie uns endlich zur Sache kommen." Der Forscherin fiel es zunächst schwer, mit dem Gegenüber warm zu werden. K lächelte wenig, wirkte relativ ernst, fast enerviert und eher unzugänglich, gleichzeitig aber auch voller Elan und so, als habe er eine Botschaft, die er vermitteln wolle, von der die Forscherin jedoch nicht wusste, um welche Botschaft es sich handelte. Die Fragen beantwortete K sehr ausführlich, er sprach lebhaft und selbstbewusst. Während des Gesprächs fixierte er die Forscherin immer wieder aufmerksam und schien auf Bemerkungen, Bestätigungen oder Reaktionen der Forscherin zu warten, die ihrerseits Schwierigkeiten hatte, K einzuordnen und sich ihm anzunähern. K pflegte außerdem, viele seiner Ausführungen unter Zuhilfenahme theoretischer Modelle noch mehr Tiefe und Wirkung zu verleihen, schien eine bestätigende Antwort oder ein Gefühl des unmittelbaren und vertieften, geteilten Verstehens vonseiten der Forscherin zu erwarten, um noch mehr erzählen zu können, erhielt dies jedoch nicht, da die Forscherin ihrerseits länger brauchte, um die Sinnfälligkeit der Bezüge, Vergleiche, Erklärungen, aber auch Gedankensprünge und Assoziationen, die stark das Lebensgefühl Ks ausdrückten, zu begreifen, auf sich wirken zu lassen und einzuordnen. Ks Ausführungen zu sich selbst waren im ersten Teil des Interviews äußerst sparsam. Die Forscherin hakte hin und wieder nach, unterließ es mitunter jedoch auch, da K auf diese Nachfragen ebenso sparsam antwortete. Er schien der Meta-Diskussion den Primat vor der persönlichen Erfahrung zu geben, während die Forscherin ihre Prioritäten genau umgekehrt setzte. Jedoch erschien es ihr als unhöflich, K allzu häufig zu unterbrechen, und sie bemühte sich, den vielen Modellen zu folgen, die – so interpretiert es die Forscherin – K anwandte, um seine Erfahrung auf eine höhere Ebene zu heben bzw. sie zunächst einmal für sich selbst und dann auch für seine Zuhörerin erklärbar zu machen. In jedem Fall wirkte K so, als habe er Interesse daran, auf ein vertieftes Verständnis vonseiten der Forscherin zu treffen, und sei bereit, seine Energie auf dieses Ziel auszurichten.

2.3 Rollenverhandlung in der Interviewsituation

Die Vereinbarung eines Termins verlief sehr schnell und zügig. Es gab nur den Hinweis vorab, dass K bis zu einem bestimmten Tag im Urlaub sei und erst danach Zeit habe. Auch der Einstieg in das Interview stellte sich als schnell und unmittelbar dar. Die Forscherin erklärte ihr Vorhaben, K hörte zu, stellte keine Nachfragen und forderte nach Beendigung der Vorab-Ausführungen zum Dissertationsprojekt dazu auf, mit den Fragen zu beginnen. Der Start ins Interview wirkte, als gäbe es eine gewisse zeitliche Enge, die es für den Interviewten wichtig machte, dass das Interview rasch durchgezogen würde. Insgesamt adressierte K die Forscherin selten explizit. Wie bereits erwähnt fiel es der Forscherin ihrerseits in der ersten Hälfte des Interviews schwer, K zu folgen und seine Ausführungen so zu verstehen, dass es ihr möglich war, unmittelbar und locker mit Fragen anzuknüpfen, die sich direkt auf K bezogen. Es bestand bei ihr der Eindruck, dass genau diese Unmittelbarkeit K fehlte und dieser sich direktere Fragen gewünscht hätte. So hatte die Forscherin den Eindruck, dass Ks lange Ausführungen theoretischer Art vielleicht auch deshalb so lang wurden, weil die Forscherin selbst nicht die von K erwarteten oder erwünschten Nachfragen stellte. Im Nachgespräch zum ersten Teil des Interviews erwähnte K, dass der Wunsch, Priester zu werden, dem Wunsch seiner Mutter entsprach. Die Forscherin reagierte unmittelbar auf diese Aussage, unterbrach K sofort, was sie vorher aus Höflichkeit vermieden hatte, und fragte nach. An dieser Stelle war die vorherige Schwierigkeit des Umgangs gebrochen. K registrierte das plötzliche, lebhaftere Interesse der Forscherin und bewertete es positiv und die Forscherin ihrerseits hatte den Eindruck, K besser einordnen zu können, als dies im ersten Teil des Interviews der Fall gewesen war, und Sicherheit gewonnen zu haben. Es entstand also ein anderes Miteinander. K berichtete persönlichere Dinge. Während es im ersten Teil des Interviews subtile, implizite Adressierungen Ks an die Forscherin gab, wurden die Reaktionen aufeinander im zweiten Teil direkter und unmittelbarer. So sprach K begleitend von sich als „älterem Menschen" (ITS Herr K, Z. 914) und begründete so seine Haltung zu der Frage, wie und ob man zwei unterschiedliche Arbeitsfelder im täglich/wöchentlichen Arbeitsalltag verbinden könne. Mit dieser Selbstbezeichnung setzte er sich in Gegensatz zu der Forscherin, die er als „jünger" adressierte. K wendete sich außerdem an die Forscherin im Zusammenhang mit seinen Ausführungen zu den prekären Beschäftigungsverhältnissen an der Universität. Er adressierte sie als jemanden, der vielleicht in das Arbeitsfeld einsteigen wollte und dabei Arbeitsplatzsicherheit in Form einer unbefristeten Anstellung anstrebte und damit rechnen musste, ähnlich wie K von prekären Arbeitsverhältnissen betroffen zu sein („Drei Viertel werden eben draußen sein" (ebd., Z. 804)). Damit konstruiert K die Forscherin als jemanden, der vielleicht in Zukunft mit ähnlichen, von K als belastend erlebten Rahmenbedingungen konfrontiert ist und damit als jemand, der K in seiner Situation aufgrund einer potenziell zukünftigen Erfahrung aus einer selbst erlebten Nähe heraus besser verstehen kann. Am Ende des Interviews kam K erneut auf die Arbeit der Forscherin zu sprechen und wünschte ihr, nachdem er sie mit seinem Auto zum Bahnhof gebracht hatte, „wissenschaftlichen Ehrgeiz". Es wirkte für einen Moment so, als gestattete er ihr in diesem Moment auch zu dem einen Viertel derjenigen gehören zu dürfen, die am Ende drinnen bleiben werden, auch wenn K zu den anderen drei Vierteln gehörte, die draußen waren, und als habe die vorher konstruierte Nähe nun keinen Soll-Charakter mehr im Sinne einer von K entworfenen Erwartbarkeit des möglichen „Draußen-Seins" der Forscherin. Aus jener von K formierten Nähe im Sinne des gemeinsamen Draußen-Seins der Forscherin und seiner selbst ließ sich die Distanz, die zuerst zwischen ihm und der Forscherin geherrscht hatte, nachträglich bearbeiten und als zukünftige mögliche Gemeinsamkeit deuten. Außerdem ergab sich so eine Situation, aus der heraus K eine direktere Reaktion der Forscherin erwarten konnte. Auch der Hinweis Ks darauf, dass seine zweifachen Berufshintergründe keine Bereicherung sein müssen, wird als Forscherinnenadressierung geformt. In jener Situation stellt sich die von K angesteuerte Nähe auch tatsächlich ein, denn es bestand vonseiten der Forscherin die Hypothese eines möglichen Plus im Sinne eines Mehrwerts, der aus einer zweifachen Beruflichkeit resultieren könnte, und es gelang K, die Forscherin kurzzeitig betroffen zu machen. Die Forscherin ihrerseits versuchte, K in einer Situation als nah und an eine Gemeinsamkeit gebunden zu adressieren. K berichtete von seiner klassischen Bildung in seiner Erzählung seines Studienbeginns und vom Aufbruch in die große Freiheit und die Forscherin versuchte, K darauf hinzuweisen, dass auch sie einen altsprachlichen Bildungshintergrund hat, wurde jedoch unterbrochen und kam nicht mehr auf das Thema zurück, da die Erzählung Ks fortschritt.

2.4 Struktur des Interviewverlaufs: Teil 1 – Abarbeiten des Leitfadens – und Teil 2 – Vertiefungsteil auf Ks Hinweise, er habe sich verliebt und auf „Ein Sohn musste Priester werden" (ITS Herr K, Z. 1007)

Nach einer Stunde und zwei Minuten Gesprächszeit hatte die Forscherin den Eindruck, den Leitfaden abgearbeitet zu haben. Sie fragte K, ob er noch etwas hinzuzufügen habe, und dieser sprach noch weitere neun Minuten. Dann schaltete die Forscherin das Aufnahmegerät aus. Ein Nachgespräch schloss sich an, in dem die Forscherin ihre biografische Motivation für das Forschungsvorhaben beschrieb. Im Verlauf dieses Nachgesprächs äußerte K, seine Mutter habe den Wunsch gehabt, dass einer ihrer Söhne Priester werden sollte (vgl. ebd.). Damit war K, der vorher an die Stelle persönlicher Erfahrungsberichte theoretische Reflexionen gesetzt hatte, so unmittelbar persönlich geworden, dass die Forscherin nachhakte, mit Ks Einverständnis das Aufnahmegerät wieder einschaltete und der zweite Teil des Interviews begann.

2.5 Bearbeitung des Materials

Das Datenmaterial teilt sich in zwei Audiodateien, die bei der Transkription zu einer Textdatei zusammengeführt worden sind. Der gesamte Transsskripttext wurde in elf Sequenzen unterteilt, die durchnummeriert wurden. Die Sequenzunterteilung orientiert sich sowohl an den Textmarkern des Gestaltschließungszwangs (Kallmeyer/Schütze 1977 und Schütze 1984), die das Ende eines Sinnabschnitts anzeigen, als auch an den Fragekomplexen des Leitfadens. Da K wie bereits anfangs erwähnt zu langen theoretischen Ausführungen insbesondere im ersten Teil des Interviews tendierte, war es hin und wieder nötig, passagenweise Unterbrechungen zu machen und neue Fragekomplexe zu beginnen.

2.6 Darstellung Fallporträt Herr K

2.6.1 Basisdaten

Ks Familie hat einen Migrationshintergrund und war vor Ks Geburt nach Deutschland immigriert. Die Familie ist kinderreich und stark gläubig. Ks Mutter wünschte sich, dass einer ihrer Söhne Priester werden würde. In dieser Rolle des zukünftigen katholischen Priesters sieht sich K schon früh. K macht als Einziger der Geschwister Abitur und weiß, kaum 18 geworden, zunächst nicht, wie er sich beruflich orientieren möchte. Für einige Zeit arbeitet er in einer Fabrik, um Geld zu verdienen und die Familie zu unterstützen. Als die Geschwister seine Hilfe nicht mehr brauchen, entscheidet er sich, „dem Ruf Gottes zu folgen" (ebd., Z. 1060), zieht nach C-Großstadt, tritt in ein Priesterseminar ein und nimmt das Studium der Theologie auf. Er erhält eine finanzielle Förderung, da seine Eltern wenig verdienen. Die Diskussionen in der Zeit des auch innerkirchlich spürbaren Aufbruchs der der 68er-Generation nachfolgenden Generation empfindet K als interessant und wichtig. Er ist Teil der antiautoritären Post-68er-Aufbruchsbewegung. Als sich K verliebt, beginnt eine längere Zeit des Nachdenkens darüber, ob er den Zölibat aus Überzeugung leben kann. K entscheidet sich schließlich gegen das Priesteramt, tritt aus dem Seminar aus und lebt mit seiner Partnerin zusammen. Er schließt das Theologiestudium mit dem Diplom ab und nimmt eine Anstellung an. Ein Stellenangebot des Bistums als Gemeindereferent lehnt er ab, denn er weiß, dass er als Gemeindereferent geringere Entscheidungsbefugnisse hat als ein Priester, möchte sich nicht unterordnen und beschließt, sich langfristig beruflich anders zu orientieren. Da ihm sein politisches bzw. sozialpolitisches Engagement und der Kampf für gesellschaftliche Veränderung wichtig ist, beginnt er ein Pädagogikstudium, das er als Möglichkeit sieht, sein politisches Engagement weiter zu verfolgen und etwas zu bewirken. Gleichzeitig arbeitet er in der Erwachsenenbildung. Das Studium beendet er rasch und arbeitet von da an in unterschiedlichen Arbeitsfeldern der Sozialen Arbeit bzw. Pädagogik. Wichtig ist ihm, dass er in seinen unterschiedlichen Arbeitsverhältnissen weitgehend autonom und nicht an staatliche Arbeitgeber gebunden ist. Selbstverwaltete Initiativen und Vereine, die Ks politischen Anspruch teilen, sind die Arbeitgeber seiner Wahl. K lebt in dieser Zeit zusammen mit seiner Partnerin in großen Wohngemeinschaften und kann sich auch finanziell auf die Unterstützung der Gemeinschaft verlassen. Er arbeitet halbtags in seinen jeweiligen Arbeitsverhältnissen, die andere Hälfte des Tages verwendet er auf sein persönliches (sozial)politisch-gesellschaftliches Engagement. Die Trennung von seiner Partnerin führt dazu, dass K in höherem Maße auch finanziell auf sich gestellt ist. Er sieht sich daher gezwungen, ein Arbeitsverhältnis anzunehmen, das mehr Sicherheit bietet als seine vorhergehenden Beschäftigungen. Er nimmt eine Beschäftigung als angestellter Religionslehrer beim Bistum in G-Mittelstadt an. Die Stelle ist auf einen geringen Zeitanteil angelegt, sie ist unbefristet und garantiert K finanzielle Sicherheit. Dort arbeitet K seit nunmehr vielen Jahren. Mit seiner Frau hat K eigene Kinder und zieht zwei Pflegekinder auf. Noch mehr materielle Mittel sind für den Unterhalt der Familie notwendig und es kommt ein weiteres Anstellungsverhältnis hinzu: eine Stelle an der Universität in G-Mittelstadt im Fachbereich Pädagogik. Sein Arbeitsvertrag ist befristet und hat mehrere Verlängerungen erfahren. Seit nunmehr vielen Jahren arbeitet K in zwei Berufen an Schule und Universität.

2.6.2 Generelle berufliche Selbstpräsentation

K präsentiert sich als jemand, der in beruflichen Kontexten arbeitet, die in ihren Logiken sehr unterschiedlich, sogar entgegengesetzt funktionieren und wenig Veränderungsoffenheit bzw. Flexibilität zeigen. Insbesondere zum Kontext Schule, in geringerem Maße zur Hochschule, nimmt K eine kritische Distanz ein. Die Schule beschreibt K als eine berufliche Landschaft, in der auf große Konformität Wert gelegt wird. Dadurch sind K und seine Kolleg*innen stark an die Vorgaben der Organisation gebunden und haben wenig Raum für individuelle Gestaltungswünsche. Auch ist die Schule als Arbeitsorganisation Ks Beschreibung nach auf Kolleg*innen mit einfachem Professionshintergrund ausgerichtet, da der zeitliche Rahmen mit dem festen Stundenplan, in dem die Lehrer*innen arbeiten, sehr eng ist und wenig Spielraum für jene Lehrer*innen lässt, die nicht nur als Lehrer*innen, sondern gleichzeitig auch noch im Rahmen eines anderen Arbeitsverhältnisses arbeiten, wie dies bei K der Fall ist. Implizit wird deutlich, dass sich K von beiden Arbeitskontexten (dies gilt insbesondere für die Schule, aber auch für die Universität) wünscht, dass sie mehr Offenheit für Arbeitnehmer*innen wie K bieten, die in zwei unterschiedlichen Arbeitsfeldern arbeiten. Auch erweist sich die Verschiedenheit von Schule und Hochschule für K als Vereinbarungs- und Aufwandsherausforderung, da die unterschiedliche Strukturiertheit beider Arbeitsplätze von K eine hohe Flexibilität erfordert bei gleichzeitig geringerem Freizeitanteil und geringerer Entlohnung im Vergleich zu den verbeamteten Kolleg*innen in Schule und Hochschule. K stellt auf logistisch-räumlicher und zeitlicher Ebene eine andere Form von Professionalität her als die, die seine einfach-beruflichen Kolleg*innen vertreten. Dies tut er, indem er täglich den Anforderungen beider Berufe Genüge leistet. K sieht sich berufskontextübergreifend als jemand, der sowohl im Arbeitsfeld Schule als auch in der Universität im Bereich Bildung arbeitet. Während es an der Schule die Schüler*innen sind, die er unterrichtet und denen er auf diese Weise Bildung zukommen lässt, sind es in der Hochschule die Studierenden. Beiden, Schüler*innen und Studierenden, vermittelt er Bildungsinhalte. Auf die Frage, wie er sich selbst vor seinen beruflichen Hintergründen jemandem gegenüber vorstellen würde, der ihn nicht kennt und wissen möchte, welcher Arbeit er nachgeht, antwortet K, er sähe sich als „Bildungsarbeiter" (ebd., Z. 331). Diese Selbstdarstellung gilt für K übergreifend und umfasst beide Tätigkeiten. Da K, worauf im Weiteren noch eingegangen werden wird, seine beiden Arbeitsfelder wie bereits erwähnt als sehr verschieden, sogar gegensätzlich beschreibt und diese Verschiedenheit als anstrengend zu empfinden scheint, ist es für ihn wichtig, in seiner Selbstdarstellung ein Element zu finden, das auf eine der wenigen Gemeinsamkeiten beider Berufskontexte verweist. Diese Gemeinsamkeit ist die Bildung, die er als seinen Arbeitsinhalt beschreibt. Er sieht sich als „Arbeiter" (ebd.) und spielt mit der Verwendung dieses Wortes auf eine soziale Schicht an. Da K die Schule als Arbeitsumfeld beschreibt, in dem die verbeamteten Lehrer*innen finanziell wie auch in anderer Hinsicht (Ansehen, Akzeptanz) eine privilegierte Position gegenüber den angestellten Lehrkräften einnähmen, lässt sich Ks Sicht auf das Arbeitsfeld Schule so beschreiben, dass ein Teil der dort Beschäftigten einer privilegierten, der andere Teil einer privilegienlosen Gruppe angehört. Bezieht man diesen Aspekt der Verwendung des Wortes „Arbeiter" (ebd.) durch K zur generellen Selbstbeschreibung ein, lässt sich die Bezeichnung so verstehen, dass K damit sagen könnte, dass er nicht zur privilegierten Beamtengruppe gehört, sondern zur Gruppe der Angestellten. Diese Angehörigen der zweiten Gruppe, und mit ihnen K, könnten, deutet man Ks Sicht entlang der Achse privilegierte versus privilegienlose Gruppe weiter, die Arbeitsbelastung aufgrund eines deutlich niedrigeren Gehalts (K rundet den durchschnittlichen Differenzbetrag zwischen den Lohngruppen der Beamt*innen und der Angestellten auf 1000 Euro (vgl. ebd., Z. 637) und anderer mit dieser Stellung verbundener Vorteile in den Vordergrund ihrer beruflichen Selbstsicht rücken und ihre Berufstätigkeit als von vergleichsweise großer bzw. größerer Arbeitsanstrengung geprägt sehen als die der privilegierten Kollegengruppe. Gleichzeitig gibt es deutlich weniger angestellte als verbeamtete Lehrkräfte an Ks Schule:

> „So, das heißt, wenn ich an der Schule sehe/ wäre das so, dass da/ ich bin nur angestellt. Die anderen sind alles Beamte. Aber es sind noch nicht mal/ ich vermute fünf bis acht Prozent an meiner Schule sind nur angestellt. Die anderen sind alles Beamte. So, das ist natürlich ein ganz anderes Verhältnis zur persönlichen Sicherheit im positiven wie im kritischen Sinne. Das heißt, ich bin dann ein für alle Mal Beamter des Bundeslandes und kann bis zum Lebensende fast alles machen, also habe eine Sicherheit." (ebd., Z. 126 - 131)

Da K an der Hochschule als Lehrbeauftragter für besondere Aufgaben eine vergleichsweise hohe wöchentliche Lehrverpflichtung hat und da die Lehre nach Ks Darstellung im seinem Arbeitskontext der pädagogischen Hochschule, an der K tätig ist, weniger Anerkennung genießt als die Forschung, könnte auch hier der Eindruck entstehen, dass in Ks Augen die Lehre der Arbeitsbereich innerhalb des Berufskontextes Hochschule ist, der mit einem Mehr an anstrengender, wenig wertgeschätzter Arbeit verbunden ist und dass daher jemand, der nur in der Lehre mit einem hohen Wochenstundenanteil arbeitet, vergleichsweise weniger anerkennungsbesetzte Arbeit leistet. Und da die Gratifikation geringer ist, ist die Arbeit Ks Gesamteindruck nach anstrengender.

2.6.3 Berufswunsch und Herkunftsfamilie

Da die Wahl, Theologe bzw. Priester zu werden, in Ks familiärer Herkunft verwurzelt ist, soll hier ein Überblick gegeben werden, vor welchem Hintergrund

Ks Berufswunsch und -wahl seines Erstberufs stattgefunden hat. Dazu soll Ks Familiensituation nachgezeichnet werden: Ks Herkunft ist unabhängig von seinem Erstberuf bedeutsam für K. Er hat eine starke Bindung zu seiner Familie, obwohl die Beziehung zu seinem Vater von Konflikten geprägt war und ist. Ks Familie kommt ursprünglich aus dem Osten Europas. Seine familiäre Herkunft ist der Ursprung seines Berufswunsch, Priester zu werden. Ks Mutter hatte den Wunsch, dass entweder K oder sein Bruder Priester werden würde. Da es für Ks Bruder, der als älterer und damit vorrangiger in der Geburtsfolge diesen Wunsch nach Familientradition eigentlich hätte erfüllen müssen, nicht möglich war, die Rolle des zukünftigen Priesters zu übernehmen, lag es aus Sicht von Ks Mutter an ihm, diesen Wunsch zu erfüllen:

> „I: Ein Sohn musste Priester werden?
> B: Mhm?
> I: Da waren wir gerade. Ein Sohn musste Priester werden.
> B: Ja. Bei meinem älteren Bruder hat es nicht geklappt und dann war ich der Nächste – aus Sicht meiner Mutter. (…) Also es war eher mütterlich. (…) Die ganze Familie stand dem Pfarrer nah (…)" (ebd., Z. 1056 - 1065)

K identifizierte sich früh damit, als Erwachsener Priester zu werden (vgl. ebd.). Er wird bereits von klein auf in eine halb ernst, halb ironisch gemeinte Rollenzuschreibung seiner späteren Berufsrolle als Priester eingebunden:

> „(…) und es gibt im Grunde/ in diesem katholischen Getto gab es Konkurrenz verschiedener Mütter, die das in ihrem Glauben gut finden, ihren Sohn zum Priestertum zu führen. (…) Und ich hab dummerweise als Kind auch gesagt, ich will Papst werden. Deswegen war mein Firmname sogar Pius sozusagen. Ganz furchtbar (lacht).
> I: Wurden Sie dann damit aufgezogen (lacht) irgendwie?
> B: Mischung, eine Mischung zwischen lächerlich machen und andere nahmen das, was ich wie/ der Priester oder die (unv.) nahmen das ernst. (…) Ja, also die haben im Grunde mich schon verbucht auf ihrer Seite als Priester sozusagen.
> I: Ach. Ach, das ist ja interessant. Die haben Sie dann schon als den kleinen Nachwuchs/
> B: Und so sozialisiert, ja." (ebd., Z. 1066 - 1082)

In dieser Rollenzuschreibung findet K als Kind trotz der Ambivalenz, von der sie geprägt ist, Sicherheit. Der spätere, für die Zukunft geplante Priesterberuf erscheint als feste, nicht hinterfragbare Vorgabe, die K umsetzen muss. Als Jugendlicher rebelliert K stärker als seine anderen Geschwister gegen die Autorität seiner Eltern wie auch des Priesters, die seinen Lebensweg über Ks Kopf hinweg bestimmen wollen:

„Das heißt, ich habe da eine relativ heile, glückliche Kindheit erlebt und natürlich der Widerstand gegen/ also Pubertät und Auflehnen kam dann auch gegen Kirche, aber die wurden natürlich gleich rigoros bekämpft. Meinetwegen wenn der Priester kam und hatte wieder keinen gefunden, bei der Beerdigung Messdiener zu machen, dann kam er zu uns, und da weiß ich noch, wie ich 15 war, habe ich gesagt: ,Mach ich nicht.' Und da gab es/ wurde ich dann von meinen Eltern gezwungen oder meiner Mutter. Und dann gab es nachher Ärger, wie ich denn – ich sag es mal überspitzt – dem Ruf Gottes nicht folgen kann und jetzt ist das mein Platz in Wirklichkeit." (ebd., Z. 1087 - 1093)

Es kommt zu zahlreichen Konflikten um Ks (berufliche) Zukunft und K selbst ist sich unsicher, was er – unabhängig von den Wünschen seiner Mutter – für sich möchte:

Aber ich habe auch mit 18 dann (…), also mit knapp 18 schon fertig und sehr unreif. Und ich bin dann in eine Fabrik arbeiten gegangen, um Geld zu verdienen, weil Geld war nicht da, und wusste nicht genau, was will ich eigentlich? Also ich war nicht sehr berufsreif. Es gab auch keine Berufsberatung, weil damals ja so war, jeder, der das/ was er studierte, wurde er auch." (ebd., Z. 1103 - 1109)

Nach erfolgreich abgelegtem Abitur beendet K seine Entscheidungsschwierigkeit zugunsten dessen, was er als Berufung empfindet: „(…) dann habe ich gesagt: ,Okay, jetzt ruft mich Gott' und bin dann nach C-Großstadt (pseudonymisiert) und habe da bei Herrn O (pseudonymisiert) studiert" (ebd., Z. 1111 f.). Dort tritt er ins Priesterseminar ein und beginnt ein Theologiestudium.

2.6.4 Ks politisches und soziales Engagement

Eng verbunden mit Ks Beruf, den er wie schon beschrieben als Berufung empfindet bzw. als Ruf Gottes (vgl. ebd.), ist seine politische Einstellung. Ks politische Haltung lässt sich so beschreiben: K steht seit seiner Jugend seinen Eltern und insbesondere seinem Vater kritisch hinsichtlich seiner Kriegsbeteiligung am Zweiten Weltkrieg und der Frage der Verantwortung für Krieg, Kriegsfolgen und Holocaust gegenüber.

„(…) und mit meinem Vater diese ganze Diskussion mit Antifaschismus sozusagen immer. Mein Vater war Pilot im Zweiten Weltkrieg und meine Mutter, die sind geflüchtet, vertrieben worden. Das heißt, die Migrationsgeschichte ist auch meine eigene, die (unv.) Getto. (…) Also mit meinen Eltern kam eben der Bruch und mit meinem Vater auch im Grunde: ,Was habt ihr im Krieg gemacht?' (ebd., Z. 1176 1184)

Also in Studentenzeiten, nach fünf Minuten gab es Ärger, weil ich wissen wollte, wie war das mit den Juden in L-Stadt (pseudonymisiert), A-Stadt (pseudonymisiert)? (…) Also da war die Distanzierung von meinen Eltern sozusagen, also Umbruch und Kampf im Grunde, ideologisch sozusagen: ‚Was habt ihr im Faschismus gemacht?'" (ebd., Z. 1192 - 1197)

Während seines Theologiestudiums wird er Teil der Nach-68er-Bewegung und hinterfragt die Vergangenheit der jungen Bundesrepublik auf post-faschistische Strukturen hin. Er sieht es als persönliche Aufgabe, an politischen Veränderungen zu arbeiten hin zu einem politisch verantwortungsvollen Umgang mit der Vergangenheit wie auch hin zu einem sozialen Miteinander, das von Werten getragen wird, die K und die Gemeinschaft seiner Freund*innen und Kommiliton*innen unterstützt. „Deswegen sehe ich mich heute noch als antifaschistisch" (ebd., Z. 1198 f.). Generell teilt er den Grundsatz, den er als Grundsatz seiner Generation der Nach-68er beschreibt: „Das Politische ist privat, das Private politisch" (ebd., Z. 209 f.). Dieser fordert ihn seiner Beschreibung nach zu einem steten Kampf für politische Veränderung auf. Gleichzeitig ist K damit so positioniert, sich in Opposition zu dem damaligen Establishment der Bürger*innen, die sich nicht in einer persönlichen Verantwortung für die Politik sehen, zu setzen. Auch heute noch begreift sich K als jemand, der die Haltung seiner Generation nicht aufgibt und das Spannungsverhältnis zu politisch anders Orientierten im Sinne der erwähnten nicht politisch engagierten Gruppen hinsichtlich seiner persönlichen politischen Haltung nicht aufzugeben, sondern aufrechtzuerhalten und durch eine anhaltende kritische Diskussion, die er zu jedem Zeitpunkt und mit allen Diskussionspartner*innen zu führen bereit ist, zum Ausdruck zu bringen. Insgesamt begreift sich K als kritischer Mensch, der seine Kritik an Missständen wie auch den aktuell existierenden Gegebenheiten ausspricht. Diese kritische Haltung hat er seit seiner Jugend beibehalten:

„Wie kommt das, dass so ein Land sozusagen auch Intellektuelle/ und deswegen ist das bis heute bei mir geblieben, dass ich immer kritisch gegenüber allem bin und sozusagen eine Grundkritik behalte." (ebd., Z. 1200 f.)

Ks kritische Haltung soll nicht nur die eigenen politischen Überzeugungen zum Ausdruck bringen, auf der Ks Selbstverständnis beruht, sondern auch Anstöße geben, die Veränderungen einleiten, ein anderes Leben weitab von den gewohnten Strukturen ermöglichen – und dies in Zusammenarbeit und Gemeinschaft mit Gleichgesinnten:

„Wir sind nach (unv.), haben ein Haus gekauft und das umgebaut und das dort im Kollektiv gelebt und (unv.) und das gibt eine unglaubliche Freiheit. Die vermisse ich heute. (…) Also in der Zeit habe ich/ Also wir haben (unv.) gegründet, wir haben

(Name einer Initiative) im Landkreis gegründet. Meine Ex, die hat auch nur halbtags gearbeitet. (…) Also wir haben im Grunde in diesem alten Anspruch eine eigene alternative Welt/ Wir haben fairen Handel, einen Dritte-Welt-Laden gehabt. Also wir haben im Grunde versucht, eine Gegenwelt (…)" (ebd., Z. 1288 - 1295)

Dort, wo eine Stimmung bzw. Verhältnisse herrschen, die von diesen Ideen der Veränderung nicht getragen sind, sondern die politischen Gegebenheiten akzeptieren, während diese in Ks Augen nicht akzeptabel sind, fasst es K als persönlich richtig auf, seine Haltung weiter zu verfolgen, auch in Konfrontation mit Andersdenkenden, und sich politisch zu engagieren.

> „Das ist meiner Meinung nach immer noch/ also heute, das bestätigt sich noch mehr und ich glaube auch, jetzt politisch, dass diese Gesellschaft sich nur ein/ also man reduziert es auf die Politiker. (…) Also ich bin politisch seit vielen Jahren aktiv (…). Ist halt frustrierend, wie wenig man erreicht. Aber ich glaube, also ein Spruch hieß damals, der Kapitalismus, also jetzt auch gegen dogmatische Marxisten, Kapitalismus ist nicht nur um uns, sondern in uns." (ebd., Z. 1304 - 1309)

K akzeptiert politisch andere Einstellungen im Bereich der politischen Mitte, beklagt jedoch, dass eine Diskussion darüber, was gut und richtig ist und wie das Zusammenleben aussehen sollte, im Vergleich zu seiner Studienzeit, die von einer diskussionsfreudigen politischen Aufbruchsstimmung getragen gewesen ist, fast gar nicht mehr innerhalb der Arbeitsstrukturen, in denen sich K befindet, geführt wird, obwohl dies angesichts der prekären Arbeitsbedingungen des universitären Mittelbaus notwendig wäre.

> „Das heißt, ein Drittel Prof, ein Drittel Mittelbau und Verwaltung, ein Drittel Studenten. Und jetzt haben wir eine Präsidialverfassung, die eben natürlich dann auch auf Profs baut. Das heißt jetzt, Präsidialverfassung setzt von oben nach unten dann auch auf Macht von Professoren. Und Mittelbau ist im Prekariat sozusagen abge-/ so, das halte ich, da ich ein politisch erzogener und immer noch denkender Mensch bin, für katastrophal, aber/ (…)" (ebd., Z. 115 - 119)

Der größere Teil von Ks Lehrerkolleg*innen verwendet wenig Energie auf die Reflexion der eigenen politischen und sozialen Positionierung und hat sich so eingerichtet, die bestehenden Verhältnisse im Arbeitsfeld Schule, auch wenn diese ihren Wertmaßstäben entsprechend ungerecht bzw. unrichtig sind, diskussions- bzw. widerspruchslos zu akzeptieren. Auch K muss feststellen, dass die Veränderungsmöglichkeiten beschränkt sind, gibt jedoch seine politisch positionierte kritische Haltung nicht auf und notiert die jeweiligen politischen Veränderungen im Feld Schule und Universität im Vergleich zueinander:

„Also da ist die Profession, sage ich mal, an der Uni so, dass ich permanent gucken muss. Prädoc, Postdoc und schnell Geld. An der/ Schule ist noch das alte Verhältnis. Wenn ich einmal verbeamtet wäre oder bin, ist ebenso, dann bin ich ewig drin, egal was passiert und so. Das ist natürlich von der/ also ich sage mal, die Lobbyvertreter von Lehrern sind viel stärker, besonders die von Philologen-Verbänden, weil die eben oft wahlentscheidend sind. Der Mittelbau, ehrlich gesagt, GW auf Bundesebene interessiert keine Sau. Also sozusagen. Das heißt, der gesellschaftliche Kampf um sozusagen nicht-prekäre Arbeitsverhältnisse ist natürlich dann in den Professionen sehr unterschiedlich dann." (ebd., Z. 93 - 100)

„Und das sieht man eben dann auch. Also ich glaube, dass das inzwischen die meisten jungen Nachwuchsleute das als gegeben hinnehmen. Und ich glaube auch, dass da wenig gewerkschaftlich/ also ich glaube, die GW macht das ziemlich gut auch und so. Und die haben wieder haben was versucht. Aber ich glaube, dass das eben die im Sinne neuer Verhältnisse/ dass eben sehr/ also die ganzen Verfassungen sind präsidial. Also ich komme noch aus einer Zeit, wo das anders war. Da gab es noch Drittelparität an Unis, was die meisten jungen Menschen gar nicht mehr kennen." (ebd., Z. 105 - 111)

Jedoch hat er als jüngerer Mann mehr Energie auf den Kampf für Veränderungen verwandt, während er jetzt der nachfolgenden Generation den Kampf überlassen möchte, wenn diese sich mit Missständen konfrontiert sieht, von denen es aus Ks Sicht noch immer zu viele gibt:

„Während das, wenn ich, sage ich mal, im Mittelbau in der Uni, sage ich mal, zeitgebundene Verträge habe, so. Das heißt, das sind Rahmenbedingungen, die finde ich katastrophal. Aber als relativ alter Mensch interessiert/ also ist das nicht mein Hauptinteresse, da zu kämpfen. Müssen/ muss Ihre Generation für kämpfen." (ebd., Z. 134 ff.)

Die Haltung seiner Kolleg*innen, die sich anpassen, teilt K generell nicht. K hält die Spannung der Haltungsunterschiedlichkeit zwischen den Kolleg*innen und sich selbst bewusst aufrecht, denn sie ist Teil seines Selbstverständnisses, für die eigenen Ideale ein Leben lang zu kämpfen. Der Spannungsaufrechterhalt hat seinen Preis: Er fordert Energie. Doch aktuell, da K bereits älter ist, engagiert er sich weniger, als dies vorher der Fall gewesen ist. Er überlässt jüngeren Kolleg*innen und so auch der Forscherin, die er mit einschließt, das Feld zum Kampf für bessere berufliche Rahmenbedingungen.

In jüngeren Jahren hat K die Hälfte seiner Zeit auf sein unbezahltes Engagement verwandt und die andere Hälfte der ihm zur Verfügung stehenden Zeit in unterschiedlichen Anstellungsverhältnissen gearbeitet. In seinem politischen wie sozialen Engagement scheint sich die Integrität wiederfinden zu lassen, die K in seinen so unterschiedlich angelegten Arbeitsfeldern, zu denen er sich nicht vollständig zugehörig fühlt, vermisst. Daher pflegt K mit seiner Bereitschaft zu politischem und sozialem Engagement ein Element, das Integrität repräsentiert und die Halbheit bzw. mangelnde Ganzheit seiner Anstellungsverhältnisse auffängt.

Ks pädagogische Haltung ordnet sich seiner politischen und sozialen Grundhaltung unter, denn sie ist nicht als in erster Linie pädagogische Haltung zu verstehen, sondern ist ihrerseits eine weitere Ausformung seiner Grundhaltung:

> „I: Da kommt auch ein bisschen der Pädagoge jetzt ins Spiel, wenn ich Sie da so sprechen höre.
> B: Gut Grund/ Nee, das ist eine Grundeinstellung." (ebd., Z. 263 - 266)

Teil seiner pädagogischen Überzeugung ist es, die wirklichen Bedürfnisse der Klient*innen wahrzunehmen und mit der pädagogischen Arbeit diese Bedürfnisse zu befriedigen. So sollte die pädagogische und auch die sozialarbeiterische Arbeit ein Gespür, eine Sensibilität für die wichtigen Bedarfslagen bzw. „Fragen" ihrer Klient*innen entwickeln und diese nicht mit dem Aufbau von quasi-perfekten Strukturen beantworten, sondern mit einer sozialarbeiterischen bzw. pädagogischen Arbeit, die die Belange der Adressat*innen wirklich wahrnimmt und beantwortet.

> „(…) also wenn man auf Sozialarbeit sieht/ also ich sage das mal überspitzt: Jeder Mensch sucht Glück und gelungene Kommunikationsstruktur mit Menschen und ich kann das bestorganisierte Heim haben mit super Übergaben (…) aber ich glaube nicht, dass/ Kinder, die suchen, entweder familienanalog oder alternative Beziehungssachen (…)." (ebd., Z. 243 - 247)

> „(…) ich finde das nicht falsch, professionell das super zu organisieren. Aber ich glaube nicht, dass das sozusagen äquivalent dazu ist, was die/ unsere Klienten oder Adressaten suchen. Das heißt, ich organisiere dann eine hoch perfektionierte/ Sozialarbeitssystem, aber ich glaube nicht, dass das die Antwort auf die wesentlichen Fragen ist (…) zu meinen, dass es die Antwort auf die Lebensfragen der Klienten ist, das bezweifle ich." (ebd., Z. 247 - 253)

Damit zeigt K, dass seine pädagogische Haltung von dem Wert getragen wird, den Menschen, mit denen man arbeitet, als solchen in seinem eigenen, unabhängigen So-Sein wahrzunehmen und auf ihn zu reagieren.

2.6.5 Berufliche Entwicklung: vom Eintritt ins Priesterseminar und dem Beginn des Theologiestudiums zur angestellten Lehrkraft für Religionslehre an der Schule und zum Lehrbeauftragten (LfbA) an der Universität

IN C-Großstadt trat K einem Priesterseminar bei und begann sein Theologiestudium. Er erhielt aufgrund der finanziell schlechten Situation seiner Familie eine Studienfinanzierung. Er lernte schnell, selbständig zu werden und für sich zu sorgen.

> „Aber ab dann war ich eben selbstständig auch, ne? Also ich habe 100 vom Modell gekriegt, also weil meine Eltern nicht genug Geld hatten. Ich habe da wirtschaftlich/ habe dann für mich selbst gesorgt, weil ja genug Kinder zu Hause waren. Also ich bin dann verzögert innerhalb von einer Woche selbständig geworden, weil ich im Grunde dann alles eigenständig gemacht habe." (ebd., Z. 1116 - 1120)

Es begann eine Phase des Aufbruchs und der Freiheit, die in vielen Fach- und Studiengebieten spürbar war, und K beteiligte sich an der offenen Diskussion um politische und soziale Probleme:

> „(…) und damals war ja die 68er-Diskussion, also war sehr, sehr offen und frei. Und so was habe ich dann, also diese Aufbruchsphase erlebt dann, auch innerkirchlich, und da war eben alles – von links bis rechts, das war richtig Aufbruchsphase. Aber da war auch alles möglich. Man hat also alles selbst gemacht." (ebd., Z. 1128 - 1131)

Als sich K verliebte, stand er vor einem weiteren Dilemma: Beruf oder Liebe. Denn der Zölibat erlaubt einem katholischen Priester keine Ehe. Nach Jahren der Entscheidungsschwierigkeiten gab er das Ziel, Priester zu werden, auf und verließ das Priesterseminar.

> „I: Und verliebt waren Sie die ganze Zeit und das hat nur gedauert, bis Sie/
> B: Ich habe zwei Jahre gebraucht, bis mir klar wurde, dass ich mich für die/
> I: Dass Sie sich dafür entscheiden.
> B: Ja." (ebd., Z. 1261 - 1264)

Im Bistum wurde K eine Anstellung als Gemeindereferent angeboten. Dies war eine Beschäftigung, der er ohne Priesterweihe hätte nachgehen können. Er lehnte ab, weil er nicht bereit war, die Autorität des Priesters, der in seiner Position über dem Gemeindereferenten stand, zu akzeptieren. K war die eigene Autonomie zu wichtig. Auch wollte er nicht Entscheidungsträgern in ranghöheren Positionen gehorchen, wenn er gute Argumente gegen deren Standpunkte und Meinungen hatte.

„Die haben mir angeboten, im gleichen Bistum Gemeindereferent zu werden, also gleich bezahlt und als Laie dort in der katholischen Kirche zu arbeiten. Das habe ich abgelehnt, weil ich die Autoritätskonflikte/ Dann war mir klar, in Kirche auf der Ebene kann und will ich nicht arbeiten.

I: Also die Autoritätskonflikte zwischen/

B: Priester und (…) hauptamtlichem Gemeindereferent." (ebd., Z. 1245 - 1249)

Da K im Arbeitsfeld Kirche, das sich ihm nach seinem Theologiediplom als mögliches Tätigkeitsfeld eröffnete, wenig Zukunfts- und Entwicklungsmöglichkeiten hatte, entschied er sich für die Aufnahme eines zweiten Studiums und wählte Pädagogik. Aus Ks Sicht ist ein enger Bezug zwischen Pädagogik und Politik vorhanden, auch ist er selbst stark politisch interessiert bzw. engagiert und hat daher ein Studium gewählt, das seinem Interesse entsprochen hat. Zudem schätzte er die damals herrschende Diskussionskultur wie auch den politischen Hintergrund des Fachbereichs, in den der von ihm gewählte Studiengang Pädagogik eingeordnet war.

„Und Pädagogik fand ich interessant, weil ich eben auch politisch sozialisiert war. Und wo ich damals studiert habe, war eben marxistischer Fachbereich. Und diese Auseinandersetzung zwischen theologisch-philosophischen Sachen und den anderen war eben sehr spannend. Und ich fand Pädagogik immer schon gut. Ich habe damals auch ganz viel im Bereich von katholischer Jugendverband/Behindertenarbeit gemacht (…) und habe da eben Modellprojekte gemacht, so mit Ferienkursen. Und das hat mich interessiert und dann habe ich eben Pädagogik gemacht, Diplompädagogik." (ebd., Z. 769 - 777)

Er studierte Pädagogik parallel zu seiner Arbeit in Form einer Halbtagsstelle. Diese Arbeitsstelle erlaubte es ihm, berufsbegleitend zu studieren. Zu arbeiten und zu studieren, fiel K leicht, und er war äußerst motiviert, sein Studium schnell zu beenden. Das Studium bot ihm die Möglichkeit, seine bereits vorhandenen Interessensgebiete zu vertiefen und seine Kurse nach eigener Einschätzung auszuwählen.

Nach Ende des Studiums arbeitete er in unterschiedlichen Arbeitsfeldern.

„(…) ich habe viel Erwachsenenbildung gemacht, Jugendbildung, überbetriebliche Ausbildung, politische Arbeit. Und ich habe in der Zeit auch viele Vereine mitgegründet." (ebd., Z. 224 f.)

Dabei war für ihn nicht wichtig, wie viel er verdiente. Sein Einkommen sollte für ein anspruchsloses und bescheidenes Leben seiner selbst und seiner Partnerin reichen, das wenig materielle Mittel erforderte.

„Mit meiner damaligen Lebens-/ also Ehefrau, weil wir eben nur so viel Geld zusammen erarbeiten wollten, dass wir gut überleben können, aber ansonsten politisch an der Basis was verändern wollten und das auch gemacht haben. So, das heißt, mein Lebensansatz ist ein ganz anderer als heute. Ich wollte nie ins Jugendamt, ich wollte nie Beamter werden, ich wollte nie wissenschaftliche Karriere machen, sondern (unv.) politischer Ansatz, das tun, was ich für richtig halte, und ansonsten war mir das egal – also ein ganz anderes Verständnis als die meisten Professionen heute haben." (ebd., Z. 203 - 209)

K lebte zu dieser Zeit in Wohngemeinschaften zusammen mit seiner damaligen Lebenspartnerin und politisch ähnlich orientierten Freund*innen und Bekannten. Diese Art von Leben erforderte geringe Ausgaben, da die Gemeinschaft sich als Gemeinschaft versorgte und sich die Kosten teilte. Auch trug die Gemeinschaft, so weit möglich, die Einzelnen finanziell mit. Neben seiner entlohnten Arbeit in den Anstellungsverhältnissen engagierte sich K parallel in verschiedenen sozialen Projekten und Initiativen. Die Hälfte seiner Zeit verwendete er auf die Arbeit innerhalb seiner entlohnten Anstellungen, die andere Hälfte auf sein unentgeltliches Engagement. K ging es nicht um die materiell-finanzielle Entlohnung seiner Arbeit, sondern um ihren immateriellen Wert, um die Veränderungen, die er mit einleitete, und die Arbeit, die er aufwendete für das Engagement rund um den Aufbau von sozialen Projekten, die Ideen zu verfolgen, die K mit anderen Gleichgesinnten oder allein erarbeitet hatte. Auch ging es ihm darum, insgesamt mit dem, was er tat – sei es entgeltlich oder unentgeltlich – für Werte wie soziale und politische Gerechtigkeit und eine auf Gleichheit beruhende Gesellschaft zu kämpfen und den Kampf für Veränderung Tag für Tag konkret umzusetzen und zu leben. Letztlich war die Unterscheidung in erwerbstätige Arbeit und ehrenamtliches Engagement für K nicht wichtig, denn in beiden Bereichen ging es ihm um die Arbeit für die von ihm vertretenen Werte. Ob dies entlohnt wurde oder unentgeltlich geschah, wurde erst später wichtig, als es K an Geld mangelte. Für einen langen Zeitraum funktionierte das Konzept halb/halb (je eine Hälfte der Arbeit innerhalb der Beschäftigungsverhältnisse und und die andere für dieder ehrenamtliche Arbeit). In dieser Zeit verfolgte K das Ziel, in seinen Beschäftigungsverhältnissen so lange zu arbeiten, so lange sie in Übereinstimmung mit seinen eigenen Werten standen und ähnliche oder gleiche Ziele verfolgten. Wenn dies aufgrund unterschiedlicher Entwicklungen nicht mehr möglich war, kündigte K und sah sich nach einer neuen Anstellung um. Wichtig und vorrangig war aus Ks Sicht stets, in Arbeitsstellen zu arbeiten, deren Umfeld von einer ähnlichen Werteorientierung getragen war wie der, die K hatte.

Als K sich von seiner damaligen Lebenspartnerin trennte, hatte die finanzielle Sicherheit, die die Paarbeziehung geboten hatte, ein Ende und er musste sich um eine Anstellung kümmern, die ihm ein sicheres und nicht allzu geringes Einkommen versprach. Da zu dieser Zeit Lehrer*innen auch ohne grundständige

Lehrerausbildung gesucht waren, erhielt K als Quereinsteiger eine Anstellung an der Schule als Lehrkraft für Religionslehre.

„(…) an die Schule kam ich also, weil ich in die Welt gucken musste. Wo kommt mehr Geld her? Habe ich eben danach geguckt, wo kann ich eine sichere Stelle/ und habe dann eben eine (…)-stelle im Religionsunterricht dann durch ein Bistum sozusagen Anstellung gemacht, um eine kleine Basis zu haben." (ebd., Z. 794 ff.)

Später kommt Ks Anstellung an der Hochschule hinzu. Ks Tätigkeitsbezeichnung lautet Lehrbeauftragter für besondere Aufgaben. Seine Anstellung an der Hochschule ist im Gegensatz zu seinem Anstellungsverhältnis als Lehrkraft befristet. Ks Arbeitsverträge wurden jeweils verlängert,

„(…) weil ich weder Lehrer bin noch/ an der Uni nennt man das Lehrbeauftragter für besondere Aufgaben: LfbA. Das sagt den Leuten draußen aber auch nichts." (ebd., Z. 339 f.)

„(…) war ich im Grunde wieder, um das so zu sagen, mit prekären Arbeitsbeschäftigungen (…) war ich im Grunde kurzfristig gefragt und musste dann im Grunde immer durch prekäre Beschäftigungsverhältnisse mich weiterarbeiten, was ich im Grunde/ was an Schulen natürlich anders ist." (ebd., Z. 48 ff.)

Die Zeitanteile beider Stellen ergeben ein Auskommen, von dem K und seine Familie, zu der K, dessen Frau, die eigenen Kinder und Pflegekinder gehören, leben können.

2.6.6 Die Arbeitsfelder Schule und Universität: „(…) weil ich permanent natürlich ein Wandler zwischen den Welten bin (…)" (ebd., Z. 368)

Ks Berufskontexte sind aus seiner Sicht eigene, abgegrenzte Arbeitsbereiche, die sehr unterschiedlich strukturiert sind. Sie verfolgen unterschiedliche Zielsetzungen und funktionieren nach jeweils verschiedenen Logiken. Diese Logiken des Funktionierens kennt K aus seiner langjährigen Arbeitserfahrung in beiden Feldern. Er beschreibt beide Arbeitsfelder als so sehr voneinander unterschieden, dass sie eigene „Welten" (ebd., Z. 914, 915) sind:

„(…) es gibt zum Beispiel zwischen den ganz jungen und denen da drüber, sage ich mal, bis zur Verbeamtung und denen, die fünf bis zehn Jahre/ sind, schon Welten. Und das geht immer so weiter. Das heißt, mein Bezug als älterer Mensch sozusagen und meine Kohorte zu den jungen ist, außer fachspezifisch, ist/ das sind Welten einfach. So, und das ist an der Uni ein Stück anders, glaube ich." (ebd., Z. 956 - 960)

Mit „Welten" (ebd.) verwendet K eine Metapher, die sowohl die Abgeschlossenheit wie auch die Autarkie beider Berufsfelder zum Ausdruck bringt: Die eine Welt besteht für sich, ohne die andere zu brauchen. Dementsprechend existieren auch die Berufskontexte Schule und Hochschule separat für sich, ohne einander zu brauchen, sich aufeinander zu beziehen, miteinander in Zusammenhang und Beziehung zu stehen und ohne Interesse an der jeweils anderen „Welt" (ebd.). Auch scheint die Welten-Metapher Ks zu transportieren, dass jede Welt aufgrund der ihr eigenen und speziellen Struktur eine Orientierung hin auf die Gegebenheiten dieser „Welt" (ebd.) notwendig macht, um sich in ihr zurechtzufinden. Der „Wandler zwischen den Welten" (ebd., Z. 368), als den sich K sieht, muss – um diesen Gedanken fortzuführen – weiß, wie er sich in der einen und der anderen Welt bewegen muss, auch wenn er – von seiner Eigenpositionierung her – „zwischen den Welten" (ebd.) steht. K bewegt sich also von der einen Welt, dem Arbeitskontext Schule mit ihren schulbezogenen Aufgaben und Zielen, in die andere Welt Hochschule und muss sich dort auf das jeweils andere Funktionieren und die jeweils anderen Zielsetzungen des Arbeitsfeldes, in denen er gerade ist, flexibel einstellen und die jeweils anstehenden Aufgaben bearbeiten. Im Arbeitsfeld Schule verfolgt er den wöchentlich feststehenden Stundenplan und setzt den Lehrplan um, der ihm vorgibt, welche Inhalte er den Schüler*innen welcher Jahrgangsstufe im Fach Religion vermitteln muss. Er arbeitet damit wie im Arbeitskontext Schule üblich das jeweils aktuelle Tagesgeschäft des Unterrichts und der damit in Zusammenhang stehenden Aufgaben ab.

„So das ist natürlich für Leute, die verbeamtet sind, zehn Jahre da sind und die um irgendein neues Curriculum feiern oder kämpfen oder G8 oder G9 oder Zwangsdelegation an andere Schulformen. Die haben andere Probleme, als grundsätzlich zu gucken, was soll meinetwegen/ wo soll sie mit der Schule hingehen? Also sie denken an morgen und übermorgen. Wo/(…)" (ebd., Z. 423 - 427)

Insgesamt scheint die Schule Ks Beschreibung nach in ihrer Zielsetzung konservativ darauf ausgerichtet, Tag für Tag innerhalb des festen Zeitrahmens des wöchentlichen Stundenplans und des auf ein Jahr angelegten Fachlehrplans Wissen zu vermitteln. Im Gegensatz zur Hochschule, an der K arbeitet, steht die Schule nicht in einer direkten Konkurrenz mit anderen Schulen. Die Hochschule dagegen muss sich aus Ks Sicht auf Bundesebene in direkter Konkurrenz mit anderen Hochschulen immer wieder neu profilieren. Auch ist die Hochschule aus Ks Sicht generell auf Innovation ausgerichtet, denn sie muss innerhalb von Akkreditierungszyklen ihre Forschungs- und Lehrinhalte grundsätzlich überdenken und sich immer wieder neu ausrichten, um nicht in einen Rhythmus der Reproduktion des Gleichen zu verfallen:

„Und es ändert sich auch schneller. Also ich denke, jede Akkreditierung ist wieder/ also ich stehe mehr als in einer Schule in Konkurrenz. Also eine Schule ist die praktische Konkurrenz. Wenn ich in großen Städten wäre/ genug Schüler zu bekommen, während hier im Umkreis ist das nicht unbedingt das große Problem dann. Da ist die Konkurrenz so nicht wie bei Uni, wo ich auf Landesebene eben gucken muss, dass ich so ein Profil entwickle, eine Eigenständigkeit oder Alleinstellungsmerkmal. Dass/ je mehr wissenschaftlich wir sind also (…)" (ebd., Z. 41 - 47)

Die Hochschule muss sich dagegen immer wieder neuen Themen widmen:

I: Verstehe. Akkreditierung haben Sie gesagt. Ich weiß gar nicht, was das heißt genau.
B: Alle fünf Jahre müssen die Studiengänge wieder mit außenstehenden Gutachten und Institutionen alles neu stricken: welche Inhalte, welche Zuschnitte.
I: Verstehe.
B: Welche Prüfungsform. So, das heißt, das ist neu im Sinne/ wahrscheinlich, das werden Sie später dann eben kennenlernen. Also dieser/ das ging davon aus, dass sozusagen man nicht möchte, dass man einschläft und ein Gleiches immer ewig weitermacht, sondern je nach aktuellen Rahmenbedingungen guckt. Was gibt der Markt her?
I: Genau. Verstehe.
B: Was muss man und so weiter. Also da praktisch die Unis strukturell gezwungen sind zu gucken, wie positioniert man sich. Und das muss auch in Absprache mit dem Land passieren. Dass man sich mit anderen Unis, wie zum Beispiel H-Stadt, abspricht, das auf Landesebene, wo man bestimmte Schwerpunkte hat. (ebd., Z. 58 75)

Während K im Arbeitskontext Schule mit seiner unbefristeten Anstellung eine vergleichsweise hohe Sicherheit hat, ist er an der Universität prekär beschäftigt, muss sich also immer wieder um Verlängerungen seines Arbeitsvertrags bemühen und dafür Projekte initiieren oder weiterführen, da über die bewilligten Projektmittel auch Personalkosten getragen werden.

Den prekären Verhältnissen an Hochschulen generell steht K kritisch gegenüber. K ist der Meinung, dass sie von Positionen abgelöst werden sollten, die unbefristet sind und finanzielle Sicherheit bieten.

„(…) weil es ziemlicher Unsinn, (unv.) politisch, 1000 Juniorprofessoren in Deutschland/ zu meinen, das beendet das Elend des prekären Mittelbaus, das ist Unsinn. Aber man lügt sich auch in die Tasche wie in dieser Gesellschaft auch. Sie selbst vielleicht sozusagen/ man hofft dabei zu sein." (ebd., Z. 840 ff.)

Im Gegensatz zu seinen Kolleg*innen aus Schule und Hochschule sucht K die Nähe zu Klient*innen bzw. sieht es als wichtig für eine gelungene Pädagogik, die örtliche Nähe zu den Menschen zu haben, mit denen man arbeitet:

> „Es wohnt noch kaum jemand in dem Ort, wo er arbeitet. Das ist auch meine alte Zeit. Ich habe überhaupt kein Problem. Ich bin deswegen auch aufs Land gegangen, um mit Menschen zu leben, mit denen ich auch arbeite oder umgedreht. Also ich finde das sogar gut. Ich habe das gesucht. Fast alle, die ich eben sowohl im schulischen wie universitären Umfeld/ ich finde das nicht unbedingt gut. Man will die Leute, denen man Bildung beibringt, eigentlich nicht im Supermarkt, im Biomarkt oder in der Kneipe treffen. So, das heißt/ das ist eine bestimmte Art." (ebd., Z. 476 - 481)

Das Arbeiten in zwei unterschiedlichen Berufsfeldern stellt K vor Herausforderungen der Vereinbarkeit beider Arbeitsstellen mit ihren jeweiligen Anforderungen. Beide Kontexte haben ihre eigenen Logiken, die festlegen, wie sich der Urlaub strukturiert: in der Schule sind die Ferien über die Schulferienregelung festgelegt, im Kontext Hochschule steht K ein bestimmtes Maß an Urlaubstagen zur Verfügung. Wenn im Kontext Schule Schulferien sind, heißt das für K nicht, dass er Urlaub hat.

> „Das heißt meinetwegen, wenn zum Beispiel in L-Bundesland die Uniferien, Uni, die vorlesungsfreie Zeit und die Schulferien nicht zusammenpassen, bekomme ich als etikettierter Lehrer: ‚Mensch jetzt hast du aber sechs Wochen Urlaub.' Aber ich sage: ‚Nein, ich habe nur zwei, weil die passen leider nicht anders zusammen."' (ebd., Z. 347 ff.)

Insgesamt bedeutet das, dass K die Privilegien seiner Lehrerkolleg*innen einer hohen Anzahl an Urlaubstagen, die aufgrund der Schulferien unterrichtsfrei sind, nicht zur Verfügung stehen. Auch müssen Konferenz- und Besprechungstermine der jeweiligen Arbeitsfelder koordiniert werden. Läuft die Koordination nicht wie erwartet, geht das zulasten von Ks freier Zeit. Für K steht fest, dass er aufgrund der von ihm geforderten hohen Flexibilität in seiner Zeitgestaltung weiß, dass er zwei Berufe in zwei Arbeitsfeldern nur deshalb vereinbaren kann, weil sich beide Berufskontexte in derselben Stadt befinden. Hätte K zusätzlich noch lange Arbeitswege zwischen den beiden Arbeitsorten und seinem Zuhause zurückzulegen, wäre eine zweifache Beruflichkeit aus zeitlichen Gründen nicht möglich. Finanziell sieht sich K schlechtergestellt als seine verbeamteten Kolleg*innen in Schule und Hochschule, deren Entlohnung um etwa 1000 Euro höher ist als Ks Monatsverdienst (vgl. ebd., Z. 637).

2.6.7 Der Konflikt um den Blick auf K: Wie wird er von seinen Arbeitskontexten gesehen vs. wie möchte er gesehen werden?

K fühlt sich sowohl im Arbeitskontext Schule als auch an der Hochschule in einer bestimmten wertenden Weise gesehen. Der Blick, der jeweils auf ihn gerichtet wird, nimmt eine Unterscheidung zwischen K und den anderen Kolleg*innen vor, da K nicht wie seine anderen Kolleg*innen in einem Arbeitsfeld arbeitet, also nicht nur Lehrer oder nur Hochschuldozent ist, sondern in zwei unterschiedlichen Arbeitsfeldern tätig ist und sowohl als Lehrer als auch als Hochschullehrbeauftragter arbeitet. Je nach Arbeitsfeld richtet sich ein anderer Blick vonseiten der Kolleg*innen und Vorgesetzten auf K. Dieser ist aus Ks Sicht mit einer jeweils verschiedenen, entgegengesetzten Hauptzuschreibung an Ks „besondere Beruflichkeit" verbunden. In der Hochschule „gilt" K „als Mann der Praxis" (ebd., Z. 27 f.), während er in der Schule als „Theoretiker" (ebd., Z. 28 f.) firmiert:

> „Und ansonsten gelte ich hier, das kann man auch schon sagen, zu diesem Übergang. Da ich keinen Doktor habe, bin ich trotzdem, weil ich (…) ein Doktor sine qua non, wie der Lateiner sagt, wäre. Aber da ich eher/ also hier gelte ich eher als Mann der Praxis. Und das kann man/ in der Schule mache ich eben katholische Religionslehre mit einer Drittelstelle. Und da gelte ich als Theoretiker sozusagen. Das ist auch interessant: die Etikettierung von außen." (ebd., Z. 23 - 29)

Die Zuschreibungen sind so gelagert, dass er über das jeweils andere Berufsfeld, in dem er zusätzlich arbeitet, definiert wird: Die Hochschule mit ihrer – wie K es beschreibt – theoretischen Grundausrichtung und Zielsetzung definiert ihn über den der eigenen Ausrichtung entgegengesetzten Pol, über die Praxis, und scheint ihn damit als Lehrer, nicht jedoch als Dozenten festzuschreiben. Die Schule verfährt in Ks Augen entsprechend und weist ihm die Platzierung des Theoretikers zu und schließt ihn damit aus seiner Sicht von der Hauptausrichtung, die Schule in Ks Augen verfolgt, der praktischen Tätigkeit des Unterrichtens, aus. So scheint jede der Arbeitswelten, in denen K angestellt ist, ein Bild von ihm zu entwickeln, das über ein exkludierendes Zuschreibungskriterium funktioniert. Aus Ks Sicht ist die Perspektive seiner jeweiligen Arbeitskontexte auf ihn so geartet, dass sie ihren Blick auf ihn so ausrichten, dass sie ihn als eher zugehörig zu dem jeweils anderen Arbeitsfeld begreift, nicht jedoch zu sich und den eigenen Aufgaben und Zielsetzungen.

> „(…) ich bin nie vollidentifiziert in Sicht/ in der Wahrnehmung der anderen. Sondern ich bin auch noch woanders beschäftigt. So, und das ist/ wird prinzipiell nicht/ also meine Wahrnehmung, es wird nicht als Bereicherung gesehen, sondern es wird etikettiert. Also sozusagen Uni/ müssen wir jetzt noch eine Untersuchung mehr machen? Oder das heißt, alles, was dort von meiner Seite eher als Anregung käme, kommt im Alltag als Kritik an (…)" (ebd., Z. 370 - 374)

Auch scheint dieser Blick, den K vonseiten seiner Arbeitsumfelder auf sich gerichtet fühlt, ihn an einem Normalitätsbild zu messen, das die Tätigkeit in einem Berufsfeld innerhalb eines Tätigkeitsprofils als normal, das Arbeiten in zwei Berufsfeldern mit zwei Tätigkeitsprofilen dagegen als nicht normal positioniert. Diese Außensicht auf K – wie K sie beschreibt – steht nicht mit Ks Selbstsicht in Einklang. Er empfindet seine beiden Berufshintergründe und Ausbildungen als Bereicherung und als mögliche gegenseitige Ergänzung. Beide Ausbildungs- bzw. Studienhintergründe – Theologie und Pädagogik – haben ihm ein großes Maß an Wissen zu Themen beschert, die er für allgemein wertvoll und wichtig hält. Die Bereicherung, die er in seinen Augen dadurch erfahren hat, dass er zwei Ausbildungen abgeschlossen hat und in zwei unterschiedlichen Berufskontexten arbeitet und die er als Bereicherung versteht, die nicht nur ein Reichtum ist, den er selbst, K, sich aus seiner subjektiven Sicht zuschreibt, sondern der auch objektiv wahrnehmbar sein sollte, wird ihm von seinen Arbeitskontexten abgesprochen bzw. sie wird als solche nicht wahrgenommen. Vielmehr wird sein Zweifach-tätig-Sein in Ks Augen als etwas interpretiert, was am Maß der Normalität des Einfach-tätig-Seins gemessen wird und dieser nicht entspricht. Seine Berufskontexte Schule und Hochschule empfindet (wie bereits beschrieben) er als jeweils für sich existierende und sprechende „Welten"(ebd., Z. 480), die in seinen Augen wenig offen sind für andere „Welten"(ebd.) und sich vor allem auf ihre eigenen Logiken, Aufgaben, Zielsetzungen und Orientierungen ausrichten.

> „Aber ansonsten sind das eben Welten, meiner Wahrnehmung nach Welten dann, gerade Schule und Uni.
> I: Die sich schwer vereinbaren lassen.
> B: Ja. Zumindest in den individuellen Berufsbiografien von Menschen dann." (ebd., Z. 480 - 485)

Auch nehmen sie einen auf diese Orientierungen hin ausgerichteten festen Standpunkt ein, dessen Berechtigung nicht durch eine Diskussion, wie sie Ks kritischer „Grundeinstellung" (ebd., Z. 253) entspricht, überprüfbar ist, sondern unhinterfragt feststeht. Demgegenüber steht Ks andere Perspektive, die sich aus zwei Berufskontexten und Ks Wunsch zusammensetzt, durch argumentierende und kritische Diskussion eine Veränderung auch hinsichtlich der von ihm so erfahrenen Statik der jeweiligen Perspektiven seiner Umfelder herbeizuführen oder lediglich eine kritikoffene Perspektive des Gegenübers. Im Vergleich zum Arbeitsbereich Schule scheint das Berufsfeld Universität insgesamt offener für Neues:

> „Also ich habe/ also man hat im Mittelbau relativ eine relative groß/ im Unterschied zur Schule, wo curriculare Vorgaben stärker sind, kann ich eben hier mehr mitbestimmen, auch sozusagen bei Akkreditierung. Man kann also/ wird zumindest

wahrgenommen und kann relativ klar was eingeben, obwohl an strukturellen Rahmenbedingungen kann man natürlich auch nicht viel ändern dann.

I: Verstehe. Aber in der Universität hat man noch ein bisschen mehr Freiheit dann."

B: Ein bisschen mehr Freiheit, genau. Genau." (ebd., Z. 33 - 41)

Insgesamt sind die Standpunkte seiner Berufskontexte aus Ks Sicht mit einer Perspektive verbunden, die sich in ihrem Blick auf K richtet und das Mehr an Erfahrung und Wissen, das sich K aufgrund seiner zwei Ausbildungs- bzw. Studienhintergründe zuschreibt und das er gestützt von den Erfahrungen in seinen zwei Berufskontexten mitbringt, nicht als ein Mehr sieht. Auch hat K den Eindruck, dass die Perspektive seiner jeweiligen Berufskontexte insgesamt keinen übergeordneten, über die eigene „Welt" hinaus ausgerichteten Blick einnimmt bzw. einzunehmen bereit ist. Schule beschäftigt sich nur und ausschließlich mit schulischen Belangen, Hochschule nur mit universitären, und so erscheinen die Welten in ihrer Selbstausgerichtetheit so gefestigt, dass eine Öffnung der jeweiligen Perspektiven wenig im Bereich des Möglichen zu liegen scheint. Eine solche Öffnung wünscht sich K, um sich völlig zugehörig zu fühlen. Für K als jemand, der innerhalb beider „Welten" arbeitet und die enggeführte Perspektive beider wahrnimmt, während diese selbst sich der Perspektivausrichtung, die K ihnen zuschreibt, nicht gewahr sind, bleibt nur der Weg des „Wandlers zwischen den Welten" (ebd., Z. 368), was bedeutet, dass K sich im Berufskontext Schule wie auch im Berufskontext Universität mit all den Zuschreibungen konfrontiert sieht, die ihn nicht vollständig „sehen", da sie von dem jeweils anderen Berufsfeld, in dem K auch arbeitet, nichts wissen. Im von K als zu eng empfundenen Blick seiner Arbeitskontexte fühlt sich K aufgrund seiner Tätigkeit in zwei Berufsfeldern, durch die er sich von seinen Kolleg*innen unterscheidet, „etikettiert" (ebd., Z. 371). Seine zweifachen Hintergründe wie auch sein zweifaches Tätigsein wird nicht – wie K es für sich sieht – als Bereicherung wahrgenommen:

> „So, und das ist/ wird prinzipiell nicht/ also meine Wahrnehmung, es wird nicht als Bereicherung gesehen, sondern es wird etikettiert." (ebd., Z. 371 ff.)

K erhält also eine Zuschreibung, die ihn vom Rest seines Berufsumfeldes in einer für ihn nicht gewünschten Weise trennt (vgl. dazu die vorher beschriebenen Ausführungen zum Theoretiker und Praktiker, als der K in seinen Umfeldern gilt). K wünscht sich, von seinen Arbeitsumfeldern nicht in einer Weise gesehen zu werden, die ihn auf etwas reduziert, das die Ganzheit seines beruflichen Selbst nicht zu sehen bereit ist. K fühlt sich weder als Theoretiker noch als Praktiker, vielmehr ist seine entlohnte Arbeit in Hochschule und Schule wie auch sein privates Engagement in seinen Augen immer Ausdruck seiner Haltung und seiner Bereitschaft, für wertherstellende bzw. -bewahrende Veränderung zu kämpfen. Für diesen Kampf im Sinne einer beständigen, nachhaltigen Arbeit an der Vorantreibung der von ihm als Wert betrachteten Ziele ist K in seinen Augen ebenso praktisch wie theoretisch orientiert. Auch ist K seiner eigenen Überzeugung nach so ausgerichtet, dass seine Arbeit sich an Werten ausrichtet, die sich nicht direkt in Gesetzen und Verordnungen abbilden lassen. An diesen Werten gilt es, sich zu orientieren, und im Einvernehmen mit ihnen und ausgerichtet auf die Bedürfnisse der Adressat*innen von Sozialer Arbeit gilt es zu arbeiten, ohne dabei die eigene Arbeit in erster Linie dahingehend zu hinterfragen, ob sie praktisch oder theoretisch ausgerichtet ist. Erste Priorität für K ist die Wertorientierung seiner Arbeit, und wie sich diese dann positionieren lässt (im Sinne einer Einteilung in entweder praktisch oder theoretisch), ist nachrangig. Mit anderen Worten fühlt sich K, wenn er als „Theoretiker" (ebd., Z. 23 ff.) oder als „Mann der Praxis"(ebd.) wahrgenommen wird, gleichermaßen missverstanden, bezogen auf die Grundanliegen, die er an seine Arbeit richtet. Beides, theoretische Reflexion und praktische Tätigkeit im Sinne eines Umsetzens der Ergebnisse seiner theoretischen Reflexion, ist für ihn selbstverständlich, da er sich selbst in einer Weise sieht, die den Horizont seiner beiden Berufswelten überschreitet.

Auch seine nicht kollegialen Umfelder, also Freund*innen und Bekannte, die wenig über seine beiden Tätigkeiten wissen,, können sich unter Ks zweifacher Beruflichkeit wenig vorstellen und den Bezug, den K sich wünschen würde und der auf einem aus eigener Erfahrung geteilten Verständnis aufbauen würde, gibt es nicht:

> „I: Und wenn Sie jetzt an Ihre Arbeit denken, was lässt Sie sich da zugehörig fühlen, gerade jetzt auch vor diesem Hintergrund, der nicht ganz einfach ist manchmal?
> B: Also ich finde nette Kollegen und also offene Leute/ Auf der kommunikativen und emotionalen Ebene finde ich das gut. Da fühle ich mich wohl und ich bin auch, glaube ich, näher/ also da in den Kollegen (hin?), denen ich arbeite, bin ich auch wohl toleriert oder sogar akzeptiert. Aber immer ein sozusagen/ dass ich auf zwei Hochzeiten tanze sozusagen, ist in der Wahrnehmung von anderen, die das nicht tun/ ich muss denen dann auch nicht dauernd erklären. Aber das ist nicht nachvollziehbar für die anderen, weil das in ihrer Lebenswelt nicht vorkommt. Die tanzen vielleicht zwischen ihrem Privaten und dem Beruflichen hin und her und das ist schon genug." (ebd., Z. 487 - 496)

Damit steht K in einem Spannungsfeld der Perspektivungleichheit zwischen Eigenperspektive und dem Außenblick, den K auf sich gerichtet sieht bzw. zwischen dem Wunsch, in einer gewissen Weise gesehen zu werden, und dem Gefühl, nicht wunschgemäß gesehen zu werden. Das Spannungsverhältnis begründet sich außerdem durch Ks Wunsch nach Perspektivgleichheitvon Außen- und Selbstsicht bzw. Perspektivwechselfähigkeit seiner Umfelder. Aufgrund dieses Spannungsverhältnisses, das sich als wenig auflösbar darstellt, fühlt sich K nicht voll zu seinen jeweiligen Arbeitskontexten zugehörig, denn dafür bräuchte er einen anderen Blick, den das Außen seiner Berufsfelder auf ihn richtet. K spricht davon, dass er nicht „voll identifiziert" sei, und dieser Vollidentifikation, die hier als Zugehörigkeit verstanden wird, liegt für K der Blick des Außens zugrunde. Würde sich dieser Blick füllen mit all dem, was K aus seiner Sicht auch ist, würde er sich voll zugehörig fühlen.

> „Ich bin nie voll identifiziert in Sicht/ in der Wahrnehmung der anderen, sondern ich bin auch noch woanders beschäftigt." (ebd., Z. 369 f.)

Die Außensicht auf ihn ist aus Ks Perspektive jedoch so angelegt, dass er nicht als voll zugehörig betrachtet wird und daher auch nicht als jemand wahrgenommen wird, der „voll identifiziert" (ebd., Z. 354) ist, der also vom Arbeitsfeld Schule nur als Lehrer gesehen wird bzw. vom Arbeitsfeld Hochschule nur als Kollege, der im Bereich Wissenschaft arbeitet. Tatsächlich ist K ja auch in zwei Berufsfeldern tätig, wünscht sich aber, so wahrgenommen zu werden, dass er über das jeweilige Feld, in dem er gerade arbeitet, „identifiziert" (ebd.) wird. Wäre dies der Fall, dann könnte er sich als „voll identifiziert" (ebd.) wahrnehmen. K steht damit in einem intrapersonalen Spannungsfeld zwischen der Wahrnehmung, die er von außen auf sich gerichtet fühlt, und dem Wunsch, diese Wahrnehmung von außen möge eine andere sein. So scheint es, als könnte sich K dann zugehörig fühlen, wenn er – so wie seine einfach-beruflichen Kolleg*innen – nur Lehrer oder nur Hochschullehrer wäre. Mit anderen Worten hat auch K an sich selbst die Erwartung/Zuschreibung, dass das „monoprofessionelle" Arbeiten die Norm ist, der er entsprechen möchte, aber nicht entsprechen kann. Der Wunsch an die Arbeitsfelder, als jemand wahrgenommen zu werden, der nur zu einem der beiden Felder gehört und damit voll zugehörig wäre, ist damit implizit auch Ausdruck von Ks eigener Einstellung, nicht dem Normalitätsmaß, wenn er im Gegensatz zu seinen Kolleg*innen in zwei Arbeitsbereichen arbeitet, zu entsprechen. Diese Einstellung sieht K im Außen und nimmt sie als Außenzuschreibung wahr, der er unterliegt.

Doch nicht nur von außen gibt es eine Norm: die des In-einem-Arbeitsfeld-beschäftigt-Seins, also nur als Lehrer oder nur als Lehrbeauftragter zu arbeiten, mit der sich K konfrontiert sieht. Auch K selbst sieht es als normal an, den Beruf, den man einmal ergriffen hat, weiterzuführen im Sinne einer Festlegung, die, einmal vorgenommen, immer gelten soll:

> „(…) dass ich sozusagen immer noch in Vorstellung habe, was auch legitim ist, von alten Verhältnissen: einmal Lehrer, immer Lehrer, einmal Uni, immer Uni." (ebd., Z. 545 f.)

2.6.8 Zusammenfassung Fallporträt Herr K

Herr K ist gleichzeitig in den Arbeitsfeldern Schule und Hochschule beschäftigt. Beide Arbeitskontexte beschreibt K als sehr unterschiedlich in ihrem Funktionieren und in den Zielen, die jeweils verfolgt werden. Während die Schule nach Ks Beschreibung in ihrer Ausrichtung konservativ ist und Aufgaben (Lehrplan, das alltägliche Unterrichtsgeschäft etc.) bearbeitet, die sich zyklisch wiederholen, strebt die Hochschule nach Innovation und ist auf die Neuerschließung von Forschungsgebieten und Erkenntnisgewinn ausgerichtet. Auch ist K in Schule und Hochschule jeweils anders beschäftigt: An der Schule hat er eine unbefristete und sichere Stelle, an der Hochschule dagegen ist er befristet angestellt und hat keine Sicherheit. Dies bedeutet für ihn, dass er im Arbeitsfeld Schule dem sich wiederholenden Arbeitsablauf folgen kann, ohne weitere Vorkehrungen treffen zu müssen, die seine Stelle absichern würden. An der Hochschule dagegen muss sich K an der Suche nach neuen Themen, aus denen Forschungsprojekte entstehen können, beteiligen, um seine Anstellung zu sichern:

> „War ich im Grunde kurzfristig gefragt und musste dann im Grunde immer durch prekäre Beschäftigungsverhältnisse mich weiterarbeiten, was ich im Grunde/ was an Schulen natürlich anders ist." (ebd., Z. 50 ff.).

K hat ein genaues Verständnis davon, was die jeweiligen Tätigkeiten an Schule und Hochschule ausmacht. Auch besteht ein klares Bild davon, dass er sich aufgrund seines zweifachen Berufshintergrunds und seiner Tätigkeit in zwei Arbeitsfeldern von Kolleg*innen unterscheidet, die einen einfachen Berufshintergrund haben und in einem Arbeitsfeld arbeiten. Herr K beschreibt sich als „Bildungsarbeiter" (ebd., Z. 331) und weist damit den Arbeitsfeldern einen übergeordneten Wert zu. Denn Bildung ist, wie sich gezeigt hat, in Ks Augen ein hoher Wert, der sowohl im Kontext Schule als auch im Kontext Hochschule zur Aufgabe wird, die bearbeitet werden muss. Damit unterscheidet er sich von seinen einfach-professionellen Kolleg*innen, die sich, wie K es ausdrückt, anders „konstruieren". Deren Selbstkonstruktionen nehmen auf ein Arbeitsfeld Bezug und greifen die dort verfolgten Werte auf. Ein Lehrerkollege, der Physik unterrichtet, würde sich nach Herrn Ks Darstellung als kenntnisreicher Fachlehrer darstellen unter Bezugnahme auf den (einen) Wissensbestand seiner Disziplin. Herr K dagegen sieht in den Wissensbeständen seiner Fächer (Theologie und Pädagogik) weniger abgegrenzte Wissensbereiche als vielmehr fachübergreifende Diskurse, die stets neu besprochen werden müssen. Dies sollte in Ks Augen unabhängig davon geschehen, welche Grenzen die Professionen Theologie und Pädagogik zu ihrer gegenseitigen Abgrenzung etabliert haben. In Ks Augen ist Wissen weniger ein fester Bestand als vielmehr ein fluides Immer-wieder-neu-Hinterfragen und -Unterscheiden von Fakten und Meinungen. Herr K stellt so auf der inhaltlichen

Ebene eine andere Art von Professionalität her. Diese unterscheidet sich von der seiner einfach-professionellen Kolleg*innen dahingehend, dass bestehende Grenzen zum Beispiel hinsichtlich der Wissensbestände überschritten werden. Auch auf Ebene der sinnhaften Selbstkonstruktion stellt K seine eigene Form von Professionalität her. Diese lässt sich als Transprofessionalität fassen, da er ein arbeitsfeldübergreifendes, die jeweiligen Arbeitsfelder überschreitendes Selbstbild entwickelt. Dies geschieht auch dadurch, dass er sich als Bearbeiter des Wertes Bildung sieht, der arbeitsfeldübergreifend Bezug auf Ks Tätigkeit nimmt. Ks Professionalität ist auf einer Metaebene angelegt und weist Herrn K als jemanden aus, der weder ganz zum Arbeitsfeld Schule noch ganz zur Hochschule gehört. Vielmehr stellt sich K als jemand dar, der sich zwar in Bezugnahme auf beide Arbeitsfelder sieht, sich jedoch gleichzeitig auf einer Ebene verortet, die beiden Arbeitsfeldern übergeordnet ist.

K befindet sich in einer Auseinandersetzung darum, wie man ihn in seinen Arbeitsfeldern sieht und wie er gesehen werden möchte. Er fühlt sich wie schon beschrieben „etikettiert", denn er unterscheidet sich hinsichtlich seiner doppelten Beruflichkeit von seinen Kolleg*innen und hat den Eindruck, dass es der Konformitätsdruck insbesondere im Arbeitsfeld Schule erfordert, seinen Kolleg*innen in allen Punkten zu gleichen. Da K in zwei Arbeitsfeldern, seine Kolleg*innen jedoch in einem Arbeitsfeld tätig sind, besteht ein Unterschied zwischen K und seinen Kolleg*innen, der dem empfundenen Gleichheitswunsch zuwiderläuft. K arbeitet gleichzeitig in beiden Arbeitsfeldern und muss auf zeitlicher und räumlicher Ebene eine andere Art von Professionalität als seine Kolleg*innen, die nur an Schule oder Hochschule arbeiten, herstellen. Insbesondere bei Ferien- und Urlaubsregelungen beider Arbeitsfelder wie auch bei festen Terminen ist die zeitliche Verzahnung von Schule und Hochschule herausfordernd. Da die Arbeitsorte nicht allzu weit voneinander entfernt sind, gelingt auf der räumlich-logistischen Ebene die Herstellung seiner Form von Professionalität reibungsloser. Von seinen Kolleg*innen erhält K Zuschreibungen, die das jeweils andere Arbeitsfeld fokussieren. Dies veranlasst K dazu, sich ausgeschlossen zu fühlen. Während K seine doppelte Beruflichkeit als Ressource sieht und er wünscht, auch seine Umfelder teilten seine Sicht, sehen seine Kolleg*innen, wie K es beschreibt, seine Tätigkeit in zwei Berufsfeldern als etwas nicht der Norm Entsprechendes an. Betrachtet man den von K so beschriebenen subtilen Konformitätsanspruch auf sozial-emotionaler Ebene, der von K nicht erfüllt werden kann, zeigt sich, dass K aufgefordert ist, auch auf sozio-emotionaler Ebene Transprofessionalität herzustellen. Dies geschieht, indem K sich gefühlsmäßig wie sozial von der Sicht seiner Kolleg*innen auf ihn abgrenzt und eine andere Sicht auf sich herstellt. Während ihn seine Kolleg*innen in der Hochschule als „Mann der Praxis" (ebd., Z. 27) sehen und ihn die Lehrerkolleg*innen K als „Theoretiker" (ebd., Z. 28) verstehen, sieht sich K gleichermaßen als praktisch wie theoretisch bezogen und versteht sich in seinem Selbstbild als jemand, der die Grenzziehung zwischen beiden Bereichen als wenig sinnvoll auffasst und sein Selbstverständnis von Theorie- wie Praxisbezug nutzt, um Schüler*innen und Studierenden Bildungsinhalte zu vermitteln. Mit anderen Worten stellt K auch auf der sozio-emotionalen Ebene, eng verbunden mit der Ebene der sinnhaften Selbstkonstruktion, Transprofessionalität her, weil er in der Auseinandersetzung mit seinen Kolleg*innen ein entgrenzendes Selbstbild entwirft und aufrechterhält, das sich von den sozial-emotionalen Bezogenheiten seiner Kolleg*innen unterscheidet, die im Gegensatz zu K wenig politisch engagiert sind und kritisch ihre Arbeitsumgebung in den Blick nehmen. Ks sinnhafte Selbstkonstruktion ist so angelegt, dass K sich als jemand versteht, der einen Wert bearbeitet (Bildung), den er beiden Berufsfeldern zuordnet. Damit stellt K eine für ihn sinnhafte Verbindung zwischen beiden Feldern her, die die getrennten „Welten" Schule und Hochschule überschreitet und damit auch das jeweilige Selbstverständnis von Lehrer*innen und Hochschullehrer*innen als Angehörige einer Arbeitswelt – und nicht zweier Arbeitswelten. Er deutet bzw. versteht auf der sinnhaften Ebene der Selbstkonstruktion den ideellen Arbeitsinhalt anders als seine einfach-professionellen Lehrer- und Hochschulkolleg*innen, die nach Ks Darstellung ihre Tätigkeit als arbeitsfeldgebunden und nicht diesem ideell übergeordnet beschreiben und vom Unterricht (Arbeitsfeld Schule) oder der Forschung (Arbeitsfeld Hochschule) sprechen würden ohne beiden zentralen Arbeitsinhalten einen zusätzlichen Wertebezug zuzusprechen. Auch versteht sich K auf der sinnhaften Ebene als jemand, dem die örtliche Nähe zu den Klient*innen wichtig ist, während seine Kolleg*innen eher auf eine Distanz zwischen dem Arbeitsleben, in dem sie mit Schüler*innen bzw. Studierenden arbeiten, und ihrem Privatleben aufbauen und auf privater Ebene nicht die Nähe zu denjenigen, mit denen sie arbeiten, suchen.

Insgesamt wird die Hervorbringung von Ks Transprofessionalität von Konflikten flankiert, die wie bereits im Abschnitt zur Konflikthaftigkeit um das Gesehen-Werden beschrieben um die Frage kreisen, was K innerhalb welchen Arbeitskontextes gilt. Die Anerkennung, die sich K wünscht, erhält er nicht in dem Maße, wie er es sich wünscht. Einige der Konflikte finden im Außen statt. Es gibt jedoch auch Konflikte, die K mit sich selbst hat, denn er beschreibt, dass auch er der Meinung ist, dass es so sein soll, dass man einen Beruf lebensbegleitend ausübt, nicht jedoch zwei oder mehr Berufe. Zwei Berufe auszuüben, verstößt gegen Ks eigene Integritätsvorstellungen. In ihm existiert das subtile Bild davon, dass es eine Norm gibt, die eingehalten werden soll und gegen die er, wenn er zwei Berufe ausübt, verstößt. Entlang dieser Konfliktlinie im Außen und Innen bildet K seine eigene Form von Transprofessionalität aus.

3. Fallporträt Herr T (früher Sozialpädagoge / jetzt Lehrer)

3.1 Kontaktaufnahme

Der Kontakt zu T kam über einen Kollegen der Forscherin zustande. Dieser kannte jemanden, der in die von der Forscherin gesuchte Gruppe passte. Der Bekannte, T, hatte in eine Weitergabe seiner Daten durch den Kollegen der Forscherin an die Forscherin eingewilligt und war bereit, sich interviewen zu lassen. In einem kurzen E-Mail-Wechsel kamen die Forscherin und T rasch über Zeit und Ort des Interviewgesprächs überein.

3.2 Interviewsituation

Das Interview fand am frühen Nachmittag in Ts Wohnung in S-Großstadt statt. Es gab eine freundliche Begrüßung zwischen der Forscherin und T. Beide verstanden sich von Anfang an gut und entsprechend war der Kontakt zwischen T und der Forscherin freundlich, sogar freundschaftlich. T sprach viel von H (pseudonymisiert), der Kontaktperson, die die Forscherin mit T bekanntgemacht hatte. Die Forscherin hatte T außerdem über ihren Berufshintergrund informiert und T wusste, dass die Forscherin so wie T jetzt früher als Lehrerin gearbeitet hatte. Beides – der gemeinsame Kontakt und das gemeinsame Berufsfeld – stellten eine unmittelbare Nähe her. Auch hatte T die Forscherin ganz selbstverständlich schon in den E-Mails geduzt und diese hatte das Du gern aufgenommen. Etwa eine Viertelstunde sprachen T und die Forscherin über die genannten Gemeinsamkeiten, T wirkte insgesamt sehr erfreut, wenn auch erschöpft und – wie die Forscherin aufgrund eigener Erfahrungen aus ihrer Zeit als Lehrerin vermutete – gestresst vom Unterrichtsvormittag und noch immer in einer Verfassung des Unter-Druck-agieren-Müssens und als warteten noch weitere anstrengende Herausforderungen auf T, zwischen denen er einen Raum der Ruhe zu schaffen versucht hatte.. Zum Forschungsvorhaben erklärte die Forscherin im Anschluss noch kurz etwas, T stellte keine Nachfragen, er schien zufrieden mit dem, was er bereits über die Forscherin wusste, und startete in einer kollegial-partnerschaftlichen Stimmung bereitwillig in das Interview.

3.3 Rollenverhandlung in der Interviewsituation

Das Interview mit T war das erste Interview der Forscherin. Insbesondere zu Beginn des Interviews war die Forscherin aufgeregt-besorgt um die „richtige" Interviewführung. Umso mehr erleichterte sie die unkomplizierte, offene Art, mit der T ihr begegnete. Während des Interviews, dessen Beginn sich erstaunlich mühelos gestaltete, beschäftigte die Forscherin die Frage nach dem Altersunterschied zwischen T und ihr selbst. Dieser war zwar nicht groß, stellte jedoch eine Differenz bei den zunächst überwiegenden Gemeinsamkeiten, insbesondere der gemeinsame berufliche Hintergrund, zwischen T und der Forscherin dar. Die Forscherin fragte sich außerdem, wie alt sie T erschiene oder ob T vermutete, dass sie in etwa gleich alt wären. Angesichts des sehr kollegialen, verbindenden und freundschaftlichen Beginns, mit dem die Forscherin in dieser Intensität nicht gerechnet hatte, verschafften ihr diese Fragen ein wenig Distanz zu der befragten Person. Doch nicht nur die Forscherin war angespannt, sondern auch T, der zum einen gestresst wirkte, zum anderen aber eine positive, hohe Bereitschaft zeigte, sich mit der Forscherin und ihrem Forschungsvorhaben zu beschäftigen. Das Interview fand in Ts Wohnzimmer statt, einem großen Raum im Erdgeschoss mit Fenstertür, die sich zu einem Garten öffnete. Es war T, wie die Forscherin an dem freundlich-kollegialen Miteinander ablesen konnte, wichtig, sein Selbstbild authentisch und ohne übertriebene Positiv- oder Negativ-Darstellungen so moderat und realitätsnah wie möglich zu zeichnen im Vertrauen darauf, dass die Forscherin einen Hintergrund hatte, der dem seinen ähnlich und vor dem bereits eine Verständnisbasis vorhanden war, die es T ermöglichte, auch Nuancen und Seiten seines Selbstbildes zu kommunizieren, die mit einer anders gearteten Interviewsituation und einer anderen Ansprechpartnerin vielleicht nicht ansprechbar gewesen wären.

3.4 Struktur des Interviewverlaufs

Die Forscherin und T kamen ohne lange Verhandlungen ins Gespräch. In einem kurzen, positiven Vorgespräch zeigte sich T sehr interessiert an dem Dissertationsprojekt der Forscherin. Die durch die gemeinsame Kontaktperson entstandene Nähe machte einen schnellen, unkomplizierten Einstieg möglich. T antwortete zügig und ging auf Nachfragen ein, die er detailliert beantwortete. In der zweiten Hälfte des Interviews gab es eine kurze Unterbrechung durch Ts Frau. Währenddessen blieb das Aufnahmegerät eingeschaltet. Das Interview wurde ohne Unterbrechung der Aufnahme flüssig fortgeführt und dauerte insgesamt etwas länger als eine Stunde.

3.5   Kodierung und Bearbeitung des Materials

Dem Transkript liegt eine Audiodatei, die eine Dauer von einer Stunde und sieben Minuten hat, zugrunde. Der gesamte Transkripttext wurde in acht Sequenzen unterteilt, die durchnummeriert wurden. Die Einteilung der Sequenzen ist wie bei den vorherigen Interviews zum einen an Gesprächsmarkern des „Gestaltschließungszwangs" (Schütze 1977 und 1984), die das Ende eines Sinnabschnitts anzeigen, orientiert. Zum anderen nehmen die Sequenzen Bezug auf die Frage- und Themenkomplexe des Interviewleitfadens.

3.6   Darstellung Fallporträt Herr T

3.6.1   Basisdaten

Als Jugendlicher engagierte sich T langjährig in der kirchlichen Jugendarbeit. Die dort gesammelten Erfahrungen legten es nahe, sich beruflich im sozialen Bereich und in der Arbeit mit Kindern und Jugendlichen zu orientieren. T absolvierte die soziale FOS, schloss mit dem Fachabitur ab und studierte in A-Großstadt an einer kirchlichen Hochschule Soziale Arbeit. Studienbegleitend arbeitete er in einer Grundschule. Nach Ende des Studiums war T in den ambulanten Erziehungshilfen tätig und legte bei dieser Beschäftigung wie geplant den Fokus auf die Arbeit mit jungen Menschen. Da ihn die Arbeit als Sozialpädagoge nicht in dem Maße erfüllte, wie er es sich wünschte, und da ihn der gesellschaftliche Status, den er als Sozialpädagoge hatte, unbefriedigt ließ, entschied er sich für die Aufnahme des Studiums des Lehramts an Mittelschulen. T arbeitete studienbegleitend in einem hohen zeitlichen Umfang. Nach Abschluss des Studiums absolvierte T die zweijährige Lehrerausbildung, das Referendariat. Im zweiten Jahr der Ausbildung übernahm T eine fünfte Klasse. Nach der Ausbildung bekam T an der Mittelschule eine Stelle. Die übernommene Klasse führte er in der sechsten und siebten Jahrgangsstufe weiter. Zum Zeitpunkt des Interviews befindet sich T zu Beginn seiner Berufstätigkeit als Lehrer und unterrichtet seine Klasse als Klassenleiter in der siebten Jahrgangsstufe.

3.6.2   Generelle berufliche Selbstpräsentation

T ist nicht gleichzeitig als Sozialpädagoge und Lehrer tätig, er war früher Sozialpädagoge und ist jetzt Lehrer. Er versteht sich nicht als typischen Lehrer. Er sieht sich als jemand, den der frühere Sozialpädagogenberuf auch während seiner Arbeit als Lehrer weiterhin bestimmt bzw. prägt. Damit ist er, obwohl er nicht mehr als Sozialpädagoge arbeitet, gewissermaßen gleichzeitig Lehrer und auch zusätzlich

Sozialpädagoge. Insgesamt versteht er sich als jemand, der mit Kindern und Jugendlichen arbeitet und diese erzieht. Ihm ist es wichtig, Wissensinhalte zu vermitteln, doch ebenso wichtig oder vielleicht sogar noch wichtiger ist T der soziale Aspekt bzw. die sozialen Aspekte des Lehrer-Seins. Bei ihm steht der Umgang mit und die Beziehung zu den Schüler*innen im Mittelpunkt. Umgang und Beziehung möchte er aufbauen und pflegen, um ein für beide Seiten (Schüler*innen und Lehrer*innen) angenehmes und wertvolles Miteinander zu schaffen. Auch interessiert er sich für seine Schüler*innen nicht nur hinsichtlich dessen, wie sie sich während des Unterrichts zeigen, vielmehr legt er Wert darauf, einen Blick auf sie zu haben, der ihren familiären Hintergrund einbezieht, und zu verstehen, warum es Probleme wie zum Beispiel Disziplinschwierigkeiten und Auffälligkeiten gibt. Dieser Blick erweitert sich bewusst über den Fokus auf Unterricht, Leistungsmessung und -bewertung hinaus zu einer Konzentration auf die ganze Person der Schüler*innen. T ist bereit, viel Engagement auf die Arbeit mit den Schüler*innen und ihren Eltern zu verwenden. Dieses Engagement darf zeitliche Ressourcen beanspruchen. T investiert bewusst und gern Zeit in die Elternarbeit und in die Arbeit mit außerunterrichtlichen Arbeitsgruppen (wie zum Beispiel Schüler-AG oder Angeboten zur Berufsorientierung), bei denen er sich zusätzlich pädagogisch für seine Schüler*innen einsetzt und ihnen damit helfen möchte, familiäre Schwierigkeiten, eigene Probleme etc. zu bearbeiten. Dies möchte er verwirklichen, indem er Räume für die Schüler*innen schafft, die einen pädagogischen Umgang und ein Miteinander außerhalb des Unterrichts ermöglichen. Dieses außerunterrichtliche Engagement hält T für wichtig, weil hier nicht vorrangig die Leistungs- oder Verhaltensbewertung der Schüler*innen im Mittelpunkt steht. Stattdessen soll eine andere Art „bewertungsfreier" Pädagogik Inhalte zu wichtigen Fragen (z. B.: Wie orientiere ich mich beruflich? Wie gehe ich gut mit Konflikten um?) vermitteln. Auch sieht sich T als junger Lehrer, der sich noch nicht völlig in das Lehrerkollegium eingegliedert hat und dem mitunter vermittelt wird, er sei noch zu sehr Sozialpädagoge und zu wenig Lehrer. Welche Rolle er innerhalb seines Kollegiums einnehmen möchte, steht für ihn noch nicht fest, da er ambivalent ist bezüglich der Frage, wie autoritativ oder demokratisch er hinsichtlich seiner Erziehungshaltung ist. So ist er einerseits sehr an der Person seiner Schüler*innen interessiert und würde am liebsten harmonisch und konfliktfrei mit ihnen umgehen, stellt jedoch fest, dass er autoritärer sein muss, als er sein möchte. Sobald er im Unterricht auf Konflikte stößt, kann er es nicht vermeiden, autoritativ und direktiv vorzugehen. Die Rollenschwierigkeit zwischen Lehrer- und Sozialpädagogenrolle reflektiert T als sein Thema.

3.6.3 Motivik für die Wahl von Erst- und Zweitberuf, Herkunftsfamilie und Umgang zwischen Eltern und Kindern, frühes soziales Engagement

Für T ist die Wahl des Lehrerberufs zu einem großen Teil dadurch motiviert, dass sein Vater ebenfalls Lehrer gewesen ist. Diesem Vorbild folgt T in der Wahl seines zweiten Berufs. T beschreibt seine Familie als „sehr liberal" (ITS Herr T, Z. 571) und diese Liberalität drückt sich insbesondere in der erzieherischen Haltung der Eltern und ihrem Umgang mit den Kindern aus. „Liberal" (ebd.) ist so zu verstehen, dass die Einstellung von Ts Eltern zur Erziehung ihrer Kinder nicht autoritär, sondern demokratisch ausgerichtet gewesen ist. Sie ist nicht mit einem „Laissez-faire" (ebd., Z. 572) zu verwechseln, das auf eine gewisse Beliebigkeit hindeutet. Der Umgang zwischen Eltern und Kindern ist von einem Mit-einander gekennzeichnet gewesen, das den Kindern Rechte zugesteht und Aushandlungen wie auch Diskussionen zulässt, ohne diese von vornherein zu entwerten oder gar zu verbieten. T sagt von seinem Vater, er sei „keine große Autorität" (ebd., Z. 830) gewesen und meint damit nicht, dass er seinen Vater nicht respektiert habe. Vielmehr verdichtet sich die Bedeutung, die der Vater für T hat, in einem liberalen und nicht autoritären Gegenüber, das T Raum lässt. T nennt seinen Vater seinen „großen Ansprechpartner" (ebd., Z. 830 f.). Ts Vater ist für T also jemand, dem sich T anvertrauen kann und den er um Rat fragen kann. T spricht davon, ein „sehr symbolisches Verhältnis" (ebd., Z. 831) zu seinem Vater zu haben und meint damit, dass sein Vater etwas symbolisiere bzw. figuriere, das für T wichtig und wegweisend ist:

> „Ich hab, also mein Vater ist keine große Autorität. Also / das / ist mein großer Ansprechpartner. ich hab ein sehr symbolisches Verhältnis zu meinem Vater (…)" (ebd., Z. 830 f.)

Bereits als Jugendlicher engagiert sich T ehrenamtlich in der kirchlichen Jugendarbeit (vgl. ebd., Z. 10 f.). So begleitet er Kinder und Jugendliche bei Zeltlagern (vgl. ebd.) bzw. führt Jugendgruppen als Kursleiter (vgl. ebd., Z. 17):

> „B: Also wie hab ich angefangen? Also ich hab soziale FOS gemacht, da mein Fachabitur gemacht und ich komm vor allem auch aus der kirchlichen Jugendarbeit und hab schon früh an Zeltlagern teilgenommen und mit Kindern eben gearbeitet. Und da war dann sehr naheliegend, Sozialpädagogik äh äh zu studieren.
> I: Mhm.
> B: Ähm. War auch Kursleiter beim BDKJ relativ viel und hab als Konflikttrainer auch bei der Diözese gearbeitet." (ebd., Z. 11 - 19)

Er ist also an die Arbeit mit Kindern und Jugendlichen gewöhnt und begreift sein Ehrenamt als etwas Wertvolles, das ganz selbstverständlich zu ihm passt und zu ihm gehört. Er absolviert die soziale Fachoberschule und macht sein Fachabitur. Die Entscheidung für ein Sozialarbeitsstudium beschreibt T als „naheliegend" (ebd., Z. 14). Das Studium ist die logische Fortsetzung seines ehrenamtlichen Engagements, über das sich T selbst als Jugendlicher zu verstehen und begreifen lernt, denn T „kommt vor allem aus der kirchlichen Jugendarbeit" (ebd., Z. 12), hat also einen Ausgangspunkt, der ihm zeigt, wohin er gehört. Erst mit diesem Ausgangspunkt ist ein Weg möglich und der Weg führt T zunächst in die Nähe dessen, was er bereits aus seinem ehrenamtlichen Engagement kennt. T bewirbt sich für das Studium der Sozialen Arbeit an einer privaten Hochschule. Diesen Weg geht T ohne große und zeitlich umfängliche Überlegungen, es gibt für T keine Entscheidungsschwierigkeiten. Dass T aus dem Ehrenamt und der kirchlichen Jugendarbeit kommt, ermöglicht ihm auch die Aufnahme an eine private Hochschule, deren Zulassungsbedingungen als vergleichsweise hoch gelten. Seine ehrenamtlichen Erfahrungen sind nicht nur die eigene Entscheidungsgrundlage für die Aufnahme des Studiums, sondern gleichzeitig auch die für T wirksam gewordenen Aufnahmebedingungen, denn ohne Ehrenamt hätte T möglicherweise keinen Studienplatz bekommen. T sagt von seinem Sozialarbeitsstudium, es habe ihm „gleich Spaß gemacht und es deckte viele Bereiche ab" (ebd., Z. 26 f.).

3.6.4 Gründe für den Berufswechsel: „(...) in der Arbeit ein bisschen was gefehlt (...)" (ebd., Z. 37)

T schildert das Arbeitsfeld der Sozialen Arbeit als weiten und offenen Arbeitsbereich, in dem man „vieles machen kann" (ebd., Z. 39). Doch die große Offenheit erfordert eine Fokussierung und diese liegt für T auf „Jugend und Kinder" (ebd., Z. 37). Dieser Fokus begleitet T seit seines ehrenamtlichen Engagements in der kirchlichen Jugendarbeit. T arbeitet nach Abschluss seines Sozialpädagogik-Studiums in den Ambulanten Erziehungshilfen (AEH). Doch die Tätigkeit dort lässt ihn unerfüllt, es gibt etwas, das ihm fehlt (vgl. ebd., Z. 39). Auch sucht T etwas, was ihm „ein bisschen mehr gibt und ein bisschen mehr Spaß macht" (ebd., Z. 41). Darin schwingt mit, dass ihm die Freude an der Arbeit bei der AEH fehlt, es also einige frustrierende Seiten an der Arbeit gibt, die sich nicht ohne Weiteres zum Positiven verändern lassen. Darunter fällt die vergleichsweise geringe Autonomie, die er als Sozialpädagoge im Vergleich zu seiner Tätigkeit als Lehrer gehabt hat, Konflikte im Team, die lange Dauer der Fallbearbeitung und die geringen Erfolgserlebnisse.

„Also auch in der AEH war's dann so, da gab's dann auch teaminterne Konflikte und da war das alles ein bisschen zäh und es ging irgendwie nicht vorwärts und auch die Frustration. Also du betreust da Familien, da schaffst ... bei zehn Prozent schaffst einen Erfolg, bei 60 Prozent schaffst eine Stagnation und 20 Prozent kriegst nicht, die fallen trotzdem runter." (ebd., Z. 400 - 404)

Darüber hinaus gibt es drei weitere Gründe für einen Wechsel: T möchte zum einen inhaltlich „mehr in die Tiefe gehen" (ebd., Z. 47). Dies ist im Sozialarbeitsstudium nicht in dem Umfang möglich gewesen, wie es für T wünschenswert gewesen wäre. Das Lehramtsstudium dagegen bietet ihm die Möglichkeit, Politik als Hauptfach zu studieren (vgl. ebd., Z. 46, 124 f.). Diese vertiefte Beschäftigung mit einem Fachgebiet, das T interessiert, ist richtig und wichtig für ihn. Zweitens sagt T von sich, dass er aus „einer absoluten Lehrerfamilie" (ebd., Z. 125) komme und daher die Überlegung nahegelegen habe, selbst auch Lehrer zu werden. Drittens ist es die „gesellschaftliche Anerkennung" (ebd., Z. 131), die ihm als Sozialpädagoge fehlt, die er als Lehrer aber bekommt. T wünscht sich einen Beruf, dessen Status und Verdienst höher ist als beim Sozialpädagogen-Beruf, den er vorher ausgeübt hat (vgl. ebd.). Nach einiger Zeit der Überlegung ist für T klar, dass sich das Lehramt anbietet (vgl. ebd., Z. 42 f.). Offen ist zunächst noch, welches Lehramt T wählen möchte. Zur Auswahl steht das Lehramt für Förderschulen und das Lehramt für Mittelschulen. Die Wahl fällt auf das Lehramt an Mittelschulen, denn aus Ts Sicht ist diese Schulform die für ihn am besten geeignete, auch wenn ihm im Lehramt Förderschule mehr Studienleistungen anerkannt worden wären (ebd., vgl. Z. 41):

> „Und dann hab ich mir nochmal Gedanken gemacht, was denn noch was sein könnte, was mir im Studium als auch später beruflich vielleicht noch ein bisschen mehr gibt oder ein bisschen mehr Spaß macht, und da hat sich dann Lehramt angeboten und da hab ich mich dann entscheiden müssen, welchen … ja, welche Schulform. Und da dachte ich, wäre Mittelschule am passgenauesten. War auch eine lange Diskussion, ob ich dann Förderschule mach. Da hätten sie mir dann auch mehr anerkannt. Und so bin ich dann eben zum Lehramtsstudium gekommen, weil man dann auch noch mal – Politik hab ich dann als Hauptfach gehabt – noch mal in die Tiefe gehen konnte, was mir so auch mal Spaß gemacht hat. Genau. Und dann hab ich nach dem Abschluss des Diploms Lehramt studiert mit den Fächern Politik, Didaktik Deutsch, Geschichte und Sport, dann mein REF gemacht (…)" (ebd., Z. 39 - 49)

Der Lehrerberuf erlaubt es T, die Arbeit mit Kindern und Jugendlichen weiterhin ins Zentrum seiner beruflichen Tätigkeit zu stellen, so wie das auch in seiner Arbeit bei den Ambulanten Erziehungshilfen der Fall gewesen ist und so wie T es aus seiner Zeit der ehrenamtlichen Tätigkeit als Jugendlicher gekannt hat.

3.6.5 Der Weg vom Sozialpädagogen zum Lehrer

T entscheidet sich nach Abschluss seines Diploms und seiner Berufstätigkeit in einer Hilfeform der Sozialen Arbeit bei einem großen Träger der Sozialen Arbeit für die Aufnahme eines Lehramtsstudiums (vgl. ebd., Z. 48). Nach dem Studium beginnt T die Lehramtsausbildung, das „REF" (ebd., Z. 83). Er unterrichtet in einer Mittelschule und hat die Verantwortung für eine fünfte Klasse, die er später – nach Abschluss der zweijährigen Ausbildung mit dem zweiten Staatsexamen – als siebte Klasse weiterführt. Seine Schüler*innen sind in seinen Augen „durchaus ein schwieriges Klientel" (ebd., Z. 86), aber über die Zeit des sich gegenseitigen Kennens ist eine Nähe entstanden, die T „viel gibt" (ebd., Z. 85), denn er hat das Gefühl, an seinen Schüler*innen „dran zu sein" (ebd.), und das wünscht sich T. Aber der Berufseinstieg und die Lehrerausbildung sind eine harte Zeit für T. Er erfährt mit seinem Seminarlehrer eine Autorität, die sich nicht hinterfragen lässt und der sich T unterordnen muss (vgl. ebd., Z. 744 ff.). Einen solchen Umgang ist T aus seiner Familie nicht gewohnt, denn dort ist ihm und seiner Schwester viel Freiheit zugestanden worden und an eine von Macht geprägte Hierarchie, die ein klares Oben und Unten vorstrukturiert, ist er nicht gewöhnt. T beginnt mit Stolz auf seine sozialpädagogische Berufserfahrung die Lehrerausbildung:

> „(…) ich bin da reingegangen und ich hab fünf Jahre im sozialpädagogischen Bereich gearbeitet mit Härtefällen und ich bin da reingegangen und ich bin ein erwachsener Mann, der (…) Berufserfahrung hat und wir sind jetzt in einem Seminar unter Gleichgesinnten, wo man jetzt das Lehrerhandwerk lernt, wo man Hilfe kriegt und dann am Schluss halt Lehrer ist im besten Fall." (ebd., Z. 746 ff.)

Es fällt T schwer, das Hierarchiegefälle zwischen sich und seinem Ausbilder wie auch dessen Führungsstil zu akzeptieren. Ein Lern- und Anpassungsprozess beginnt, der von Ts Wunsch, Erfolg zu haben und eine gute Note zu erhalten, getragen und motiviert wird.

Auch erkennt T, dass es insgesamt eine höhere Autoritätsorientierung im Arbeitsbereich Schule gibt als im Bereich der Sozialen Arbeit und dass diese von seiner Seite als Tatsache akzeptiert werden sollte, da sie außerhalb von Ts Veränderungsmöglichkeiten liegt. Auch hat die Autoritätsorientierung im Bereich Schule nicht direkt mit ihm zu tun, sondern ist arbeitsbereichsgegeben. In dieser Autoritätsorientierung liegt aus Ts Sicht die Differenz zwischen dem Arbeitsbereich der Sozialen Arbeit und dem der Schule. Diese Unterschiedlichkeit hat in der Zeit seiner Lehrerausbildung ein Umlernen und einen Anpassungsprozess für T erforderlich gemacht:

> „(…) und weil es auch ein ganz anderes Profil ist. Schule ist ja schon, da gibt's schon noch mal andere Autoritäten als es im sozialpädagogischen Bereich, wo es ja wenig sind, später dann. Aber in der Zeit gab's ganz klare Autoritäten." (ebd., Z. 788 ff.)

3.6.6 Lehrer-Sein vs. der Sozialpädagoge – Vor- und Nachteile, Anforderungsprofile, Typisierungen der differenten Berufsgruppen; Lehrer- und Sozialpädagoge-Sein vor dem Hintergrund von Ts Persönlichkeit

T betrachtet den Lehrer- und den Sozialpädagogen-Beruf trotz der von ihm auch wahrgenommenen Gemeinsamkeiten (beide fokussieren die Erziehung von jungen Menschen) unter dem Blickwinkel ihrer Unterschiedlichkeit. Seiner Erfahrung nach befindet man sich als Lehrer*in beruflich in einem System, das hierarchisch-autoritär geprägt ist und ein höheres Maß an persönlicher Anpassung an die Struktur erfordert, als dies der Fall gewesen ist, als T noch als Sozialpädagoge gearbeitet hat. Dies ist für T ein Nachteil, denn er schätzt autoritäre Strukturen nicht und ist sie von seiner familiären Herkunft her nicht gewohnt. Als Sozialpädagoge hat T eher das Gefühl gehabt, frei von autoritären Strukturen arbeiten zu können. Gleichzeitig ist es als Sozialpädagoge herausfordernd gewesen, sich innerhalb des Arbeitsteams abzustimmen und Entscheidungsprozesse zum Abschluss zu bringen, und insgesamt ist der Ruf, den Sozialpädagogen haben, aus Ts Sicht weniger gut als der, der Lehrer*innen nachgesagt wird:

„Also ich hab schon das Gefühl, der Sozialpädagoge wird schon manchmal ein bisschen belächelt. ‚Ja, machen wir einen Sitzkreis.' ‚Ja, darüber reden.' Ja, Gott, so muss ich's nicht machen, die Schüler gehen auch zur Schulsozialarbeit. Ähm aber wir haben zwei, zwei richtig gute Leute und äh die sind auch komplett anerkannt in der Schule. Aber ja, das war so ein bisschen der Konflikt, mit der ich so bisschen kämpft, wo's mich genervt hat. Äh und ah die Stange der Sozialpädagogen schon sehr hochgehalten hab, so, seh jetzt aber mittlerweile schon auch Unterschiede. Also es gibt schon – liegt auch an der Ausbildung und es liegt auch am Geld und es liegt äh äh an der (unv.) Kontrolle äh, obwohl das bei den Lehrern nicht anders ist mit der Leistungskontrolle, aber äh es gibt schon auch Sozialarbeiter, wo ich mir denk: Na ja. Aber die gibt's bei den Lehrern auch, jede Berufsschicht hat da so ihre Dinger (lacht verhalten), auch in der AEH da. Ich will da ja keine Namen nennen, aber da gab's schon (unv.) da gab's schon drei, vier, also die haben … da auch nicht mehr viel gemacht, also." (ebd., Z. 354 - 366)

In der Sozialen Arbeit stellen sich die Zeitspannen, in denen gearbeitet wird, als insgesamt länger dar, als dies im Lehrerberuf der Fall ist. Diese langen Arbeitsprozesse, die in Form einer Zusammenarbeit mit dem ganzen Team angelegt sind, sind von einem geringeren Maß an persönlicher Entscheidungs- und Handlungsautonomie bestimmt. T muss sich als Sozialpädagoge mehr an seinem Team orientieren als später als Lehrer. Als Lehrer ist er zwar in einem autoritätsgeprägten System, hat jedoch eine höhere Handlungs- und Entscheidungsautonomie und ist innerhalb des zentralen Arbeitsbereichs Unterricht in erster Linie eigenverantwortlich und selbstbestimmt tätig. Den Autonomiefaktor als Lehrkraft bewertet T als positiv.

Auch sagen ihm die vergleichsweise kurz getakteten Arbeitszyklen im Arbeitsfeld Schule mehr zu als das prozessorientierte und langsamere Arbeiten als Sozialpädagoge, das ein höheres Maß an Geduld und Abwarten-Können erfordert.

> „B: Also auch in der AEH war's dann so, da gab's dann auch teaminterne Konflikte und da war das alles ein bisschen zäh und es ging irgendwie nicht vorwärts und auch die Frustration. Also du betreust da Familien, da schaffst … bei zehn Prozent schaffst einen Erfolg, bei 60 Prozent schaffst eine Stagnation und 20 Prozent kriegst nicht, die fallen trotzdem runter. Also es ist schon so äh da hab ich's Gefühl, ich kann in der Schule … also das ist so eine Statistik, die ich jetzt so im Kopf hatte, weiß nicht, ob die noch stimmt, aber so, so meine Wahrnehmung: Die Familien, die ich betreut hab, da hab ich in der Schule das Gefühl, ich kann da noch ein bisschen mehr machen auch so. I: Mhm, mhm, okay. Also ist es jetzt so als Lehrer ein bisschen befriedigender für dich jetzt im Vergleich? Oder oder oder gibt's da so ein Vorher/Nachher, weil du sagst, so viel Frustration auch im Sozialpädagogenberuf und jetzt als Lehrer ist es ein bisschen anders?
> B: Ja, also was zum Beispiel Entscheidungen angeht – das ist ein ganz großer Punkt. Also (atmet aus) also das war schon manchmal schwierig da. Also wenn man da irgendeine Entscheidung trifft, dann wird die zehnmal diskutiert und Hauptsache, man hat sich gehört. Also ich bin dann schon jemand. Zum Beispiel das war schon ein Grund, das fällt mir jetzt gerade ein. Das ist schon eine Sache, was mich als Sozialpädagoge dann schon irgendwann genervt hat. Oder auch im Team dann oder in der Arbeit oder so was. Also bei uns gibt's schon entscheidendes Projekt: Machen wir das, machen wir das nicht, (unv.) vom System immer vorgeprägt: Was geht, was geht nicht so? Aber ich kann mit meiner Klasse schon mehr machen und wenn ich jetzt sag, ich find den Fokus wichtig und find das Projekt wichtig und das will ich dem vermitteln an Wert und so, da kann ich schon viel mehr setzen und kann auch selbst viel entscheiden und äh das, da kann ich schon mehr machen, hab ich so das Gefühl gehabt. Das war schon alles so eine Mühle, wo's dann irgendwie nicht vorwärtsging oder eher mehr zurückging, das war schon, doch, das kann ich schon so sagen, dass das jetzt da einfach schneller geht. (ebd., Z. 400 - 428)

Paradox erscheint es T, dass, obwohl sowohl Lehrer*innen als auch Sozialpädagog*innen, wenn sie mit Kindern und Jugendlichen arbeiten, erzieherisch tätig sind, der Umgang mit den jungen Menschen vonseiten der Lehrer*innen und der Sozialpädagog*innen so verschieden gehandhabt wird. Während die Sozialpädagog*innen allgemein einen demokratischen Umgang mit ihren Klient*innen anstreben, der von Empathie und Geduld wie auch von Respekt vor dem anderen geprägt ist, arbeiten Lehrer*innen durchweg stark direkt-autoritativ und vermeiden einen demokratischen Umgang, da dieser ein hohes Maß an Zeit erforderlich machen würde, die auf die Diskussion mit den Schüler*innen verwendet werden müsste und der ohnehin schon knappen Unterrichtszeit fehlen würde. Auch scheint der Unterricht nur ein direktiv-autoritatives Vorgehen zuzulassen, nicht jedoch ein demokratisches. Dieses würde die persönlichen Grenzen Ts sprengen, denn er kann nicht mit allen Schüler*innen einzeln darüber diskutieren, was im Unterricht geschehen soll.

3.6.7 Außensicht auf T aus dem Kollegen-, Freundes- und Bekanntenkreis

Ts kollegiales Umfeld (Kolleg*innen/Vorgesetzte) sehen T in einer bestimmten Weise, die scherzhaft auf seine berufliche Vergangenheit anspielt. Ts Vorgesetzte bringt Ts zweite Beruflichkeit hin und wieder zur Sprache:

> „B: Ähm meine Chefin nimmt mich ab und zu: ‚Ja, der Sozialpädagoge.‘ Ja, also ich. Ja, das kommt schon ab und zu. So, so ein Hinweis: Ah, ja.
> I: Und wie ist das dann so gemeint, was schwingt dann da mit, wenn das kommt: der Sozialpädagoge?" (ebd., Z. 321 - 325)
> B: Also das hat mich zeitweise genervt, aber gut, Lehrer ist auch anders als der Sozialpädagoge, da geht‘s auch um Provokation so ein bisschen im Kollegium. Ich glaub, das ist so." (ebd., Z. 327 ff.)

Doch diese Anspielungen darauf, dass T früher Sozialpädagoge gewesen ist, haben aufgrund ihres spielerisch-scherzhaften Charakters keine allzu große Bedeutung, vielmehr werden sie zu einem Spiel der Auseinandersetzung auf kollegialer Ebene, das so auch in anderer Form denkbar wäre und deshalb wenig ernsthaften und direkt auf T bezogenen Charakter hat:

> „(…) äh und das kann ich aber auch sehr gut. Also ich muss noch zugeben, ich kann äh sehr gut austeilen und dann krieg ich dementsprechend zurück und ich find das aber gut und das ist im Lehrerzimmer so eine Auseinandersetzung, die ich gerne mag und auch brauch und die anderen auch." (ebd., Z. 329 - 332)

T kann sich davon abgrenzen, wie er „genommen" (ebd., Z. 321) wird und welche „Provokationen" (ebd., Z. 328) der scherzhaften Art mit Bezug auf seine vorherige Berufstätigkeit vorgenommen werden.

> „Ich mein, es gibt unterschiedliche Lehrertypen und ich bin davon also abgekommen, dass alles immer der richtige Weg ist, weil wir haben, ich glaub, so einen Querschnitt eines ganz normalen Lehrerkollegs (…) vom General bis zum äh von der Übermutter hin. Also das ist ja alles so dabei äh so. Ich weiß nicht, wo ich mich da … ich glaub, ich kann da jetzt auch jetzt mittlerweile spielen mit diesen Rollen da äh so." (ebd., Z. 275 - 280)

Einerseits fühlt sich T so, als sollte er in der Weise Lehrer sein, in der es ihm während seiner Ausbildung und in den ersten Berufsjahren nahegelegt worden ist. Was bedeutet es, in dieser Weise Lehrer zu sein? Für T heißt es: Umgang mit und Führung der Schüler*innen in autoritativer Weise. Andererseits sieht er sich nicht als diese Art von Lehrer*in und verweist darauf, dass die Kolleg*innen ebenfalls in ihrer beruflichen Individualität nicht Modellen und Typisierungen entsprechen, sondern ihre Berufsrolle individuell ausgestalten.

Dennoch gibt es „Typen" (ebd., Z. 275), also Kolleg*innen, die in ihrem Auftreten gewissermaßen extremer erscheinen in der Ausprägung der Rolle, die sie den Schüler*innen gegenüber einnehmen.

3.6.8 „Rollenkonflikt" als wichtiges Thema im Interview und Ausdruck von Ts Transprofessionalität

T befindet sich im Anfangsstadium seiner Zweit- und Wunschprofession des Lehrerberufs in einem Spannungsfeld widersprüchlicher beruflicher Rollenerwartungen. Zu Beginn des Interviews berichtet T von einem „Rollenwechsel" (ebd., Z. 105) und führt weiter aus, dass er im ersten Jahr seiner Arbeit als Lehrer „große Konflikte" (ebd., Z. 100 f.) gehabt habe. T erklärt im Anschluss unter Zuhilfenahme unterschiedlicher Details, was er damit meint, und benutzt zur Bezeichnung desselben Sachverhalts neben „Rollenwechsel" (ebd., Z. 105) auch „Rollenkonflikt" (ebd., Z. 559) und er tut das, um den Sachverhalt noch präziser zu fassen. Unter „Rollenkonflikt" (ebd.) versteht T den schwierigen Prozess des inder Lehrerausbildung („das REF") und den in den sich anschließenden Berufsjahren nicht nur harmonisch verlaufenden Wechsels von seiner Berufsrolle als Sozialpädagoge zu der Berufsrolle des Lehrers. Ts Ausführungen zum Beruf des Sozialpädagogen wie auch zu dem des Lehrers fokussieren neben anderen Aspekten stark die Berufsrolle. Sie stellt die wichtige Größe dar, die T transformieren muss, um sich in der Zweitprofession angekommen zu fühlen und von sich sagen zu können, dass er an der Schule, an der er unterrichtet, nicht als Sozialpädagoge, sondern als Lehrer handelt. Es zeigt sich, dass für T die Berufsrolle Lehrer klar fassbar ist und sich darauf bezieht, wie sich T im direkten Umgang mit den Schüler*innen verhält, und dass es T wichtig ist, etwas zu tun, was früher im Sozialpädagogenberuf weniger wichtig erschienen ist: sich gegenüber den Schüler*innen durchzusetzen.

> „Also mich hat das ... ich glaub, ich hab da schon so einen Erhaltungstrieb und das hat einen ja auch schon wahnsinnig beschäftigt, also du hast ja 18, 19 Schüler, die meistens auch ganz schönes Päckchen zu tragen haben, gerade bei unserer Schulform. Aber irgendwann kommt da, glaub ich, so: ‚Also jetzt reicht's, ich lass mich jetzt da nicht von euch da vorführen und ich kann auch anders. Ich glaub, zu dem Punkt kommt man

dann, wenn man einfach nicht mehr / wenn's einfach schon ein bisschen schwieriger wird so. Das ist so das Eine. Und wo ich einfach gemerkt hab, dass ich einfach mehr Nähe und Beziehung mit denen herstelle, mehr mit denen machen kann, mehr Projekte machen kann. Wenn das / der Machtkampf geklärt ist. Das gibt's ja, glaub ich, in der Gruppentheorie diese Phase dann / wenn die Hackordnung klar ist, kann man viel mehr vertrauen und viel mehr Sachen machen. Und das hab ich dann schon lernen müssen." (ebd., Z. 187 - 198)

T macht einen Lernprozess durch, der ihm die Erkenntnis vermittelt, dass das berufliche Handeln als Sozialpädagoge nicht völlig im Arbeitsfeld Schule möglich ist. Die Aspekte, die die Berufsrolle des Sozialpädagogen in Ts Augen ausmachen: „(…) das Gefühl für Empathie" (ebd., Z. 255) „ist schon eine Kompetenz, die ich jetzt bewusster und zielgerichteter einsetzen kann und die mir durchaus hilft" (ebd., Z. 257 f.). T nutzt also eine Kompetenz, die er als Sozialpädagoge gelernt hat und die in seinen Augen klar eine sozialpädagogische Kompetenz ist. Auch ist die Arbeitsweise im sozialpädagogischen Bereich wie schon erwähnt anders:

„In der Sozialpädagogik nimmt man sich die Zeit, diesen Fall auf dem Genogramm stundenlang anzuschauen, mal zu überlegen. Da arbeitet man immer sehr prozessorientiert und so. Das tut man in der Schule auch, ganz klar. Aber in gewissen Sachen muss es jetzt sein und jetzt fehlt das und jetzt muss des nachgereicht werden und jetzt muss er (…)" (ebd., Z. 985 - 990).

T wünscht sich, im Unterricht die Sozialpädagogenrolle „einschalten" zu können, stößt dort aber an Grenzen. Es ist nicht immer möglich, die Anteile der früheren Berufsrolle dann einzubringen, wenn T es möchte. Dennoch gelingt es T, seine Vorstellungen eines wertvollen pädagogischen Umgangs, der sozialpädagogische Anteile hat, nach längerer Zeit der Arbeit mit seiner Klasse, die er als Klassenleiter führt, zum Teil umzusetzen:

„Ich kann individuell (betont) mit diesen Schülern umgehen und ich schaff's jetzt und hab's in der Klasse, glaub ich, schon geschafft, sozialpädagogisch oder individuell jedem für sich eine Wertschätzung zu geben und mich mit jedem befassen zu können. Die können mit jedem Scheiß zu mir kommen und es gibt gewisse Unterschiede und Regeln in der Klasse und das wird akzeptiert. Das ist ja oft ganz schwierig in der Schule, wenn man sagt, das gibt ja: ‚Hä, der darf das und der darf. Und das akzeptieren die mir nach da zwei, wirklich nach dem langen Zeitraum jetzt so. Und deswegen glaub ich, und des merk ich aber echt erst im letzten halben, dreiviertel Jahr, wie wichtig das, die Sozialpädagogik mir da geholfen hat, mir da zu sagen: Ich kann jetzt auf diese einzelnen / ich kann die einzelnen Bedürfnisse befriedigen." (ebd., Z. 1028 - 1037)

3.6.9 Zusammenfassung Fallporträt Herr T

T war Sozialpädagoge und arbeitet aktuell als Lehrer an einer Mittelschule. Er fühlt sich in erster Linie als Lehrer, ist jedoch gleichzeitig, auch wenn er nunmehr nur als Lehrer arbeitet, zusätzlich in irgendeiner Weise auch noch „der Sozialpädagoge" (ebd., Z. 235), wenn er mit seinen Schüler*innen arbeitet. Hinsichtlich der Frage, wer er ist – Lehrer oder Sozialpädagoge –, besteht eine gewisse Ambivalenz. Eine Antwort im Sinne eines Entweder-oders entspricht nicht Ts Selbstkonstruktion. Er ist in irgendeiner Weise „beides", doch in welchem Maße dies der Fall ist, in welcher Weise er Lehrer und gleichzeitig Sozialpädagoge ist, das lässt sich für T nicht durchweg gleich beantworten.

Auf der sinnhaften Ebene der Selbstkonstruktion fühlt sich T als Lehrer und gehört diesem Beruf an, aber ein Lehrer genau in dem Sinne, in dem seine Kolleg*innen mit einfachem Berufshintergrund Lehrer sind, ist T dennoch nicht. Der Beruf des Sozialpädagogen hat seine Prägungen hinterlassen und T möchte darüber hinaus einiges, was er dem Sozialpädagogen-Beruf zuordnet und für wichtig hält, in seine aktuelle Tätigkeit als Lehrer einbringen. Für T sind die beiden Berufe klar unterscheidbar und diese Verschiedenheit ist einer der Ausgangspunkte seiner beruflichen Selbstkonstruktion. Was die sozialpädagogische Professionalität angeht, so gehören für T bestimmt Aspekte der Aufgabenbearbeitung dazu wie die Teamarbeit und Dauer der Aufgabenbearbeitung, die mitunter sehr lang sein kann. Auch die Art und Weise, in der Sozialpädagogen tätig sind, weiß T genau zu beschreiben: Sie arbeiten in einer Abhängigkeit von ihrer Arbeitsorganisation und ihrem Kollegenteam. Auch ist das sozialpädagogische Handeln auf Werte wie Empathie, Vorsicht und Geduld bei der Umsetzung von Lösungsmaßnahmen für Probleme, die bearbeitet werden, gestützt. Methoden für die Aufgabenbearbeitung sind die Fähigkeit zum Aufbau und zur Pflege einer beruflichen Beziehung zu Klient*innen. Die Lehrerprofessionalität dagegen umfasst andere Aspekte: In der Aufgabenbearbeitung herrscht eine deutlich größere Autonomie als im Sozialpädagogenberuf und um zu unterrichten, die Kerntätigkeit des Lehrer-Seins, ist es notwendig, sich durchzusetzen, für Ordnung und Disziplin zu sorgen und damit den Boden für einen gelingenden Unterricht zu bereiten. Geduld und Vorsicht sind aus Sicht der Lehrerprofessionalität keine Werte, vielmehr stehen Durchsetzungsvermögen und Autorität im Vordergrund. T ist von seiner Persönlichkeit – so beschreibt er es – wie auch von seiner Werteorientierung her weder nur Lehrer noch nur Sozialpädagoge. Ihm ist es wichtig, wenn er mit seinen Schüler*innen arbeitet, auf einer Ebene und nicht von oben herab mit ihnen umzugehen. Auch sind ihm die Schüler*innen als ganze Personen und nicht nur innerhalb des kleinen Rahmens von Unterricht, Leistungs- und Verhaltensbewertung etc., den er als typisch für den Lehrerberuf wahrnimmt, wichtig.

Damit übersteigt das, was T beruflich ausmacht, den engen Rahmen des Lehrerberufs. T entgrenzt mit anderen Worten die klaren Absteckungen der

Lehrerrolle. Ihre autoritativen Anteile bricht er auf und ergänzt sie durch Methoden, die er als typisch sozialpädagogisch charakterisiert: Er bemüht sich, nicht nur autoritativ zu führen, sondern einen demokratischen Umgang mit den Schüler*innen zu pflegen, der Wert auf ein gutes Miteinander, einen wertschätzenden Umgang und ein Auge auf all das, was zwischen Lehrer und Schüler*innen, aber auch zwischen den Schüler*innen untereinander geschieht, zu haben und es in die ganze Unterrichtssituation zu integrieren. Hierzu schafft er sich „Räume" außerhalb von Unterricht und Klassenzimmer, in denen es möglich ist, nicht nur streng zu führen, Anordnungen zu treffen, Disziplinverstöße zu ahnden, für Ordnung zu sorgen und zu zeigen, wer der Chef ist. T engagiert sich (sozusagen außerunterrichtlich) in Arbeitsgruppen, verwendet viel Zeit auf die Elternarbeit und bemüht sich darum, dass er auch jenseits des Unterrichts Raum für seine Schüler*innen bereithält, in dem ihre „anderen" Probleme zur Sprache gebracht und bearbeitet werden können.

Nicht nur auf der Ebene der Selbstkonstruktion, sondern auch auf inhaltlicher Ebene stellt T eine Form von Transprofessionalität her. Diese ist so angelegt, dass Professionsbezüge zur Sozialpädagogen- und Lehrerprofession aufgebrochen und neu arrangiert werden. Zwar ist T schwerpunktmäßig hauptsächlich Lehrer und sieht den inhaltlichen Schwerpunkt hier bei der Wissensvermittlung an der Schule, dennoch gibt es neben diesem Schwerpunkt Orientierungen hin zu dem, was T unter dem „Sozialpädagogen" fasst: ein Wissen um den empathischen Umgang mit jungen Menschen. Diese sind nicht unwichtig für T und ergänzen seine berufliche Tätigkeit in einer Weise, die T als bereichernd und sinnhaft empfindet.

Begleitet wird die Ausbildung bzw. Herstellung von Ts Transprofessionalität von Konflikten. Diese sind mehrheitlich intrapersonal. T handelt sie auf der Ebene des eigenen Inneren aus und sieht sie in dieser Weise, sieht seinen Rollenkonflikt als „seinen" Konflikt und nicht als einen, den er mit jemand anderem teilt. Diese inneren Konflikte, die sich in dem von T so bezeichneten „Rollenkonflikt" (ebd., Z. 541) manifestieren, erfordern von T eine nachhaltige und andauernde Bearbeitung. So muss er die Schwierigkeiten, mit der die Ausübung der von ihm als typisch charakterisierten Lehrerrolle vor dem Hintergrund der eigenen Persönlichkeit einhergeht, aushalten und Aspekte in diese Rolle integrieren, die ihm aus Sicht des Sozialpädagogen, der er früher gewesen ist, widerstrebt haben. Damit ist T auch gleichzeitig mit seinen anderen Persönlichkeitsanteilen, auch aggressiv und wütend und nicht nur geduldig, mitfühlend und vorsichtig im Umgang mit seinen Schüler*innen zu sein, konfrontiert.

4. Vergleichende Zusammenschau der Fälle M, K und T

4.1 Die Schlüsselkategorie in den Fällen: Transprofessionalität

Der Vergleich der Schlüsselkategorien (Strauss 1994) der drei Fälle ergibt folgendes: In allen Fällen ist die Schlüsselkategorie die von den Interviewpartnern jeweils individuell ausgeübte Transprofessionalität.

Betrachtet man die Untervernetzungskodes unter der Schlüsselkategorie Transprofessionalität, ergibt sich: Gemeinsam ist allen drei Fällen eine verhältnismäßig große Schnittmenge an Untervernetzungskodes. Dabei handelt es sich um zehn Kodes: ‚Motivik für die Professionswahl‘, ‚professionsbezogenes Handeln‘, ‚Vereinbarkeit der Professionen‘, ‚Professionszugehörigkeit‘, ‚in der Professionstätigkeit erworbenes Wissen‘, ‚Kompetenz‘, ‚Erfahrung im Umgang mit Klient*innen‘, ‚Erfahrung im Umgang mit Kolleg*innen‘, ‚gesellschaftlicher Status, der einer Profession zugeschrieben wird‘ ‚finanzielle Entlohnung der Professionstätigkeit‘. Ihnen nicht gemeinsam ist eine im Vergleich mit der Schnittmenge deutlich kleinere Differenzmenge: Bei M sind es die Kodes ‚Entwicklung des Karriereverlaufs‘ und ‚Sicht auf die Klientenfälle‘, bei T ‚Räume, in denen Methoden / Erfahrungen aus der Sozialarbeitertätigkeit angewandt / nicht angewandt werden können‘, ‚erzieherische Haltung‘ und ‚Professionsrolle‘, bei K ‚soziale und politische Haltung‘. Die große Zahl der Untervernetzungskodes unter den Schlüsselkategorien, sowohl auf die Schnittmenge als auch auf die Differenzmenge bezogen, weist darauf hin, dass die Professionen, die in allen drei Fällen auch die Schlüsselkategorien sind, eine große Bedeutsamkeit für die Interviewpartner haben.

4.2 Bedeutsamkeit und hohe Sensibilität für Professionen

Es zeigt sich, wenn man die Fälle miteinander vergleicht, dass die Interviewpartner ihren Professionen ein hohes Maß an Bedeutsamkeit beimessen. Dies spiegelt sich in differenzierten und vielschichtig angelegten Darstellungen ihrer Professionen wider.

T versteht seine Tätigkeiten als herausfordernde und wichtige Aufgabe, weil sowohl sein Engagement als Sozialpädagoge für seine Klient*innen als auch sein Engagement als Lehrer für seine Schüler*innen bedeutsam ist. Seine Bemühungen als Sozialpädagoge wie auch als Lehrer helfen ihm, die Probleme von Klient*innen bzw. Schüler*innen zu lösen. Den Wechsel seiner Rolle (siehe dazu

Fallporträt T) von der Sozialpädagogen- in die Lehrerrolle versteht T als herausfordernd und notwendig. Die von ihm ausgeübten Tätigkeiten sind sinnvoll, da sie sozial-helfend ausgerichtet sind.

Zusätzlich markiert T die Bedeutsamkeit seiner Professionen explizit und benennt die in der Vergangenheit ausgeübte Sozialarbeitertätigkeit als ebenso „wichtig" (ITS Herr T, Z. 489)[8] wie die aktuell ausgeübte Profession als Lehrer[9]. Diese explizite Markierung vonseiten des Interviewpartners soll hier als Verstärkung der Bedeutsamkeit der Professionen für den Interviewpartner verstanden werden.

K beschreibt seine Haltung zu ethisch-moralischen wie auch politischen Fragen als die Basis, auf der sich sein berufliches Selbstverständnis gründet, und führt ausgehend von dieser Haltung sein Tätig-Sein in den Arbeitsfeldern Schule und Universität über weite Passagen des Interviews detailliert aus.

M seinerseits legt großen Wert darauf, seine Tätigkeit als eine kompetente, von einer großen Wissens- und Erfahrungsbasis gestützte Beratung in allen Fragen des Sozialrechts zu verstehen und dies der Forscherin während des Interviews wie auch im Vor- und Nachgespräch argumentativ nachvollziehbar zu belegen.

4.3 Das Trennende zwischen den Professionen

Es ergibt sich außerdem aus dem Vergleich der Auffälligkeiten, dass die Interviewpartner das Trennende, die Linien der Abgrenzung und die Unterschiede zwischen Erst- und Zweitprofession fokussieren. Sie entwickeln in ihren Eigenkonstruktionen wie bereits erwähnt klare Bilder ihrer Professionen von nicht unwesentlicher Trennschärfe, die die Differenz der Professionen hervortreten lassen. Das Gemeinsame und Verbindende zwischen den jeweiligen Professionen tritt größtenteils in den Hintergrund.

So sieht zum Beispiel T das Erzieherisch-tätig-Sein und das Eine-erzieherische-Haltung-Haben als das Gemeinsame zwischen seiner früheren Arbeit als Sozialarbeiter und seiner jetzigen Beschäftigung als Lehrer. Diese Gemeinsamkeit verliert jedoch deutlich an Gewicht angesichts von Ts Erfahrung, dass eine Differenz zwischen der demokratischen Erziehungshaltung besteht, mit der er als

---

8 „Also ich hab mich vorher ganz stark mit der Sozialpädagogik identifiziert und ich hab die auch verteidigt und es war mir schon wichtig und es gab da tolle Leute (…)" (ITS Herr T, Z. 489)

9 („…) und das, glaub ich, finden die Schüler bei mir auch ganz gut, dass ich denen schon zuhöre und dass ich mit denen Sachen besprechen kann und dass die mir halt auch wichtig sind (…)" (ebd., Z. 326 ff.)

Sozialarbeiter mit seinen Klient*innen gearbeitet hat, und der autoritativen Erziehungshaltung, die er sich als Lehrer unter dem Druck, die Schüler*innen disziplinieren zu müssen, um einen gelingenden Unterricht halten zu können, angeeignet hat. Mit anderen Worten zählt letzten Endes die Unterschiedlichkeit beider erzieherischer Haltungen (demokratische und autoritative erzieherische Haltung), da ihre Anwendung direkten Einfluss auf den Erfolg hat, denn wenn T autoritativ führt, wirkt sich dies unmittelbar auf die Disziplin der Schüler*innen im Unterricht aus, während die Fokussierung der Gemeinsamkeit ihm im Weg steht.

M beschreibt die „Sichtweise" (ITS Herr M, Z. 505), die er als Jurist auf seine Mandant*innen hat, als unterschieden von der „Sozialarbeiter-Perspektive" (ebd., Z. 72). Die juristische „Sichtweise" (ebd., Z. 505) charakterisiert M als von juristischer Subsumption der Klientprobleme unter Tatbestand und Rechtsfolge geprägt (vgl. ebd.). Die „Sozialarbeiter-Perspektive" (ebd., Z. 72) dagegen ist auf die Bearbeitung von Problemlagen der Klient*innen ausgerichtet und bezieht deren ganze Person ein (vgl. ebd.). Auch bei M springt vordringlich der Unterschied zwischen beiden „Sichtweisen" (ebd., Z. 505) ins Auge, eine Gemeinsamkeit dieser „Sichtweisen" (ebd.) wird nicht erwähnt. In Ms Konstruktion liegt im Wissen über die Unterschiedlichkeit der Perspektiven und in der Fähigkeit zum Perspektivwechsel eine Ressource zur erfolgreichen Bearbeitung der Probleme seiner Klient*innen, die ihm als biprofessionellen Anwalt und Sozialarbeiter zur Verfügung steht im Gegensatz zu monoprofessionell ausgebildeten Jurist*innen oder monoprofessionell ausgebildeten Sozialarbeiter*innen.

Auch K schildert unterschiedliche Modalitäten des Funktionierens der Arbeitsfelder Schule und Universität und hebt sie als bedeutsam hervor. So ist die Schule in ihrem Funktionieren geprägt von der Fokussierung auf das aktuelle Tagesgeschäft des Unterrichts, verbunden mit einer geringen Freiheit für die Lehrer*innen, weil die Unterrichtsinhalte durch den Lehrplan vorgegeben sind . Auch sind die meisten Kolleg*innen aus der Schule in ihrer Existenz durch ihre Beamtenstellung materiell abgesichert. Die Konkurrenz zwischen den Lehrerkolleg*innen ist gering, was von K als Ergebnis der sicheren Stellung gedeutet wird, die diese innehaben. Die Universitäts-Kolleg*innen Ks dagegen sind zu einem großen Teil befristet angestellt und damit prekär beschäftigt. Sie haben eine große Freiheit bei der Gestaltung ihrer Aufgaben, müssen gleichzeitig aberstets neuen Herausforderungen der Existenzsicherung begegnen. Dies besteht in der Entdeckung immer wieder neuer Forschungsfelder, für die Gelder beantragt werden, um ihre Existenz im Arbeitsfeld zu sichern und dabei in starke Konkurrenz untereinander zu treten. In der Schule jedoch ist die Stellung der dort als verbeamtete Lehrer Beschäftigten sicher und sie befinden sich nicht in unmittelbarem Konkurrenzdruck zueinander.

4.4 Konstruktionen von Professionalität

Alle Interviewpartner zeigen ein differenziertes bis sehr differenziertes Verständnis von Professionalität. Dieses entwickeln sie in den Interviews entlang eigensinniger Logiken. Sie nehmen dabei Bezug auf die von ihnen gemachten Erfahrungen und das von ihnen in Ausbildung und Berufspraxis erworbene Wissen. Beides integrieren sie mit jeweils unterschiedlicher Vernetzung und Gewichtung in ihr Professionalitätsverständnis. Auch zeugt das Professionalitätsverständnis in allen drei Fällen von einer hohen Reflexivität. Ausdruck findet dies entweder explizit oder durchzieht implizit die Ausführungen der Interviewpartner. Dabei lassen sich folgende Gemeinsamkeiten des Professionalitätsverständnisses beobachten: Professionalität wird von den Interviewpartnern als auf ihre jeweiligen Professionen bezogen entworfen. Diese Bezogenheit tritt in den Konstruktionen der Interviewpartner so sehr in den Vordergrund, dass sich von jeweils zwei Professionalitätskonstruktionen sprechen lässt, die die Interviewpartner entlang eigener Kriterien entwerfen. So weiß M um die Kernelemente der juristischen und sozialarbeiterischen Professionalität, die er als jeweils klar voneinander abgrenzbar entwirft, K bezieht sich auf eine theologische Professionalität, bezogen auf seine Arbeit als Religionslehrkraft wie auch auf eine pädagogische Professionalität, und T unterscheidet eine Sozialpädagogenprofessionalität von einer Lehrerprofessionalität, die jeweils anhand bestimmter Attribuierungen im Verlauf des Interviews beschrieben wird.

4.5 Konstruktionen eines Mehrwerts, beruhend auf zwei Professionalitäten

Die Interviewpartner formieren bei der Entfaltung ihres Professionalitätsverständnisses bzw. ihrer Professionsverständnisse einen Gegensatz zwischen sich als Professionsträger mit zweifachem Professionshintergrund und ihren Kolleg*innen mit einfachem Professionshintergrund. Während sie ihren Kolleg*innen eine Professionalität zuschreiben, die auf eine Profession ausgerichtet ist, bezieht sich die Professionalität bzw. beziehen sich die Professionalitäten der Interviewpartner auf zwei Professionen. Darin sehen die Interviewpartner einen Mehrwert. Dieser stützt sich auf ein vonseiten der Interviewpartner reklamiertes Mehr an professionsbezogenem Wissen, Können und in der Praxis gemachte Erfahrungen, die die Interviewpartner mit zweifachem Professionshintergrund im Vergleich zu ihren Kolleg*innen mit einfachem Professionshintergrund für sich beanspruchen. Dieses Mehr an professionsbezogener Professionalität entfalten die Interviewpartner eigensinnig innerhalb eigener Konstruktionen und argumentativ nachvollziehbar. Auch reflektieren sie es unter multiperspektivischem In-den-Blick-Nehmen und prüfen an diesem, von ihnen konstruierten Maßstab Relevanz und mögliche Wirkmacht des von ihnen formierten Mehr an Professionalität. Die Interviewpartner verorten diesen von ihnen jeweils reklamierten Mehrwert zum einen als Summe beider von ihnen konstruierten professionsbezogenen Professionalitäten, zum anderen jedoch auch als eine gleichsam neugestaltete Professionalität vor dem Hintergrund einer von den Interviewpartnern konstruierten Verschränkung beider Professionalitäten, die sich aus einer Schnittmenge an Gemeinsamkeiten beider Professionalitäten ergibt und die im Widerspruch zu den von den Interviewpartnern angeführten Trennungslinien zwischen den Professionen steht. Wie sieht diese Konstruktion jeweils aus?

K beispielsweise beschreibt den aus Theologie und Pädagogik entstehenden Mehrwert als persönliche Bereicherung an Wissen und Können, die er durch Ausbildung und Tätigkeit in beiden Professionen gewonnen hat. Auch habe das Studium der Pädagogik eine von ihm ausgehende erneute Erweiterung seines Kenntnisstandes in andere Richtungen erlaubt. So habe es als Einstieg in weitere Wissensvertiefungen gedient und diese ihrerseits als Persönlichkeits- und Horizonterweiterung auf Basis der neuen Wissensbestände, die das Pädagogikstudium eröffnet habe.

M sieht die Möglichkeit, auch auf Positionen innerhalb des Arbeitsfeldes der Sozialen Arbeit, die sich inhaltlich mit Sozialrecht befassen, arbeiten zu können, als Produkt seines zweiten Studiums der Sozialen Arbeit. Es ist also auch eine Eintrittskarte in den gewünschten beruflichen Bereich und in Arbeitsstellen, die ihm die inhaltliche Tätigkeit eröffnen, die er sich wünscht. Auch sind beide Professionen sowie Wissen, Kompetenz und Erfahrung, die in Erst- bzw. Zweitprofession Grundlage seiner Befähigung, „auf allen Ebenen" (ITS Herr M, Z. 275) beraten zu können, ein Produkt des Studiums beider Professionen. Ohne eine der beiden Professionen hätte er nicht die Schnittstelle „zwischen Juristerei und Sozialer Arbeit" (ebd., Z. 389 f.) als sein spezielles Tätigkeitsfeld.

Für T ist es natürlich, auf bereits erlernte Methoden wie auch die erlernte berufliche Rolle seiner Erstprofession zurückzugreifen und sie auch im Arbeitsfeld seiner zweiten Profession anzuwenden. Darüber hinaus sieht er in dem Wissen und der Erfahrung durch seine Arbeit bei den Ambulanten Erziehungshilfen eine Ressource, die er im neuen Arbeitsfeld Schule zur Anwendung bringen möchte.

4.6 Konflikt zwischen einfach-professionellen Umfeldern und Interviewpartnern mit zweifachem Professionshintergrund

Die Interviewpartner beschreiben ihre Professionen als von monoprofessionellen Logiken dominiert. Aus Sicht der Interviewpartner halten eine Profession oder beide Professionen, denen sie angehören, vorgegebene Formate einer Platzierung insbesondere für monoprofessionelle Kolleg*innen bereit. Bereits bestehende

Platzierungsformate für biprofessionelle Professionsträger*innen existieren aus Sicht der Interviewpartner in einer Profession oder beiden Professionen, deren Träger sie sind, nicht.[10] Diese bereits vorgegebenen Formate wünschen sich die Interviewpartner, finden sie jedoch nicht. Auch beschreiben die Interviewpartner die Arbeitsfelder, in denen sie tätig sind, als von monoprofessionellen Logiken dominiert.

M beschreibt ein juristisches Arbeitsfeld, das der Logik eines sukzessive ansteigenden Karriereverlaufs als Orientierungsmaßstab für die juristischen Professionsträger*innen folgt. Dieser als verbindlicher Orientierungsmaßstab angesehene Verlauf schließt eine Zweitprofession, deren Ansehen in den Augen der juristischen Professionsträger*innen statusbezogen geringer ist, aus. Er ist außerdem das Gegenkonstrukt zu dem „Downgrade" (vgl. ITS Herr M, Z., 396), das M durch seine Wahl einer zweiten Profession, die einen geringeren gesellschaftlichen Status hat als die juristische Profession, vorgenommen hat.

K nimmt in den Arbeitsfeldern Schule und Universität wahr, dass sich die zeitlichen Rahmenstrukturen beider Felder dahingehend wenig verzahnen lassen, dass ein gleichzeitiges Tätig-Sein in beiden Feldern zulasten der Professionsträger*innen mit zweifachem Professionshintergrund geht und ihre freie Zeit und Urlaubstage reduziert. Auch ist seine Tätigkeit deutlich geringer entlohnt, weil er im Arbeitsfeld Schule wie auch im Arbeitsfeld Universität keine Beamten-, sondern eine Angestelltenstelle innehat, was von K kritisch betrachtet und konflikthaft gerahmt wird. Insbesondere das Arbeitsfeld Schule ist auf verbeamtete Lehrer ausgerichtet, die in diesem Arbeitsverhältnis und mit einem hohen Zeitanteil als Lehrkräfte arbeiten, nicht jedoch auf Professionsträger*innen mit einem zweifachen Professionshintergrund im Angestelltenverhältnis, die zusätzlich in einem anderen Arbeitsfeld tätig sind.

T sieht sich umgeben von auf den Erziehungsstil bezogen autoritativ ausgerichteten Kolleg*innen mit einfachem Professionshintergrund, die sich jeweils einer von T formierten Lehrertypik zuordnen lassen. T selbst passt seiner eigenen Selbstkonstruktion zufolge nicht in eines der von ihm angeführten Platzierungsformate der Lehrertypik, die er auf seinem Kollegenumfeld basierend erkennt. Auch schlagen seine Versuche, im Unterricht ausschließlich einen demokratischen Erziehungsstil zu pflegen, fehl, da ihm die Rolle eines undemokratisch auftretenden Lehrers, der starke Vorgaben macht, die ungeachtet der Wünsche der Schüler*innen durchgesetzt werden, als Format angeboten. Dieses einzuhalten sieht sich T aufgefordert..

---

10 Dies wird auch daran deutlich, dass die Interviewpartner keine anderen biprofessionellen Kolleg*innen und deren Selbstbilder erwähnen. Allein M erwähnt biprofessionelle Kolleg*innen, die „Medizinrechtler", grenzt sich jedoch von diesen ab.

Insgesamt durchzieht die Interviews die von Interviewpartnern vielfach aus-
geführte Gegensatzfigur zwischen sich selbst als Professionsträger mit zweifachem Professionshintergrund und ihren Kolleg*innen mit einfachem Professionshintergrund.

4.7 Herstellung von Transprofessionalität

Die beruflichen Konstruktionen der Interviewpartner sind so angelegt, dass sie in
ihren Arbeitsfeldern eine starke Ausrichtung auf Logiken, die auf Professionsträger*innen mit einfachem Professionshintergrund ausgerichtet sind, sehen.
Diese „monoprofessionelle" Orientierung der Arbeitsumfelder steht im Gegensatz zu den Wünschen der Interviewpartner. Diese suchen Formate, die sich einer
zweifachen Professionsträgerschaft anpassen lassen bzw. auf diese abgestellt sind.
Die Interviewpartner hegen den Wunsch, dass derartige „biprofessionelle" Formate den monoprofessionellen gleichberechtigt gegenüberstehen. Aus der Enge
und Begrenzung der einfach-professionell ausgerichteten Formate, wie die Interviewpartner sie sehen, entwerfen M, K und T andere Formen von Professionalität. Begleitet werden die Professionalitätsentwürfe von Konflikten, die sowohl im
Außen als auch im Innen stattfinden. Die Professionalitätsentwürfe der Interviewpartner hinsichtlich ihrer Unterscheidung von den Professionalitätskonzepten
ihrer Umfelder sind so angelegt, dass darin nicht nur eine Professionsbezug, sondern zwei Professionsbezüge Raum haben. Diese zwei Professionsbezüge werden
von Fall zu Fall jeweils unterschiedlich angeordnet bzw. strukturiert. Auch werden sie zueinander in ein Verhältnis gesetzt, das sich in den Gesamtrahmen der
anderen Professionalität der Interviewpartner einordnet. Die Professionalitätskonstruktionen transzendieren die Fälle in Formen einfacher Professionalität,
verlaufen quer zu diesen, lösen darin vorher festverbaute Elemente auf, entgrenzen sie und bringen, bezogen auf beide Professionszugehörigkeiten, eine andere
Form von Professionalität hervor, die begrifflich als Transprofessionalität gefasst
werden soll. Diese soll im Folgenden in Form einer Begriffsneuschöpfung, bezogen auf das Datenmaterial der Fälle, untersucht und theoretisiert werden. Der
Transprofessionalitätsbegriff, um den es hier geht, unterscheidet sich von anderen Transprofessionalitätsbegriffen, wie sie im Kapitel zur Multiprofessionalität
beschrieben worden sind, weil er sich lediglich auf die hier zugrunde gelegten
Daten bezieht.

4.8 Der Transprofessionalitätsbegriff, bezogen auf das Datenmaterial der Fälle M, K und T

4.8.1 Transprofessionalität bei M

Ms Selbstkonstruktion vor seiner Tätigkeit als zugelassener Rechtsanwalt mit eigener Kanzlei und als Sozialarbeiter, der Arbeitsstellen in unterschiedlichen sozialen Einrichtungen innegehabt hat, ist wohl überlegt und so angelegt, dass sie explizit beschrieben und so in der Interviewsituation für die Forscherin zugänglich gemacht wird. Auf die Nachvollziehbarkeit von Ms Eigenkonstruktion für die Forscherin legt dieser großen Wert und nimmt sich die Zeit, genau auszuführen, wie er sich sieht. Kurzgefasst beschreibt M sich und seine Tätigkeit als Rechtsanwalt und Sozialarbeiter als Arbeit an der Schnittstelle, und zwar der Schnittstelle zwischen Sozialer Arbeit und Rechtswissenschaft. Diese Schnittstelle ist so angelegt, dass sie sowohl den einen als auch den anderen beruflichen Bereich sieht und versteht. Auch suggeriert die von M gebrauchte Metapher nicht nur das Aufeinandertreffen von unterschiedlichen, klar voneinander abgegrenzten Bereichen, sondern auch die mögliche Überlappung des einen und des anderen Bereichs innerhalb einer Zone, die wenig klar abgrenzbar ist. In diesem als möglich vorgestellten Überschneidungsbereich von Sozialarbeit und Jura ist M aktiv. Im Gegensatz zu seinen Kolleg*innen, die nur Jurist*innen sind, nicht jedoch auch Sozialarbeiter*innen wie M, weiß er, dass es weitere Berufsbereiche gibt, die der Rechtswissenschaft nah sind, wie es aus Ms Sicht bei der Sozialarbeit der Fall ist. Davon abgesehen kennt er Handlungsmöglichkeiten innerhalb des einen wie des anderen Bereichs und weiß nicht zuletzt um die Wissensbestände, die zur Rechtswissenschaft bzw. Sozialarbeit gehören. Vor dem Hintergrund dieses größeren Wissens, Verstehens und Könnens, das insofern mehr bzw. größer ist, als es zwei Berufsbereichen zuzurechnen ist, sieht M die Probleme der Klient*innen. Sie befinden sich inhaltlich in einem Überlappungsbereich zwischen Jura und Sozialer Arbeit. Mit seinem Qualifikationsprofil, so vertritt es M im Interviewgespräch mit der Forscherin, ist er genau dafür ausgebildet, „auf allen Ebenen beraten zu können" (ITS Herr M, Z. 278). Damit scheint M von einer festen professionsbezogenen Verortung von Wissen auszugehen. Dieses Wissen wird formal durch die juristischen Staatsexamina sowie das Sozialarbeitsdiplom qualifiziert. Auch kann M die staatliche Anerkennung als Sozialarbeiter und den Fachanwalt in Sozialrecht als weitere Abschlüsse anführen, die sein Qualifikationsprofil erweitern. Doch geht es ihm nicht wesentlich um die Spiegelung seines Profils als Oberfläche ohne Hintergrund, vielmehr zeigen seine Qualifikationen, mit welchen Wissensinhalten sich M auseinandergesetzt hat, und sie bilden die theoretische Grundlage für den oben erwähnten Praxistransfer. So stehen die Abschlüsse auch dafür, dass M das theoretische Wissen anzuwenden weiß und damit über ein Mehr nicht nur an Wissen, sondern auch an Können, weil der Transfer in die

Praxis in Ms Augen eine Kompetenz ist. Und hier sind wir bei seiner Vorstellung von Biprofessionalität angekommen. M bringt sowohl das juristische als auch das sozialarbeiterische Fachwissen mit, um jemandem, der ein bestimmtes Problem hat, das in einem Überlappungsbereich beider Wissensbestände angesiedelt werden kann, zu helfen. Angesichts von Ms Selbstverständnis, dass seine beiden Berufszugehörigkeiten ihm mehr Möglichkeiten der Bearbeitung von Mandanten- bzw. Klientenproblemen erschließen, ist es nachvollziehbar, dass sich M Arbeitsbereiche wünscht, in denen es möglich ist, das Mehr an Möglichkeiten bzw. Problembearbeitungskompetenzen erfolgreich einzubringen. Im Arbeitsbereich der Sozialen Arbeit gelingt die Einbindung von Ms selbstverstandener Doppelkompetenz gut, M findet Arbeitsstellen, auf die sein Qualifikationsprofil passt und bei denen ihm seine Vorgesetzten die Freiheit lassen, selbstorganisiert und äußerst eigenverantwortlich zu arbeiten. Der berufliche Wert nicht nur in Bezug auf seine „Doppelqualifikation" (ITS Herr M, Z. 393), den sich M zuschreibt, wird auch vonseiten seiner Vorgesetzten im Arbeitsbereich der Sozialen Arbeit als solcher erkannt. Anders als bei K, der sich vergeblich wünscht, seine beiden Hintergründe würden auch in seinem schulischen bzw. universitären Umfeld als Mehrwert verstanden, fühlt M einen positiv-wertschätzenden Blick im Bereich der Arbeitsstellen in der Sozialen Arbeit auf sich gerichtet, der sich nicht wesentlich von Ms eigenem Blick auf sich selbst unterscheidet. Im juristischen Bereich jedoch stellt sich die Erfüllung von Ms Wunsch nach Entfaltungsmöglichkeiten für seine „Doppelqualifikation" (ebd.) und -zugehörigkeit schwieriger dar. M muss sich von der Rechtsanwaltskammer Nebentätigkeiten genehmigen lassen. Für die Anwaltskammer gilt alles, was dem juristischen Arbeitsbereich nicht direkt zuzuordnen ist, als Nebentätigkeit. Eine Nebentätigkeit nach dem Verständnis der Kammer hat nichts mit dem Wochenarbeitsanteil zu tun, lediglich mit dem fachfremden Berufsbereich, in dem diese Nebentätigkeit stattfindet.

Für M steht die Überzeugung im Vordergrund, dass Wissen Können organisiert und diesem Gehalt verleiht, auf dem aufbauend beruflich gehandelt werden kann. Damit ist die Wissensanwendung noch bedeutsamer als das Wissen ohne direkten Anwendungsbezug. Auch gibt es bei M die Überzeugung, dass Wissen einen festen disziplinären Bezug hat und dieser Bezug Wissensbestände klar voneinander trennt. Doch steht für den Wissensanwender, als der sich M sieht, die Lösung von Klientenproblemen im Vordergrund, die im klar voneinander unterschiedenen juristischen oder sozialarbeiterischen Wissen Möglichkeiten der Anwendung sucht. Dies funktioniert im Sinne eines Transfers von jeweils disziplinär verortetem Wissen auf die situativ vorliegende Problemsituation, die es mit den Mandat*innen einerseits bzw. den Klient*innen andererseits zu bewältigen bzw. für die es Lösungen zu erarbeiten gilt. Im Gegensatz zu seinen juristischen Kolleg*innen mit einfachem Berufsbezug und -hintergrund weiß M um die Perspektive, aus der heraus Wissen betrachtet, verstanden und angewendet wird. Dies liegt daran, dass M einen zweiten Berufsbezug hat, der ihm zeigt, dass

Wissen auch anders perspektiviert und dann zur Anwendung gebracht werden kann. Seine juristischen Kolleg*innen dagegen kennen nur das Verfahren der Unter- und Einordnung von Klientenproblemen nach Tatbestand und Rechtsfolge. Dabei wird klar der rechtliche Bezug vor der Person der Klient*innen priorisiert. Es ist für Jurist*innen – so versteht es M – nicht von erster Priorität, die Person der Klient*innen als solche zu sehen, zu verstehen und mit ihr umzugehen, sondern in erster Linie ist es wichtig, die Tat oder Unterlassung, das, was die Mandant*innen getan oder nicht getan haben, bei dem Problem, das es zu bearbeiten gilt, der Gesetzeslage zuzuordnen. Ganz vereinfacht ließe sich Ms Auffassung so polarisierend beschreiben, dass das Gesetz bzw. die Rechtslage vor der Person der Mandant*innen steht. Das ist die Art und Weise, in der Jurist*innen für gewöhnlich nach Ms Ausführung bei der Anwendung ihres Rechtswissens verfahren. Ganz anders sei es bei Sozialarbeiter*innen, so beschreibt M die unterschiedlichen Blicke bzw. Perspektiven und Priorisierungen weiter. Dort stehe die Person der Klient*innen mit ihren Problemlagen im Mittelpunkt und um diese herum bzw. von diesen ausgehend werden unterschiedliche Lösungswege angedacht. Die Priorisierung ist nach Ms Beschreibung dort klar die Person der Klient*innen. Ihr wird die Lösungsstrategie, der Weg zur Lösung, jeweils vorliegenden Problematiken untergeordnet.

M sieht sich wie schon erwähnt im Gegensatz zu seinen Kolleg*innen als jemand, „der auf allen Ebenen" (ebd., Z. 278), bezogen auf einen sozialarbeiterischen Kontext, beraten kann. Damit ist nicht nur der Berufsbereich der Rechtswissenschaft gemeint, sondern auch der der Sozialen Arbeit. Ausgangspunkt für M sind stets die Klient*innen und das jeweils vorliegende Problem, das gelöst werden soll. Auch bezeichnet sich M als jemand, der an der „Schnittstelle" (ebd., Z. 138) arbeitet. Beide Selbstverortungen – auf allen Ebenen beraten zu können wie auch die „Arbeit an der Schnittstelle" (ebd.) – sind Verortungen, die typische Selbstbilder, wie sie M von seinen juristischen Kolleg*innen zeichnet, entgrenzen und überschreiten. Während die juristischen Kolleg*innen nach berufsbezogenen Logiken vorgehen, die sich allein auf den juristischen Bereich erstrecken (siehe die bereits beschriebene, von M als Beispiel erwähnte Logik der Subsumption), bedient sich M anderer Vorgehensweisen und richtet sich in seiner täglichen Arbeit – sei es als zugelassener Rechtsanwalt oder als Sozialarbeiter – nach einer Logik aus, die sowohl die Gesetzeslage sieht, gleichzeitig aber auch die Person der Klient*innen. Damit überschreitet M die Grenzen der von ihm als typisch juristisch beschriebenen Logik. Er tut dies, um auf diese Weise die Probleme seiner Klient*innen besser zu bearbeiten. Eine Problembearbeitungsoptimierung ist für ihn aus der Entgrenzung der Logiken insofern gegeben, als dass diese Entgrenzung letztlich eine Bereicherung darstellt. Diese Bereicherung ergibt sich auch aus der sich von M selbst zugeschriebenen Fähigkeit zum Perspektivwechsel. M nimmt die jeweils berufsbezogene Logik oder das gewöhnliche Vorgehen bei den Aufgaben, die bearbeitet werden, als solche wahr und weiß gleichzeitig darum, dass eine Perspektive lediglich eine Perspektive ist und berufsbezogen funktioniert. Es gibt also eine juristische bzw. eine sozialarbeiterische Perspektive, jedoch weiß nur jemand wie M, der für beide Bereiche ausgebildet ist und in ihnen arbeitet, um die Bedeutung dieser Perspektivunterschiedlichkeit. Auch weiß er darum, wie sich der Perspektivwechsel gewinnbringend bzw. erfolgversprechend bei der Fallbearbeitung einsetzen lässt. Mit den berufsbezogenen bzw. von M als typisch berufsbezogen beschriebenen Perspektiven auf den Fall – darunter eine typisch juristische (Priorisierung der Subsumption vor der Person der Mandant*innen) und eine typisch sozialarbeiterische (Priorisierung der Person der Klient*innen vor anderen Kriterien) – verbindet sich das berufsbezogen verstandene Wissen. Es gibt ein juristisches Wissen, das sich in erster Linie als Wissen um Recht und Gesetz darstellt, und ein sozialarbeiterisches Wissen als Wissen um den Menschen, seine Problematiken, seine Beziehungen etc. Ähnlich wie bei K ist auch für M das berufsbezogene Wissen von großer Bedeutung. Wissen wird von M als fest einem Berufsbereich zugehörig verortet. Auch ist dieses Wissen insbesondere in seinem Bezug auf die Berufspraxis von Bedeutung. M framt Wissen. Dies geschieht jedoch nicht auf theoretischer Ebene und wird argumentativ im Gespräch mit Kolleg*innen oder Bekannten bzw. Freund*innen greifbar, wie es bei K der Fall ist, sondern durch Wissenstransfer bzw. konkret-praktische Wissensanwendung, die in ihrer Wichtigkeit dem Wissen mindestens ebenbürtig ist. In diesem Transfer von Wissen, also der direkten Beziehung des Wissens auf die jeweilige Problemstellung, wird der disziplinbezogene Frame zuerst als solcher erkannt, das funktioniert also ähnlich wie bei K., und darin besteht Ms Mehr oder das, was er anderen Kolleg*innen mit einfachem Berufshintergrund, die also nur Jurist*innen sind, voraus hat bzw. was ihn von ihnen unterscheidet. Ist der Disziplinbezug bzw. Fachbezug erkannt, schöpft M beim Transfer des Wissens aus zwei Wissensbeständen (Soziale Arbeit und Jura) das jeweils auf das konkret vorliegende Problem passende Wissen. Dieses Wissen wird dann zur Anwendung gebracht, indem es konkret auf den Fall bezogen wird und mit seiner Unterstützung bzw. durch seinen Transfer die jeweils beste Lösung ausgewählt wird.

Bei M geht es darum, sich selbst vor den Hintergründen seiner juristischen und sozialarbeiterischen Ausbildungen zu positionieren, und die Frage, wer er hinsichtlich dieser Hintergründe und Kontexte ist, auf mehreren Ebenen zu beantworten. M legt großen Wert darauf, wie bereits im Fallporträt gezeigt worden ist, zu begründen, dass es etwas gibt, das er als „meine Profession" (ebd., Z. 48 f.) bezeichnet. Dies belegt er der Forscherin im Interview argumentativ elaboriert. Ein roter Faden der Argumentation für „meine Profession" (ebd.) durchzieht das Material und wird durch viele Beispiele und kleinere Exkurse belegt. Es ist M mit anderen Worten wichtig, der Forscherin zu zeigen, wie er „meine Profession" (ebd.) versteht und was sich die Forscherin darunter vorstellen kann. Damit bietet er der Forscherin ein Bild dafür an, was hier auch unter dem selbstkonstruierten Professionalitätsbegriff Ms zusammengefasst werden kann.

Diese selbstkonstruierte Professionalität Ms soll im Folgenden als Transprofessionalität, bezogen auf das Datenmaterial von Fall M, verstanden werden. Diese Transprofessionalität wird erstens auf mehreren Ebenen hergestellt und zweitens in einem Arrangement der Professionen angeordnet bzw. strukturiert. Ferner soll beides – die Ebenen der Herstellung von Transprofessionalität und das Arrangement der Professionen – weiter beschrieben werden.

4.8.1.1. Transprofessionalität bei M: die Ebene der sinnhaften Selbstkonstruktion

M stellt auf Ebene der sinnhaften Selbstkonstruktion Transprofessionalität her, indem er sich nicht nur als Sozialarbeiter und auch nicht nur als Jurist, sondern als Mischung aus beiden zu jeweils unterschiedlichen Anteilen definiert. Er sieht sich zwar in erster Linie als Sozialarbeiter, da er aktuell zu einem großen zeitlichen Anteil als Sozialarbeiter arbeitet, dennoch ist er nicht nur Sozialarbeiter. Vielmehr ist er jemand, der eine „Schnittstelle" (ebd., Z. 138) zwischen den Disziplinen Soziale Arbeit und Jura als das Gebiet betrachtet, in dem er arbeitet. Beide Disziplinen grenzen aus Ms Sicht aneinander an und der Ort, an dem sich beide treffen, ist Ms Bereich. M versteht sich in diesem Sinne auch als „Sozialrechtler", der sich innerhalb seines Bereichs als Experte bezeichnet und sich zuschreibt, dort in vielerlei Hinsicht beratend tätig sein zu können. Auch schreibt sich M aufgrund seiner Abschlüsse und beruflichen Erfahrungen aus zwei Berufsbereichen eine „Doppelqualifikation" (ebd., Z. 393) zu. Diese hat er genutzt, um sein Konzept einer Rechtsanwaltskanzlei, die auf sozialrechtliche Fragen spezialisiert ist, umzusetzen.

4.8.1.2. Transprofessionalität bei M: die Ebene der Aufgabenbearbeitung

M stellt auf Ebene der Aufgabenbearbeitung eine Form von Transprofessionalität her. Dies geschieht dadurch, dass M beide professionsbezogenen Wissensbestände und Methoden, die er entweder der einen oder der anderen Profession zurechnet, für die Bearbeitung seiner Mandantenfälle aus der Rechtsanwaltskanzlei oder die Bearbeitung von Klientenproblemen aus seinen Tätigkeiten als Sozialarbeiter nutzt. Die Unterscheidung der Wissensbestände fällt für M insofern leicht, als all das, was mit Gesetzen und dem formalen Recht zu tun hat, klar dem juristischen Wissensbestand zuzurechnen ist. Daraus folgt im Umkehrschluss für M, dass alles andere – das Wissen um die Klient*innen, ihre Persönlichkeit, der Umgang, den man mit ihnen pflegen sollte, etc. – dem sozialarbeiterischen Wissensbestand zugeordnet werden kann. M nutzt beide Wissensbestände unabhängig davon, ob er als Jurist oder Sozialarbeiter Mandanten- oder Klientenprobleme bearbeitet. M unterteilt Wissen also klar disziplin- bzw. professionsbezogen, nutzt und wendet es jedoch professionsunabhängig bzw. professionsübergreifend an. Wie mit dem professionsbezogenen Wissen verhält es sich auch mit den Methoden, die für die Aufgabenbearbeitung von M angewandt werden. Sie werden ebenfalls klar in juristische und sozialarbeiterische Methoden eingeteilt. So ist die Subsumption als typisch juristische Aufgabenbearbeitungsmethode zu sehen, die die Mandantenfälle in Tatbestand und Rechtsfolge unterteilt und sie unter Zuhilfenahme dieses „Rasters" betrachtet und bearbeitet. Die Gesprächsführung dagegen ist nach Ks Beschreibung eine sozialarbeiterische Methode. Im Gegensatz zu der juristischen Subsumption ist es in der Sozialen Arbeit wichtig, nicht nur die fragmentierten und aus dem Zusammenhang herausgelösten Aspekte eines Falles zu sehen, sondern sozusagen mehrdimensional bzw. ganzheitlich an die Probleme der Klient*innen heranzutreten. Beide Methoden, die K beispielhaft beschreibt, werden unabhängig davon, ob K als Rechtsanwalt oder als Sozialarbeiter arbeitet, professionsübergreifend von ihm genutzt. K setzt sie dann ein, wenn es ihm richtig und sinnvoll erscheint. Damit entgrenzt K Wissensbestände und Methoden auf Ebene der Aufgabenbearbeitung professionsübergreifend. Er orientiert sich lediglich an dem Output, den er mit professionsübergreifender Wissensbestands- und Methodennutzung möglicherweise erreichen kann. Das übergreifende Ziel, dem die Nutzung dient, ist die optimierte Problembearbeitung. Für M steht die Überzeugung im Vordergrund, dass Wissen die Grundlage ist, auf der sich das berufliche Handeln und die Problembearbeitung organisiert. M sieht sich als Wissensanwender, der aufgrund von zwei Professionshintergründen mehr Wissen zur Anwendungsverfügung hat als Kolleg*innen mit einfachem Professionshintergrund.

4.8.1.3. Transprofessionalität bei M: die zeitliche und die räumlich-logistische Ebene

Auf zeitlicher wie auch auf räumlich-logistischer Ebene ist M aufgefordert, täglich Transprofessionalität herzustellen, weil die Vereinbarung seiner Tätigkeit als Rechtsanwalt und Sozialarbeiter einen genau durchdachten zeitlichen Orientierungsrahmen braucht, damit die Aufgaben, die M jeweils bearbeiten muss, bewältigt werden können. Der zeitliche Rahmen ist so ausgerichtet, dass auf die Soziale Arbeit der deutlich größere, auf die Arbeit als Rechtsanwalt ein entsprechend kleiner Zeitanteil verwendet wird. Damit prägt die Soziale Arbeit auf zeitlicher Ebene Ms „Wochenarbeitsbild" (ebd., Z. 51). Mit der zeitlichen Ebene steht die räumlich-logistische Ebene in direktem Zusammenhang, denn M muss große Distanzen zwischen seinem Wohnort, dem Ort, an dem sich seine Rechtsanwaltskanzlei befindet, dem Ort, an dem seine jeweilige Arbeitsstelle als Sozialarbeiter ist, und den Orten, an denen sich Einrichtungen externer Kooperationspartner*innen der sozialen Einrichtungen befinden, in denen M beschäftigt ist, zurücklegen. Damit ist es Ms Aufgabe, ein räumliches Netz, bestehend aus mindestens vier Knotenpunkten, in unterschiedlichen Zeitabständen zu durchlaufen. Die Entfernungen beziffert M auf rund 100.000 Kilometer pro Jahr. Zeitlicher Rahmen wie auch räumlich-logistisches Management müssen aufeinander abgestimmt und miteinander verzahnt werden, um beide Tätigkeiten auszuüben.

4.8.1.4. Transprofessionalität bei M: Verhältnis beider Professionen zueinander im transprofessionellen Arrangement

Transprofessionalität besteht bei M nicht nur in einer Entgrenzung aus der Enge beider Professionen bzw. der Überschreitung professionsbezogener Grenzen, sondern auch in einem (Neu-)Arrangement der Professionen, also einer Anordnung bzw. Struktur, in der beide Professionen zueinander ins Verhältnis gesetzt werden. Wie sieht diese Verhältnissetzung genau aus? M gibt klar der sozialarbeiterischen Profession den Vorrang. Sie erhält im Arrangement der Professionen ein größeres Gewicht, während die juristische Profession ein geringeres Gewicht zugesprochen wird. Das Arrangement beider Professionen findet also in einer Schwerpunktsetzung zugunsten der sozialarbeiterischen Profession statt. Diese Vorrangsetzung des „Sozialarbeiters" (ebd. Z, 48) vor dem „Juristen" (ebd. Z. 48 ff.) begründet M damit, dass er zum einen den größeren Wochenarbeitszeitanteil auf die Soziale Arbeit verwendet und dass er zweitens seine Gehaltserwartungen an denen von Sozialarbeiter*innen und nicht an denen von Jurist*innen ausrichtet. Beides – die Frage danach, wie viel Zeit auf welche Tätigkeit verwendet wird, wie auch die Frage nach der finanziellen Sicherheit – sind wichtige und dominierende berufliche Aspekte für K. Die juristische Profession mit dem ihr zugeordneten Wissensbestand ist eine Ergänzung auf Ebene des beruflichen Wissens und auf Ebene der Kompetenz, also des Könnens, das K professionsbezogen unterscheidet. In Ms Augen enden sozialarbeiterisches Wissen und Können in einem Bereich, in dem beides sich der juristischen Profession nähert, und sein professionelles Arrangement ist daher das einer Etablierung einer Schnittstelle zwischen Sozialer Arbeit und Jura und gleichzeitig daseiner Ergänzung des Schwerpunkts der sozialarbeiterischen Profession durch die juristische Profession dort, wo dies fallbezogen-situativ anwendbar und damit nutzbar gemacht werden kann.

4.8.2 Transprofessionalität bei K

Wie schon deutlich geworden ist, betrachten alle Interviewpartner – und so auch K – ihre zwei Berufshintergründe als wesentliches Kriterium, das sie von anderen Kolleg*innen in ihren Arbeitsumfeldern, die keine zwei Berufsbezogenheiten aufweisen, unterscheidet. Damit verbunden ist es für die Interviewpartner wichtig, Figuren dafür zu entwickeln, wie ihre Umfelder die Zweiberuflichkeit der

Interviewpartner wahrnehmen. Daneben ist es jedoch ebenfalls für M, K und T wichtig, wie sie sich selbst sehen. Beide Perspektiven – die Außensicht wie die Selbstsicht – nehmen einen hohen Stellenwert ein. Entsprechend unterscheiden sie in ihren Ausführungen häufig die Perspektive der anderen auf sich selbst von der eigenen Sicht auf sich selbst und sie erklären über diese Unterscheidungsfigur ihre beruflichen Selbstbilder unter häufiger Bezugnahme auf Beispiele. Diese führen sie für eine bessere Nachvollziehbarkeit gegenüber der Forscherin detailliert aus. Auch hier lässt sich vermuten, dass die Interviewpartner annehmen, von der Forscherin in einer Weise gesehen zu werden, die ihnen nicht völlig gerecht wird, und dass sie daher kommunikative Strategien nutzen müssen, um die Perspektivfehler bzw. -unzulänglichkeiten korrigieren zu können. Im Fall K liegt in Ks Konstruktion der Ursprung des Unterschieds, der zwischen ihm und den Kolleg*innen aus beiden Arbeitsumfeldern besteht, in der Sicht seines Arbeitsumfeldes auf ihn. In den Augen seiner Kolleg*innen am Gymnasium wird K als jemand gesehen, der „auf zwei Hochzeiten tanzt" (ITS Herr K, Z. 493). Damit unterscheidet sich K von dem Großteil seiner Kolleg*innen. Tatsächlich erwähnt K keine anderen Kolleg*innen am Gymnasium, die ebenfalls an zwei Arbeitsplätzen arbeiten, und es lässt sich annehmen, dass K der einzige Lehrer an seinem Gymnasium ist, der neben seiner Beschäftigung als Lehrkraft noch einen zweiten Arbeitsplatz hat. Mit seiner zweifachen Beruflichkeit entspricht K in seinen Augen den Erwartungen seiner Lehrerkolleg*innen nicht, die davon ausgehen, dass ein Arbeitsplatz, nicht jedoch zwei Arbeitsplätze, die Norm sei, der entsprochen werden soll. Zwar ist K vonseiten seiner Lehrerkolleg*innen „wohl toleriert oder sogar akzeptiert" (ebd., Z. 492). Jedoch können diese nicht wirklich und in der Weise, wie es Ks Wunsch entspräche, verstehen, was Ks doppelte Beruflichkeit für ihn bedeutet. Auch betrachten sie ihn als – so Ks Konstruktion – nicht völlig mit dem Lehrerberuf identifiziert (vgl. ebd., Z. 370). K fühlt sich als jemand gesehen, der „nie voll identifiziert in Sicht/ in der Wahrnehmung der anderen" ist. (ebd.). Und genau das wünscht sich K: im Außen als jemand gesehen zu werden, der sich nicht wesentlich von seinen Kolleg*innen unterscheidet und von anderen als völlig zugehörig betrachtet wird. Die Sicht von außen, wie K sie beschreibt, nimmt einen im Vergleich zur Selbstsicht höheren Stellenwert ein. Daher gibt es einen Konflikt für K, der in der Diskrepanz zwischen Wunsch und Wirklichkeit besteht. Dem Wunsch nach Perspektiv- bzw. Sichtgleichheit zwischen Außensicht und Selbstsicht steht die Realität der Perspektivungleichheit gegenüber. Er wünscht sich auch vonseiten seines Umfelds eine ähnlich positive Perspektivierung seiner doppelten Beruflichkeit, doch aus Ks Sicht erfüllt sich sein Wunsch nicht: „(…) es wird nicht als Bereicherung gesehen, sondern es wird etikettiert" (ebd., Z. 371). Denn das Umfeld – so lautet Ks Erklärung – ist auf einfache und nicht zweifache Berufsfeldzuordnungen fokussiert.

Doch wie genau sieht K sich selbst bzw. seine beiden Tätigkeiten? Es ist bereits deutlich geworden, dass alle Interviewpartner in ihren zweifachen Berufshintergründen für sich persönlich einen Mehrwert oder eine Bereicherung sehen, die sie jeweils unterschiedlich beschreiben und begründen. Dies ist auch bei K der Fall. Beide Studiengänge und die sich jeweils anschließenden beruflichen Erfahrungen stellen für K insofern einen Wert dar, als dass sie seinen Interessen entsprochen haben und seinen Wunsch nach Wissensvergrößerung Nahrung haben geben können. Auch diente vieles, was er in seinem Pädagogikstudium lernen konnte, als Material für eine enge Verzahnung von theoretischem Wissen und praktischer Anwendung. Denn K arbeitete parallel zu seinem Studium und legte Wert darauf, das Wissen, das er sich in seinen Studienveranstaltungen angeeignet hatte, in seiner Arbeit zur Anwendung zu bringen. Und nicht zuletzt bringt Wissen die Möglichkeit mit sich – so sieht es der Interviewpartner –, sich persönlich zu verändern, und eine solche Veränderung ist für den Interviewpartner aufgrund seiner familiären Herkunft zu einem wichtigen Wert geworden, den er nicht nur in den privaten Bereichen seines Lebens als Wert vertritt. Auch versteht sich K in seiner Grundhaltung als kritisch gegenüber den sozioökonomischen Gegebenheiten – unabhängig davon ob diese sein privates oder sein berufliches Leben betreffen. Beides, privates und öffentliches Leben, soll zusammengedacht werden, beides steht in direkter Wechselwirkung zueinander. K ist der Überzeugung, seine politische Haltung wie auch seine pädagogische Haltung, die ihrerseits auf seiner politischen Haltung basiert, auch in seiner Arbeit nach außen tragen zu müssen. Daher pflegt er, mit begründeter Kritik und Änderungsvorschlägen an seine Lehrerkolleg*innen heranzutreten. Dieses Nach-außen-Tragen von Kritik und sein offenes Bemühen um Veränderung ist in seinen Augen von großem Wert, könnte es doch dabei helfen, Missstände zu beheben, bessere und gerechtere Arbeitsbedingungen zu schaffen, ein anderes Miteinander im Kollegenkreis einzuleiten und nicht zuletzt die Bedingungen, unter denen angestellte Lehrkräfte arbeiten, zu verbessern. Jedoch herrscht auch in dieser Hinsicht keine Perspektivgleichheit zwischen Ks Sicht und der seines Umfeldes und K macht die Erfahrung, dass seine Lehrerkolleg*innen wenig Interesse an Diskussionen über die politische Situation haben, vor deren Hintergrund sich die Rahmenbedingungen ihrer Arbeit manifestieren. Sie sind nicht an Veränderung, sondern an der Beibehaltung der Bedingungen, zu denen sie arbeiten, interessiert.

Insgesamt kritisiert der Interviewpartner beide Arbeitsfelder dahingehend, dass die Rahmenbedingungen für die Beschäftigten wenig gerecht seien, weil angestellte Lehrkräfte gegenüber verbeamteten Lehrkräften benachteiligt werden. Darüber hinaus findet K, dass das Funktionieren von Schule darauf ausgerichtet ist, dass in erster Linie Berufsbiografien vorgesehen sind bzw. gefördert werden, die einen einfachen Berufshintergrund aufweisen. K beschreibt sein Arbeitsfeld Schule als „System" (ebd., Z. 669), das nach bestimmten Regeln funktioniert. Diese sind so angelegt, dass der Hauptbeschäftigungstypus der Lehrkräfte die Verbeamtung ist. Entsprechend ist das „System" (ebd.) auf verbeamtete Lehrkräfte und ihre Bedarfe innerhalb ihrer Positionsform, der Verbeamtung, eingerichtet, sodass eine Verfestigung (ebd., Z. 359) eintritt. Diese wiederum verhindert Veränderung zum Beispiel in Richtung einer größeren Offenheit für Mitarbeiter*innen bzw. Beschäftigte in anderen Beschäftigungsformen. Zugespitzt ließe sich sagen, dass das System sich aus Ks Perspektive – betrachtet man die Dynamik der „Verhältnisse" (ebd., Z. 586), wie sie vom Interviewpartner beschrieben werden – so entwickelt, dass sowohl lediglich Lehrer*innen mit einfacher Berufszugehörigkeit als auch Lehrer*innen in verbeamteter Position gewissermaßen vom „System" (ebd., Z. 359) vorgesehen sind und innerhalb dieses „Systems" (ebd.) feste Platzierungsformate erhalten. Diese festen Formate der sicheren Beschäftigung stehen den verbeamteten Lehrkräften im Gegensatz zu den angestellten Beschäftigten auf Lebenszeit zu. Und auch dadurch sind die „Verhältnisse" (ebd., Z. 586), in denen sich die verbeamteten Lehrkräfte befinden, ganz andere als die, in denen sich angestellte Lehrkräfte wie K befinden. Aus Ks Sicht haben seine verbeamteten Kolleg*innen keine Existenzsorgen, sind sie doch auf Lebenszeit verbeamtet. Ihnen sind Existenzängste fremd. Sie fokussieren ihre Aufmerksamkeit auf die Abwicklung der täglich anstehenden Aufgaben ohne das System zu hinterfragen. Angestellte Lehrkräfte sind an Ks Gymnasium selten. K schätzt den Prozentsatz der Angestellten an seiner Schule auf fünf bis acht Prozent (vgl. ebd., Z. 127). Wenn man Ks Sicht des Schul-„Systems" (ebd., Z. 359) weiterdenkt, dann ist das System also so angelegt, dass bestimmte „Verhältnisse" (ebd., Z. 586) geschaffen und aufrechterhalten werden. Ein Bestandteil dieser Verhältnisse ist die primäre Orientierung auf verbeamtete Lehrer*innen und die Orientierung auf Lehrkräfte mit einfachem Berufshintergrund. Diese Situation verdichtet sich dann so weit, dass kein Raum für andere „Verhältnisse" (ebd.) ist, zum Beispiel für angestellte Lehrkräfte mit zwei Arbeitsplätzen, von denen einer an der Schule, der andere in einem anderen Arbeitsbereich verortet ist.

K beklagt also, dass seine zweifache Beruflichkeit vonseiten seines Umfelds – und zwar insbesondere des Schulumfelds – nicht als Mehrwert gesehen wird. Auch vermisst er, dass sein Arbeitsplatz bzw. seine beiden Arbeitsplätze vordringlich auf Kolleg*innen mit einfachem Berufshintergrund ausgerichtet ist bzw. sind. Es besteht eine Situation des Mangels an Wahrgenommen-Werden in der jeweiligen Unterschiedlichkeit zu anderen Kolleg*innen, ohne ausgeschlossen zu werden. Und es besteht der Drang, die eigene Perspektive auf sich selbst – insbesondere dann, wenn sie von außen zu wenig wahrgenommen wird – zu klären. Dies tut K dahingehend, einen Mehrwert oder ein Plus in seiner zweifachen Beruflichkeit zu sehen und daran festzuhalten. Doch wie lässt es sich für K handhaben, dass seine doppelte Berufszugehörigkeit nicht auch vonseiten seiner Kolleg*innen als solche wahrgenommen und anerkannt wird, wenn es – wie es K auch beschreibt – Schwierigkeiten bei der Verbindung beider Beruflichkeiten gibt? Was genau bedeutet das für Ks Selbstbild in Arbeitskontexten? Hier soll die Annahme verfolgt werden, dass diese Mangelsituation zur Ausbildung einer weiteren Selbstkonstruktion führt, die deshalb eintritt, weil die vorherige

Selbstkonstruktion der Biprofessionalität mit vielen nicht auflösbaren Konflikten verbunden ist, und diese weitere Selbstkonstruktion, bezogen auf die Berufsfelder, soll als Transprofessionalität verstanden werden, die aus der gleichsam nicht realisierbaren Biprofessionalität entsteht. Was genau könnte eine solche hier zunächst so benannte Transprofessionalität meinen und wie drückt sie sich bei K aus?

Um diese Frage zu beantworten, ist es notwendig, erst ein anderes Problem zu lösen. Dieses besteht in der Frage danach, wie K Wissen versteht. Wissen kann aus Ks Sicht aus zwei Perspektiven betrachtet werden kann. Die erste Sichtweise versteht Wissen als berufs- bzw. professionsbezogen. Es ist, um eine Metapher zu nutzen, mit einem fest aufgebauten und strukturierten Gebäude zu vergleichen. Dieses Gebäude bietet unterschiedliche Räume bzw. Orte, denen Wissen je nach hergestelltem Bezug zugewiesen wird. Wissen bekommt in dieser ersten Perspektive einen festen Rahmen, in dem es als Wissen überhaupt erst zum Tragen kommt und über den es abgerufen, weitergegeben und in Bezug zu anderem Wissen, das innerhalb eines anderen Rahmens gedacht und begriffen wird, steht. Wissen wird also in dieser ersten Perspektive fest berufsbezogen geframt oder gerahmt und bleibt als solches innerhalb dieses Frames. Diese erste Sichtweise teilen die Lehrer- und Universitätskolleg*innen mit einfacher beruflicher Zugehörigkeit. In ihrer Vorstellung ist berufs- bzw. professionsbezogenes Wissen nur innerhalb eines entsprechenden Rahmens als Wissen begreifbar, erlernbar und anwendbar. Es existiert keine andere parallele Vorstellung von Wissen und eine solche Vorstellung existiert deshalb nicht, weil sich die Kolleg*innen mit einfachem Fachhintergrund keinen zweiten Fachbezug vorstellen können, da sie diesen nicht haben. Entsprechend weisen sie keine Sensibilität, kein Bewusstsein dafür auf, dass ein berufsbezogener Rahmen für das Wissen nur ein Rahmen von vielen anderen Rahmen ist. Die zweite Sichtweise auf Wissen ist sich darüber bewusst, dass Wissen Konstruktionen unterliegt, wenn es in berufsbezogenen Frames verstanden wird. Sie erkennt, dass es Professionsframes für Wissen gibt, die sozusagen eine Handhabbarmachung von Wissen darstellen, die es Wissensrezipient*innen ermöglichen, mit ihnen umzugehen, wenn sie einen Zugang – denn ein solcher ist der Frame ja auch – überhaupt erst ermöglichen. Auch weiß die zweite Perspektive auf Wissen, dass Frames nicht per se fest mit diesem verbunden sind, sondern gesetzt werden, dass sie sozusagen auch künstlich hergestellt werden. Und wenn sie hergestellt werden, also nicht von vornherein sozusagen als natürlich gegebene Einheit mit dem Wissen verbunden sind, dann kann ein Frame von seinem Inhalt gelöst werden. Wenn man weiterdenkt, liegt auf der Hand, dass ein Frame auch durch einen anderen Frame ersetzt werden kann. In der sich anschließenden Konsequenz kann Frame 1 und Frame 2 gewissermaßen dasselbe Wissen umfassen. Es mag auf Wissensbenutzer*innen, die sich der Rahmungen als solche nicht bewusst sind und Inhalt nicht von Rahmen unterscheiden – entsprechend der ersten Sichtweise auf Wissen, wie sie zu

Beginn dieses Abschnitts dargestellt worden ist –, den Eindruck machen, als änderte sich je nach Disziplinbezug zwangsläufig auch der Wissensinhalt, und dies ist durchaus möglich und aus Ks Perspektive erklärt sich daraus auch das Mehr an Wissen, das er sich durch sein Theologie- und Pädagogikstudium angeeignet hat. Doch muss sich der disziplinbezogene Wissensinhalt nicht ändern, es ist auch möglich, dass lediglich der Rahmen um den Inhalt neu gesetzt wird. Das ist es, was K in seiner Selbstkonstruktion tut, wenn er Wissen anwendet: Er verwaltet nicht nur ein Mehr an Wissen, sondern framt Wissen neu oder – mit anderen Worten – reframt es. Dies tut K als jemand, der sowohl Theologe als auch Pädagoge ist und der sich darauf bezogen etwas zuspricht, das ihn von seinen einfach-professionellen Kolleg*innen unterscheidet. Ks Kolleg*innen mit einfachem Berufsbezug verstehen Wissen, um es noch einmal zu sagen, stets als feste Einheit von Rahmen und Inhalt und framen damit in Ks Augen, auch wenn sie selbst das nicht so nennen würden, Wissen stets als berufsbezogen. Da sie keinen zweiten Berufshintergrund haben, können sie dieses Wissen auch nicht in einen zweiten Berufsbezug setzen. K dagegen tut genau das in seiner täglichen Arbeit, er reframt Wissen berufskontextübergreifend. In genau diesem Reframen von Wissen liegt der Unterschied zwischen K mit seiner doppelten Beruflichkeit und den Kolleg*innen mit einfachem Berufsbezug. Genau darin liegt auch ein Mehr an Möglichkeiten, das K im Vergleich zu seinen Kolleg*innen mit einfacher Beruflichkeit aufweist.

Wie stellt sich Ks Transprofessionalität noch dar? Wie bei M wird sie auch bei K auf unterschiedlichen Ebenen hergestellt und befindet sich außerdem in einem Arrangement der Professionen, das als transprofessionelles Arrangement bezeichnet werden soll.

4.8.2.1 Transprofessionalität bei K: Die Ebene der sinnhaften Selbstkonstruktion

K, als Theologe und Pädagoge tätig, bezeichnet sich wie schon erwähnt als „Bildungsarbeiter" (ITS Herr K, Z. 317) und nimmt damit eine arbeitsplatzübergreifende Selbstzuschreibung vor, die sich von der seiner einfach-professionellen Kolleg*innen unterscheidet. Sie konstruieren sich nach Ks Ausführung rein arbeitsfeldgebunden und nicht mit übergreifendem Wertbezug, wie dies K in seiner Selbstkonstruktion als „Bildungsarbeiter" (ebd.) vornimmt. Dies geschieht bei Ks Kolleg*innen zum Beispiel dahingehend, dass sie als Fachlehrer*innen mit hohem Wissenshintergrund und Kompetenzen, die auf das Fach, das sie unterrichten, Bezug nehmen (vgl. ebd., Z. 418 f.). Sie verstehen sich nicht wie K bezogen auf zwei Professionshintergründe. Bildung wird in Ks Augen sowohl im Arbeitsbereich Schule als auch an der Hochschule vermittelt bzw. bearbeitet. Auch fokussiert der „Bildungsarbeiter" (ebd., Z. 317) mit Bildung einen Wert und K wird zum Bearbeiter dieses Wertes. Damit unterscheidet sich K in der Selbstsicht von seinen

Kolleg*innen, die ihre Arbeit nicht vornehmlich als wertorientiert sehen, sondern den Arbeitsbereich, in dem sie arbeiten, als primär sehen und ihre Tätigkeit als Unterricht – dies gilt für die Lehrerkolleg*innen – oder als Lehre – dies gilt für die Hochschulkolleg*innen – bezeichnen würden. Auch sieht sich K als jemand, der in zwei sehr unterschiedlichen Arbeitsbereichen arbeitet, die so unterschiedlich sind, dass sie als jeweils für sich bestehende „Welten" (ebd., Z. 459) von K beschrieben werden. Ks Transprofessionalität besteht zu einem großen Teil darin, diese „Welten" (ebd.) trotz ihrer Unvereinbarkeit dahingehend zusammenzuführen, dass er innerhalb der jeweiligen „Welt" (ebd.) seine Arbeitsaufgaben erledigt und das Hin und Her-Switchen zwischen den Welten als weitere Arbeitsaufgabe sieht.

4.8.2.2 Transprofessionalität bei K: die zeitliche Ebene

Auf zeitlicher Ebene ist K aufgefordert, täglich seine Form der Transprofessionalität dahingehend herzustellen, dass die disparaten zeitlichen Orientierungen beider Arbeitsbereiche von ihm getragen und jeweils in Balance gebracht werden müssen. Das bedeutet, dass K Termine aus beiden Arbeitsbereichen zulasten seiner Freizeit wahrnehmen muss. Ähnlich ist es mit Urlaubszeiten, die sich wenig in Einklang bringen lassen und damit ebenfalls Ks freie Zeit reduzieren. Auch ist der Arbeitsbereich Schule mit seiner festen Tagesstruktur des wöchentlich sich wiederholenden „starren" Stundenplans ein Faktor, der eine hohe Anpassung an die vorgegebene Zeitstruktur von Ks Seite erwartet. Für K steht fest, dass die Herausforderungen der zeitlichen Verzahnung beider Arbeitsbereiche so groß sind, dass es für ihn nicht möglich wäre, wenn zusätzlich auf räumlich-logistischer Ebene lange Wege von Wohnungs- zu Arbeitsorten zu bewältigen wären. Daher hat K von vornherein darauf geachtet, dass sich Wohnort und Arbeitsplätze in einer Stadt befinden und so keine weiten Wege zusätzlich Zeit und damit auch Freizeit kosten.

4.8.2.3 Transprofessionalität bei K: Die inhaltliche Ebene

K sieht sich auf inhaltlicher Ebene als jemand, der über große Wissensressourcen verfügt, da er zwei Disziplinen bzw. Fächer studiert hat, die beide von hohem persönlichem Interesse und Wert für ihn waren und sind. Dieses Mehr an Wissen, über das K verfügt, dadurch, dass er sowohl Theologe als auch Pädagoge ist, sieht er als persönliche Bereicherung. Diesen Reichtum würde er gern in Gesprächen und Diskussionen mit anderen teilen, doch treffen im Arbeitsfeld und der Zusammenarbeit mit Ks Kolleg*innen mit einfachem Professionshintergrund unterschiedliche Perspektiven aufeinander. Im Gegensatz zu K sehen weder die Arbeitskolleg*innen aus Schule und Hochschule noch Bekannte und Freund*innen in Ks zweifachen Berufshintergründen die Ressource bzw. den Wert, den K in ihnen sieht.

4.8.2.4 Transprofessionalität bei K: Die sozio-emotionale Ebene

K fühlt sich von seinen Kolleg*innen aus beiden Arbeitsbereichen nicht in seiner beruflichen Ganzheit so gesehen, wie er es sich wünscht, gesehen zu werden. Da seine Kolleg*innen aus Schule und Hochschule um seine zweifache berufliche Tätigkeit wissen und da diese nicht der Norm entspricht, erhält K Zuschreibungen von außen, die er nicht teilt. Er wird an der Hochschule als Praktiker verstanden. K seinerseits versteht die Universität als theoretisch orientiert.. An der Schule, die K als praktisch verortet beschreibt, wird er als Theoretiker gesehen. So kommen Außenzuschreibungen vonseiten der Arbeitsfelder auf K zu, die ihn jeweils nicht so einzuschließen scheinen, wie er sich das wünscht. Auch decken sich die Außen- und Selbstzuschreibung nicht. K fühlt sich etikettiert, denn in seinen Augen handelt es sich nicht nur um Zuschreibungen, sondern um Wertungen, die seine Person betreffen. Es ist seine Aufgabe, mit der Art und Weise, wie er gesehen wird, aber nicht gesehen werden will, umzugehen und den sich daraus ergebenden subtilen Konflikt um das Gesehen-Werden auszuhalten. Gleichzeitig besteht jedoch auch ein innerer Konflikt hinsichtlich Ks Integrität, die dadurch gefährdet sein könnte, dass er zwei Berufe und nicht einen Beruf lebensbegleitend ausübt. K ist so aufgewachsen, dass man einen Beruf ausübt, den man nicht wechselt, sondern bis zum Lebensende weiterausübt (vgl. ebd., Z. 522 ff.). Es scheint, als habe K einen eigenen Wert verletzt, dadurch, dass es einen beruflichen Wechsel vom Priester zum Religionslehrer und Hochschuldozenten gegeben hat.

4.8.2.5 Verhältnis beider Professionen zueinander im transprofessionellen Arrangement

K setzt seine beiden Professionen, um deren Wesen wie auch um deren Unterschiedlichkeit er weiß, in ein bestimmtes Verhältnis zueinander. Er verortet sich als „Bildungsarbeiter" (ebd., Z. 317) auf einer von K konstruierten arbeitsbereichsübergreifenden Ebene, da er mit Bildung einen Wert bearbeitet, den er beiden Professionen überordnet. Damit stellt K ein Metaebenenmodell her. Als Bildungsarbeiter arbeitet er auf einer selbstkonstruierten, übergeordneten Ebene. Gleichzeitig spielen die Anstellungsverhältnisse, die je nach Arbeitsfeld unterschiedlich sind, für K eine große Rolle. Während K in der Schule unbefristet und damit sicher beschäftigt ist, ist seine Anstellung an der Hochschule befristet, und in Ks Augen ist diese Befristung prekär, sie steht also Ks Ansprüchen an finanzielle Sicherheit entgegen.

4.8.3 Transprofessionalität bei T

Im Gegensatz zu M und K ist T nicht gleichzeitig in zwei Arbeitsfeldern tätig. Zum Zeitpunkt des Interviews arbeitet T als Lehrer an einer Mittelschule. Vor seiner Ausbildung und der sich anschließenden Unterrichtstätigkeit war T Diplom-Sozialpädagoge und arbeitete in einer Hilfeform, den Ambulanten Erziehungshilfe, bei einem großen Träger der Sozialen Arbeit. Im Fall T macht sich viel von dem, was den Sozialpädagogen- bzw. Lehrerberuf in Ts Augen prägt, an Ts Verständnis der jeweiligen beruflichen Rolle fest. Sie steht beispielhaft für Ts Sicht auf seine beiden beruflichen Hintergründe und an ihr orientiert lässt sich ein großer Teil von Ts beruflichem Selbstbild erklären. Auch T unterscheidet seine beruflichen Hintergründe stark. Am Beispiel der jeweils anderen beruflichen Rolle, die es als Sozialpädagoge bzw. als Lehrer zu spielen gilt, wird Ts Verständnis seiner beruflichen Hintergründe deutlich. Wie bereits deutlich geworden ist, ist es Ts Anliegen, die Kompetenzen und Methoden, die er der Sozialpädagogenberufsrolle zuschreibt, auch in den Arbeitskontext Schule einzubringen. Kompetenzen und Methoden, die aus Ts Sicht klar sozialpädagogisch sind, sind das aktive Zuhören, die Fähigkeit zum empathischen Eingehen auf das Gegenüber, die Fähigkeit, von Authentizität geprägte Arbeitsbeziehungen zu den Klient*innen aufzubauen, aufrechtzuerhalten und weiter zu pflegen sowie die Fähigkeit, Geduld zu haben hinsichtlich der Möglichkeiten der Klient*innen, gemeinsam festgelegte Ziele zur Problembearbeitung zu erreichen. Auch steht die sozialpädagogische Berufsrolle in Ts Augen im Zusammenhang mit anderen Charakteristika des Berufsfeldes. So ist die Soziale Arbeit aus Ts Sicht von der direkten Zusammenarbeit mit Kolleg*innen geprägt. Es ist dort wichtig, die Meinung der Kolleg*innen einzuholen und sich hinsichtlich der Bearbeitung der Klientenprobleme abzustimmen. Dies steht in einem direkten Kontrast und einem Gegensatz zum Arbeitsfeld Schule. Hier ist in erster Linie die rasche Entscheidungsfähigkeit der einzelnen Kolleg*innen in Eigenverantwortung und Autonomie wichtig. Im Arbeitsalltag Schule ist es von Bedeutung, dass die einzelnen Lehrkräfte rasch und unmittelbar eigenverantwortet reagieren, es ist keine bzw. wenig Zeit vorgesehen bzw. eingeplant, um sich mit Kolleg*innen im Vorfeld zu besprechen und abzustimmen, um gemeinsam Problembearbeitungsmöglichkeiten bzw. ein bestimmtes Vorgehen in einem bestimmten Fall zu planen und zu entscheiden. Auch ist es im Arbeitsfeld Schule nicht vorgesehen und zeitlich keine Möglichkeit dazu gegeben, Prozesse der Veränderung zu beobachten, abzuwarten und zu beschreiben, wie dies in der sozialen Einrichtung der Fall gewesen ist, in der T als Sozialpädagoge gearbeitet hat. Als Sozialpädagoge war es stets wichtig, Entscheidungen im Team abzustimmen, sie also nicht allein und ohne Absprache mit den Kolleg*innen zu treffen, wie das im Arbeitsfeld Schule üblich ist. Auch schildert T, dass an seinem aktuellen Arbeitsplatz die Möglichkeiten, seine Berufsrolle ganz nach eigenem Ermessen auszuüben, eingeschränkt sind.

T ordnet Kompetenzen jeweils unterschieden nach der einen oder der anderen Berufsrolle zu. So ist es beispielsweise sozialpädagogisch wichtig, geduldig, empathisch, abwartend, zurückgenommen, freundlich und vorsichtig zu sein. Diese Kompetenzen sind aus Ts Sicht jedoch nicht nur Kompetenzen, die je nach Situation abgerufen und zum Einsatz gebracht werden, sondern sie sind verbunden mit Persönlichkeitsanteilen. In T gibt es Anteile eines starken, auch autoritativen Führers, der von den Schüler*innen Beachtung fordert, so wie es auch andere Persönlichkeitsanteile gibt wie Geduld, Verständnis und Einfühlungsvermögen. In seiner aktuellen beruflichen Situation ist T nicht nur in einem Konflikt wegen seiner beruflichen Rolle, wie es T beschreibt, sondern auch in einem Konflikt der eigenen Persönlichkeitsanteile. Es geht also nicht nur um die Frage, was T darf in seiner Lehrerrolle, sondern auch darum, wer er vor dem Hintergrund seiner eigenen Persönlichkeit und der Umstände, die diese Persönlichkeit geprägt haben, ist. Aufgrund der engen Verbindung, die für T zwischen Berufsrolle und Persönlichkeit besteht, wünscht sich T nicht nur mehr Rollenfreiheit an seinem Arbeitsplatz, sondern auch mehr Persönlichkeitsfreiheit. Doch diese ist nicht in der Form und Möglichkeit gegeben, wie sie sich T wünscht. Vielmehr ist Ts Berufsrolle eine formal stark profilierte Rolle, die ihm einen vergleichsweise geringen Spielraum zur Rollenausübung lässt. Auch sind die Rollenfreiheiten je nach Arbeitskontext (Unterricht, Elternarbeit, freiwilliges zusätzliches Engagement in Schülerarbeitsgruppen wie der Streitschlichter-AG) unterschiedlich nuanciert. Im Hauptarbeitskontext, dem Unterricht, bestehen aus Ts Sicht die meisten Rollenfestschreibungen und jede Rollenübertretung wirkt sich mehr oder weniger negativ auf die Umsetzung der Aufgaben aus, die T umsetzen muss. Ein freundlicher, beziehungsorientierter Umgang, den T als Teil der Sozialpädagogenrolle versteht, hat im Arbeitskontext Unterricht Folgen wie Disziplinverlust, verbunden mit Zeitverlust, der seinerseits das Erreichen der Unterrichtsziele verhindert. Mit anderen Worten muss T im Unterricht die Rolle des auf Regeleinhaltung orientierten Lehrers spielen, der ein Auge auf Disziplin und Ordnung hat und jedem Disziplinproblem unmittelbar mit entsprechendem Verhalten (Strafen, Ermahnen etc.) begegnet.

T stellt sich in seiner beruflichen Selbstkonstruktion im Vergleich zu seinen Lehrerkolleg*innen als Lehrer dar, der sich von anderen Lehrer*innen, die T als in gewisser Weise und seinen Erfahrungen nach als typisch betrachtet, unterscheidet. Dabei geht es für T insbesondere um das Verhalten, das Lehrer*innen im Umgang mit ihren Schüler*innen zeigen: Wie sprechen sie mit ihnen? Freundlich oder unfreundlich, einfühlsam oder barsch? Wie führen sie ihre Schüler*innen? Äußern sie eine Bitte oder vielmehr einen Befehl? Sind sie unsicher, wenn sie den Schüler*innen Grenzen setzen oder tun sie es mit einer selbstverständlichen Art, die erwartet, dass die Schüler*innen den Anweisungen folgen? Wie treten sie auf: fürsorglich oder herrisch etc.? Typisch sind in Ts Augen Kolleg*innen, die ein Verhalten zeigen, das T so einordnet, dass es von

Lehrer*innen und nicht von Angehörigen anderer Berufsgruppen gezeigt wird. Von Sozialarbeiter*innen würde dieses Verhalten nach Ts Ausführungen, basierend auf seinen Erfahrungen, wenig bis gar nicht an den Tag gelegt werden und daher ist es für T als typisch für das Arbeitsfeld Schule und den Lehrerberuf. T beschreibt zwei Lehrertypen, die er als gegensätzlich konstruiert. Zwei Kolleg*innen – ein Kollege und eine Kollegin – entsprechen diesem Typ und werden als Beispiele von T herangezogen, um deutlich zu machen, welche Lehrertypen jeweils als Eckpunkte eines Spektrums unterschiedlicher Formen des Umgangs der Lehrer*innen mit ihren Schüler*innen dienen. Zum einen erwähnt T einen Kollegen, der aufgrund seines autoritären Führungsstils im Kollegium „der General" (ITS Herr T, Z. 278) genannt wird. Dieser Kollege verkörpert in Ts Augen den strengen, Gehorsam fordernden Lehrer, der sich auf unbedingte Durchsetzung seiner Anliegen bei den Schüler*innen fixiert und sich so vor den Schülern präsentiert. Der „General" (ebd.) lässt wenig Spielraum, hat einen genauen Plan und ebenso genaue Vorstellungen davon, wie sich die Schüler*innen ihm gegenüber zu verhalten haben, und konstituiert sich über seine Führungsposition. Der „General" (ebd.) könnte, sagt T, „gnadenlos" (ebd., Z. 302) sein, ist aber paradoxerweise dennoch zur Empathie fähig, die er den Schüler*innen jedoch nicht zeigt, dies lässt sein Erziehungsstil nicht zu. Als Gegensatz zu diesem Lehrertyp präsentiert T in seinen Ausführungen eine Kollegin, die er „Übermutter" (ebd., Z. 302) nennt. Sie pflegt einen anderen, bis gegensätzlichen, Stil der Führung, der nicht über Anordnungen, Befehle, Gebote und Verbote, die jeweils Beachtung und Umsetzung verlangen, funktioniert, sondern die Schüler*innen fürsorglich bis überfürsorglich (entsprechend einer Über-Bemutterung) behandelt, ihnen vieles, Herzlichkeit, Wärme und Geborgenheit gibt.. Beide Typen, sowohl der „General" (ebd., Z. 302) als auch die „Übermutter" (ebd.), liegen innerhalb des Spektrums möglicher Ausprägungen, die Lehrer*innen im Umgang mit ihren Schüler*innen im Laufe ihrer Eingewöhnung in den Beruf entwickeln. Ts Wunschführungsstil ist jedoch außerhalb dieser Typik angesiedelt, denn er pflegt einen Umgang mit den Schüler*innen, der dem eines Sozialpädagogen nahe ist. Wie bereits ausgeführt plant T ein Umschalten zwischen Sozialpädagogen- und Lehrerrolle, wünscht sich also Elemente zu implementieren, die er dem Sozialpädagogenberuf zurechnet, bezogen auf den Umgang mit den Klient*innen (Orientierung an der Nähe zu den Klient*innen, Orientierung am Aufbau und Erhalt einer Arbeitsbeziehung, empathisches Verstehen der Anliegen der Klient*innen etc.. Damit würde er sich als Lehrer darstellen, der nicht nur auf die autoritativen Elemente der Lehrerrolle zugreifen kann, sondern diese Rolle dahingehend überschreitet, dass sie um Elemente bereichert wird, die T der Sozialpädagogenrolle zurechnet. In dieser Rollenüberschreitung oder Transzendierung lässt sich der erste Teil von Ts Transprofessionalität erkennen.

Ein weiterer Teil dessen, was als Ts Transprofessionalität verstanden werden kann, lässt sich an der Art und Weise ablesen, in der T sein außerunterrichtliches

Engagement sieht: thematische, außerunterrichtliche Projektgruppen mit Schüler*innen wie die Streitschlichter-AG, aber auch die Elternarbeit oder die Bemühungen, die T auf seine Schüler*innen verwendet und die seiner Beschreibung nach außerhalb des Unterrichts stattfinden und daher von ihm nicht direkt seinem Verständnis von Lehrerprofessionalität zugerechnet werden. Für diese nicht direkt den Unterricht betreffende Arbeit verwendet T mehr Zeit und Energie als andere Lehrerkolleg*innen, die T als typische Lehrer*innen einordnet. Sich selbst sieht er, bezogen auf die genannten zusätzlichen Aspekte seiner Tätigkeit, die er nicht direkt dem Unterricht zurechnet, als ambitionierten Lehrer, der, da er dieses außerunterrichtliche Eigenengagement für wichtig hält und sich selbst als eine Besonderheit zurechnet, die ihn von anderen Kolleg*innen unterscheidet. Er sorgt nicht nur für Disziplin im Unterricht, , sondern verwendet Sorge auf den pädagogischen Umgang mit Schüler*innen zur Förderung ihrer ganzen Person und nicht nur ihrer formal abprüfbaren Leistungen.

4.8.3.1. Transprofessionalität bei T:
die Ebene der sinnhaften Selbstkonstruktion

Ebenso wie M und K stellt T Transprofessionalität her. Seiner Selbstkonstruktion nach ist T Lehrer und gehört zu seinen Lehrerkolleg*innen, jedoch ist er auf eine andere Weise Lehrer, als sie es sind. Ihm ist es wie bereits beschrieben wichtig, nicht nur die beruflichen Elemente, die er als typisch für den Lehrerberuf beschreibt, einzubringen und stark zu machen. Es geht T nicht nur um Leistungsmessung, Disziplinierung und Verhaltenskorrektur seiner Schüler*innen mit Hauptaugenmerk auf den Unterricht. Er betrachtet seine Schüler*innen sozusagen anders, als er dies seinen Kolleg*innen mit einfachem Professionshintergrund zuschreibt. Für ihn ist es wichtig, bei Schwierigkeiten den familiären und sozialen Hintergrund der Schüler*innen einzubeziehen und seinen Blick über den Unterrichtsrahmen hinaus auf die Schüler*innen zu erweitern. Auch ist es ihm wichtig, dass in seiner Klasse ein Zusammenhalt herrscht, dass seine Schüler*innen sich als Gruppe, als Team, begreifen und dass er soziale Strukturen innerhalb seiner Klasse schafft, die es ihm ermöglichen, auch während des Unterrichts individuell auf diejenigen Schüler*innen eingehen zu können, von denen er meint, dass sie seine besondere Unterstützung benötigen. T hat viel pädagogische Arbeit darauf verwenden müssen, dass die Schüler*innen verstanden und akzeptiert haben, dass einige von ihnen eine besondere Berücksichtigung vonseiten ihres Lehrers erfahren, andere dagegen in geringerem Maße beachtet werden, wenn dies notwendig ist. T sieht sich also als Lehrer, der die sozialen Aspekte seines Lehrer-Seins zum Beispiel auf Ebene der Klassenführung, beim Umgang mit seinen Schüler*innen, beim Engagement in außerunterrichtlichen Arbeitsgruppen und in der Elternarbeit etc. stark in seine berufliche Selbstkonstruktion einbindet. Diese Anteile versteht T als sozialpädagogisch. T überschreitet also, betrachtet man die von ihm als sozialpädagogisch bezeichneten Anteile, die er in seine berufliche Konstruktion einbezieht, die Grenzen der Lehrerprofessionalität, wie er sie versteht und stellt mit und in seiner Selbstkonstruktion eine Form von Transprofessionalität her, die den engen einfach-professionellen Zuschnitt der beruflichen Selbstsicht seiner Kolleg*innen transgrediert.

4.8.3.2. Transprofessionalität bei T: die inhaltliche Ebene

Nicht nur auf der Ebene der Selbstkonstruktion, auch auf inhaltlicher Ebene bricht T die Grenzen von Sozialpädagogen- und Lehrerprofessionalität auf. Indem er die Wissensbestände beider Professionen nutzt und sie in derselben Weise auf Situationen anwendet, stellt er auf Inhaltsebene Transprofessionalität her. So weiß er um die Prozesse des Teambuildings bzw. der Gemeinschaftsherstellung in Gruppen, was er als sozialpädagogisches Wissen auffasst. Zusätzlich weiß er, wie er als Lehrer seine Klasse führen muss, um seine Unterrichtsziele zu erreichen, und wie er sein Wissen didaktisch aufbereiten muss, um den Lehrplan umzusetzen. Dieses Wissen ist ein Wissen, das ihm die Erfahrung, die er aus seiner Arbeit als Lehrer gewonnen hat, gebracht hat. Es wird daher von ihm als Lehrerwissen gerahmt. Beide Wissensbestände nutzt T situationsbezogen. Ist seine Klasse undiszipliniert und laut, greift er auf das Wissen rund um Disziplinierung und Führung zurück. Gibt es dagegen Momente, in denen es möglich ist, Probleme oder Themen zu besprechen, die die Klassengemeinschaft betreffen, hilft ihm das sozialpädagogisch gerahmte Wissen. Auch das, was T unter seiner Rolle versteht bzw. was damit gemeint wird, wenn T von seinem „Rollenkonflikt" (ebd., Z. 541) spricht, ist eine Form von Transprofessionalität. Sie wird wirksam, wenn T, wie er es ausdrückt, seine Rolle wechselt, also aus der Rolle, die er als Lehrerrolle definiert, in die Sozialpädagogenrolle tritt. Während er in der Lehrerrolle nicht nur vorsichtig, verständnisvoll, zurückgenommen und demokratisch führt, sondern auch mal aggressiv wird, „seine Präsenz abruft" (vgl. ebd., Z. 653), also bei Unruhe und Disziplinschwierigkeiten durchgreift, klare Regeln aufstellt, Regelverstöße bestraft, kein Aushandeln der Regeln zulässt und stark direktiv führt, erlaubt es ihm die Sozialpädagogenrolle, verständnisvoll, einfühlsam und weniger autoritativ mit den Schüler*innen umzugehen. Auf diese Weise kann er pädagogisch anders wirksam werden und sich auf die bereits genannten anderen Aspekte, die für ihn, bezogen auf den Lehrerberuf, wichtig sind, konzentrieren. Dies erlaubt es ihm, Fragen nachzugehen, die den sozialen und familiären Kontext seiner Schüler*innen betreffen, sie zu beantworten und so besser zu verstehen, warum schwierige Schüler*innen so sind, wie sie sind. Dies erscheint ihm gerade in Anbetracht der Tatsache, dass es nicht wenige Schüler*innen mit sozialen Problemen in seiner Klasse gibt, als wichtig. Gern würde T zwischen Sozialpädagogen- und Lehrerrolle hin- und herschalten, um noch flexibler situationsbezogen auf seine Schüler*innen reagieren zu können, doch noch bleibt dieser

Rollen-Switch eine Wunschvorstellung, die T bisher nicht in dem Maße, wie er es beabsichtigt, hat realisieren können.

4.8.3.3. Verhältnis beider Professionen zueinander im transprofessionellen Arrangement

T arrangiert in seinem beruflichen Selbstbild beide Professionen in einem bestimmten Verhältnis. Ähnlich Ms Konstruktion wählt auch T ein Schwerpunktmodell. Er sieht sich hauptsächlich als Lehrer. Jedoch wird das In-erster-Linie-Lehrer-Sein aufgebrochen durch die als sozialpädagogisch gerahmten Anteile, die T als Teile seines Berufsbilds explizit einbindet. Damit wird der Schwerpunkt auf der Lehrerprofession angereichert durch sozialpädagogische Bezüge. So findet eine Erweiterung des engen, allein auf die Lehrerrahmung ausgerichteten Berufsbildes statt. Wenn die sozialpädagogischen Anteile ebenfalls pädagogisch sind wie die schwerpunktmäßigen Lehreranteile, dann verschmelzen die Differenzlinien zwischen Lehrer- und Sozialpädagogenbezugnahmen. Das Pädagogische aus Lehrer- und Sozialpädagogenanteilen gerinnt zu einem Entgrenzungsbereich, in dem T sich mit seiner Transprofessionalität aufhält.

5. Theoretisierung

Um den aus dem Datenmaterial geschöpften Begriff der Transprofessionalität theoretisch zu erfassen und herauszuarbeiten, soll auf Reckwitz' Theorie zum hybriden Subjekt (2010) Bezug genommen werden. Dies soll deshalb geschehen, da der theoretische Rahmen dieser Studie Professionsträger*innen als Subjekte versteht, die sich nicht auf den funktionalen Aspekt nach Parsons' Verständnis von Professionen reduzieren lassen. In dieser Studie wird ein Blick auf Professionsträger*innen eingenommen, der diese als Subjekte sieht, die sich durch ihre Arbeitspraxis und das, was sie innerhalb dieser tun, selbst verstehen. Sie lassen sich durch die Art und Weise, in der sie ihre Arbeitspraxis vollziehen, verstehen. In dem praxistheoretischen Ansatz des Kulturwissenschaftlers Reckwitz wird davon ausgegangen, dass Subjekte ihren Hervorbringungsort in drei unterschiedlichen sozialen Feldern haben: im Feld der „Praktiken persönlicher und intimer Beziehungen" (ebd., S. 16), im „Feld der Technologie des Selbst" (ebd.) und nicht zuletzt im „Feld ökonomischer Praktiken der Arbeit" (ebd.). In diesem letztgenannten sozialen Feld bringt sich „der Einzelne als Arbeitssubjekt" hervor (ebd., S. 16). Reckwitz spricht davon, dass sich der Einzelne und damit das Subjekt „trainiere" (ebd.). Dieses „Training" (vgl. ebd.) wird hier so verstanden, dass von einer immer wieder auftretenden Praxis, eines Tuns, im Feld der Arbeit die Rede ist, die in Form einer wiederholten Ausübung desselben die oder den Einzelnen zu dem macht, was sie oder er ist. An diesem theoretischen Blick auf den Einzelnen als „Arbeitssubjekt" (ebd.) soll für die Theoretisierung der aus dem Datenmaterial geschöpften Begriffe angeknüpft werden. Es soll hier deshalb so vorgegangen werden, weil erstens wie bereits beschrieben die theoretische Bezugnahme dieser Studie und des Ansatzes von Reckwitz ähnlich gelagert sind und zweitens die Theorie des „hybriden Subjekt" (Reckwitz 2010) als geeignete theoretische Bezugsfolie dienen kann, vor deren Hintergrund verstanden werden kann, was Transprofessionalität jeweils fallbezogen meint.

Im Weiteren soll so vorgegangen werden, dass ein kurzer Abriss von Reckwitz' Theorie mit besonderer In-den-Blicknahme des subjekthervorbringenden Feldes der Arbeit gegeben wird. Im Anschluss sollen Anknüpfungspunkte aus dem Datenmaterial der Fälle herausgearbeitet werden und in einem dritten Schritt soll das, was im Vorhergehenden *präpariert* worden ist, mit der Hybriditätstheorie verzahnt werden.

Kommen wir also zuerst zu Reckwitz' Überlegungen: Im Gegensatz zu anderen Subjekttheorien, die entweder dem „Individualisierungs-" (Reckwitz 2010, S. 14) oder dem „Disziplinierungsnarrativ" angehören und die sich als gegenläufige und wenig vereinbare Vorstellungen dessen darstellen, was das moderne

Subjekt ausmacht, wird dort die Meinung vertreten, dass sowohl Individualisierungs- als auch Disziplinierungsansätze, ohne sich gegenseitig auszuschließen, das moderne Subjekt mit seinen beiden Seiten beschreiben, also seine Unterworfenheit und Formbarkeit von außen wie auch seines Individualismus im Sinne einer autonom funktionierenden Selbstgestaltung von innen. Nach Reckwitz folgen beide Ansätze – Disziplinierungs- wie Individualisierungstheorien – einem Grundmuster: Sie unterstellen dem modernen Subjekt Homogenität, Einheitlichkeit, einen festen Mittelpunkt oder Kern bzw. eine unverbrüchliche Struktur, die ihm zugeschrieben ist, die es ausmacht und auf die es zurückgeführt werden kann (vgl. ebd.). Aus dieser Struktur heraus – so lautet das Verständnis der Reckwitz entgegenstehenden Ansätze – kann das Subjekt bzw. der Einzelne gelesen und verstanden werden (vgl. ebd.). Der Ansicht dieser Ansätze, dass die die Subjekte hervorbringende Moderne kontinuierlich, kontingent und eindeutig sei, dass sie homogen sei und sich selbst linear fortschreibe und entsprechende Einzelne bzw. Subjekte produziere, die ihre Handschrift tragen, hält der Kulturwissenschaftler Reckwitz entgegen:

> „(…) die Moderne produziert keine eindeutige, homogene Subjektstruktur, sie liefert vielmehr ein Feld der Auseinandersetzung um kulturelle Differenz bezüglich dessen, was das Subjekt ist und wie es sich formen kann. Kennzeichnend für die Moderne ist gerade, dass sie dem Subjekt keine definitive Form gibt, sondern diese sich als ein Kontingenzproblem, eine offene Frage auftut, auf die unterschiedliche, immer wieder neue und andere kulturelle Antworten geliefert und in die Tat umgesetzt werden." (ebd., S. 14)

Auch ist die Hervorbringung des Subjekts in der Moderne dadurch charakterisiert, dass sich eine Reihe von Konflikten darum entsteht, wie das Subjekt geformt werden soll (vgl. ebd.). Reckwitz spricht in diesem Zusammenhang von „Agonalitäten" (ebd.) und „Kulturkonflikten" (ebd.), die die Entstehung und Ausprägung des Subjekts markieren. Es kommt zu „Diskontinuitäten" (ebd.), die sich prozesshaft strukturieren und fortschreiben, ohne dass ein Verlauf absehbar wäre, der linear angeordnet wäre und einer Logik folgte, die sich nach einem ersichtlichen Muster strukturierte und entsprechend des einmal erkannten Musters fortschriebe. Diese diskontinuierliche Subjektordnung, wie sie Reckwitz erkennt, charakterisiere sich durch ein Unterlaufen der Logik von rationalen Grenzziehungen, was sich seinerseits gerade in der beständigen Überschreitung von Grenzen ausdrücke (ebd.). Diese Grenzüberschreitungen würden „systematisch" (ebd.) hervorgebracht, kennzeichneten also den Einzelnen nach Reckwitz' Auffassung zutiefst. Diese neue Subjektordnung versteht Reckwitz als hybrid. Der Begriff der Hybridität ist auch aus anderen Ansätzen, zum Beispiel den „Postcolonial Studies"(vgl. Eßer 2013), bekannt. Er bezeichnet hier das postkoloniale Subjekt als Hybrid und meint damit, dass diesem Subjekt eine Inhomogenität zugeschrieben sei, die sich dadurch ausdrücke, dass dieses Subjekt nie „rein" sei, sondern immer in einem Mischungsverhältnis unterschiedlicher Anteile vorliege, deren Anzahl mindestens zwei sei (vgl. Bhabha 1994 und Eßer 2013). Reckwitz geht davon aus, dass das moderne Subjekt hybrid sei in einem Sinne der inneren Brüchigkeit, des Verschwindens bzw. Nicht-Vorhandenseins einer homogenen Struktur. Diese Hybridität berge Inhomogenität, weite sich von einer festen Struktur der Reinheit des Gleichen hin zu einer Ordnung, die keine festen Konturen kenne und stattdessen Mischungsverhältnisse, bestehend aus mehr einer Komponente, zeige. Diese hybriden Arrangements im Sinne von Zusammensetzungen unterschiedlicher Bestandteile in unterschiedlicher Anzahl und Verhältnisse wiesen dort Variabilität auf, wo die klassischen Subjektansätze Stabilität, Homogenität, Kontinuität, Festigkeit und Linearität des Subjekts angenommen hätten. In dieser Mehrdeutigkeit, die das hybride Subjekt kennzeichne, sagt Reckwitz, liege eben jene Subjektordnung der Moderne. Sie weise dabei ein Nebeneinander unterschiedlicher Kodes auf, anhand derer der Einzelne dechiffrierbar sei. Diesen diskontinuierlich verlaufenden Kodes gelte es zu folgen und ihre Bruchlinien gelte es nachzuzeichnen (vgl. Reckwitz 2010, S. 18)

Wie lassen sich Reckwitz' Hybriditätsgedanken nun auf das Datenmaterial der Fälle und insbesondere auf die dort vorliegenden Daten und den Transprofessionalitätsbegriff beziehen? Es soll bei der Verzahnung von Theorie und Datenmaterial so vorgegangen werden:

Erstens werden die Fälle als „Arbeitssubjekte" (Reckwitz 2010, S. 16) verstanden.

Zweitens wird davon ausgegangen, dass Subjekte wie bereits beschrieben in der Moderne in einem Feld der Auseinandersetzung und der beständigen Konflikte um ihre Ausformung ringen und dass diese „Agonalitäten" (ebd., S. 14) als Antwort oder Reaktion der Subjekte auf die Anforderungen der Moderne verstanden werden kann.

Drittens wird *Hybridität*, bezogen auf das „Arbeitssubjekt", so verstanden:

1. Hybridität meint das Nebeneinander-Bestehen von mindestens zwei differenten Komponenten, die sich in einer Mischung, einem Arrangement, jener Bestandteile ausdrückt; die Bestandteile begegnen sich in unterschiedlichen Mischverhältnissen, bestehen nebeneinander und verbleiben in diesem Nebeneinander. Es lässt sich eine „regelmäßige Kopplung unterschiedlicher Kodes verschiedener Herkunft in einer Ordnung des Subjekts" (ebd., S. 19) feststellen. Denkt man den Agonalitäts- und Konfliktgedanken, wie er vorher beschrieben worden ist (vgl. ebd., S. 14), lässt sich annehmen, dass das Nebeneinander-Bestehen differenter Komponenten, bezogen auf das Arbeitssubjekt, von einem Konflikt der Ausformung begleitet wird und Agonalitäten die Formung des Subjekts begleiten.

2. Hybridität drückt sich in den systematischen Grenzüberschreitungen entgegen der Logik rationaler Grenzziehungen aus. Diese Grenzüberschreitungen zeigen sich in einer Kreuzung der „der Sache nach differenzierten Feldern der Arbeit, der persönlichen Beziehungen und der Selbsttechnologie" (ebd., S. 17). Damit laufen im hybriden Subjekt die vormals als getrennt verstandenen sozialen Felder der Subjektproduktion (Arbeit, persönliche und intime Beziehungen und Technologie des Selbst) zusammen oder kreuzen sich in ihm und durch es. Darin findet das Subjekt seinen Ausdruck. Mit anderen Worten steht das hybride Subjekt – denkt man den Ansatz weiter – im Mittelpunkt einer Kreuzung differenter Strukturen seiner eigenen Hervorbringung, die in ihm aufeinandertreffen und die es durch „Training" (ebd.) einübt und in seine Praxis überführt.

Wie stellen sich diese Ausdrucksformen von Hybridität, bezogen auf die Arbeitssubjekte, als die die Fälle gesehen werden, dar? Knüpfen wir zunächst an den unter (1) genannten Aspekt der Hybridität des Subjekts als Heterogenität und Ungleichheit der Komponenten, die es ausmachen, an. Denkt man an die Bedeutung, die allen Fällen der zweifachen Beruflichkeit gemeinsam ist, lässt sich bei den untersuchten Fällen Hybridität der Arbeitssubjekte insofern feststellen, als dass alle Fälleihre zweifache Beruflichkeit – unabhängig davon, ob sie sie aktuell ausüben wie M und K oder ob sie lediglich in einem Arbeitsfeld arbeiten wie T – als zentralen Bestandteil ihres beruflichen Selbst benennen. Entsprechend geben sich M, K und T Selbstbezeichnungen und richten ihre Selbstbilder aus, die beide Berufshintergründe und nicht lediglich einen Berufshintergrund aufführen: M ist Sozialarbeiter und Jurist, K sieht sich als „Bildungsarbeiter" (ITS Herr K, Z. 331) und bezieht sich dabei auf beide Berufsfelder, Schule und Hochschule, in denen er als jemand tätig ist, der Bildung vermittelt. Und T sieht sich als Lehrer, der gleichermaßen dort, wo es ihm möglich ist, die beruflichen Aspekte, die er als sozialpädagogisch markiert, im Arbeitsfeld Schule zur Anwendung bringen möchte. Wie bereits in der Begriffsanalyse gezeigt worden ist, haben die Interviewpartner alle ein Verständnis ihrer besonderen Professionalität, was, bezogen auf alle drei Fälle, als Nebeneinander-Bestehen zweier Beruflichkeiten gedeutet wird. Dieses Nebeneinander-Bestehen findet seinen jeweiligen fallspezifischen Ausdruck und damit sein jeweiliges individuelles Arrangement: Während M großen Wert auf den Wochenzeitarbeitsanteil legt, den er auf seine Sozialarbeiter- und seine Rechtsanwaltstätigkeit verwendet und auf diese Weise beide Beruflichkeiten passgenau arrangiert und für sich praktikabel macht, kennt K die Logiken seiner beiden Arbeitsfelder und weiß, wie er sich in welchem Kontext positioniert, welche Strategien er einsetzt, um sich im Arbeitsfeld Hochschule Verlängerungen des Arbeitsvertrags zu sichern, und was er im Kontext Schule zu tun hat, um seine Aufgaben zu erledigen. Auch hat sich K so eingerichtet, dass er zwei Arbeitsplätze hat und an der Sicherung des einen der beiden arbeitet, die wohnortnah sind.

Damit verbindet K beide Arbeitskontexte über das Arrangement ihrer Wohnortnähe und des Erkennens ihrer jeweils unterschiedlichen Funktionslogiken, nach denen er sich ausrichten kann und mit denen er umzugehen weiß.

T schließlich berichtet von einem Nebeneinander-Bestehen zweier Berufsrollen und zweier erzieherischer Haltungen, die er entsprechend seiner Erfahrungen als Sozialpädagoge und als Lehrer jeweils unterschiedlich wahrnimmt und die beide wie bereits ausgeführt konflikthaft nebeneinander bestehen, sich miteinander verschränken und kreuzen. Um beide Rollen, die Sozialpädagogenrolle und die Lehrerrolle, wie er sie beschreibt, ausüben zu können, schafft er Räume außerhalb des Unterrichts, in denen es für ihn möglich ist, auch seinen Erfahrungen als Sozialpädagoge entsprechend handeln zu können und die vorher ausgeübte Berufsrolle sozusagen zu kleinen Anteilen zusätzlich ausüben zu können. Zu diesen Räumen zählen die Elternarbeit, das zusätzliche pädagogische Engagement in Arbeitsgruppen und der Mehraufwand an Arbeit, den T betreibt, wenn Schüler*innen seiner Einschätzung nach eine zusätzliche, nicht nur schulpädagogische, sondern auch sozialpädagogische Betreuung brauchen. Damit sind die Fälle als hybrid zu sehen, bezogen auf die jeweilige Unterschiedlichkeit der Mischungsverhältnisse der zwei unterschiedlichen Beruflichkeiten, die hier als differente Komponenten verstanden werden.

Kommen wir zum Aspekt der Konflikthaftigkeit, mit der sich die Arbeitssubjekte einbringen als weitere Ausformung der hybriden Arrangements, falls diese Konflikthaftigkeiten begleitend auftreten, wie unter (1) ausgeführt worden ist. Wie bereits beschrieben zeigt sich bei allen Fällen jeweils unterschiedlich stark eine Konflikthaftigkeit der Interviewpartner, in der sie sich mit ihren beruflichen Umfeldern befinden und die sie mit diesen verbindet. M wünscht sich von seinen juristischen Kolleg*innen Anerkennung für das Mehr an Wissen, Methoden und Erfahrung, die ihm seine zweifachen Hintergründe und Arbeitsfelder gegeben haben. Er befindet sich diesbezüglich in einem Konflikt mit ihnen, da sie ihm diese Anerkennung vorenthalten, weil sie seinen Wechsel vom Juristen zum Sozialarbeiter bzw. den Umstand, dass M auch als Sozialarbeiter tätig ist, als etwas sehen, was den höherwertigen Status, den sie dem Juristenberuf zuweisen, mindert, da sie den Sozialarbeiterberuf als nicht gleichwertig einschätzen und somit auch das Als-Sozialarbeiter-tätig-Sein als „Downgrade" (vgl. ITS Herr M, Z. 396) werten. Ähnlich ist es im Fall K. Auch er wünscht sich Anerkennung und Wertschätzung dafür, dass er in zwei Arbeitsfeldern arbeitet und damit in seinen Augen einen Schatz an Wissen und Erfahrung hat, den er gern teilen würde. Dazu wünscht er sich Menschen mit einem Blick von außen, die bereit sind, Ks Perspektive einzunehmen. Doch das kollegiale Umfeld nimmt Ks Tätig-Sein in einem weiteren Arbeitsfeld nicht als etwas Positives und Wertvolles wahr. Es entsteht also ein Konflikt, der sich auch auf der intrapersonalen Ebene zeigt und der im Vorhergehenden als überwiegend intrapersonaler Konflikt gedeutet worden ist rund um das Gesehen-Werden zwischen K und seinen Umfeldern. Und die

Frage danach, wie K gesehen werden darf bzw. soll, ist Zentrum des Konflikts. T befindet sich nach eigener Beschreibung in einem „Rollenkonflikt" (ITS Herr T, Z. 541), den er als intrapersonal benennt, weil T einerseits der autoritativ führende Lehrer sein möchte, was er als die Rolle des Lehrers auffasst, die er einnehmen sollte, gleichzeitig aber auch Aspekte des Sozialarbeiters, der er früher gewesen ist, in seinen jetzigen Lehrerberuf einfließen lassen möchte. Außerdem hat dieser Konflikt, den T als überwiegend inneren Konflikt beschreibt, auch subtile Ausprägungen im kollegialen Umfeld, da sich T in einer bestimmten Weise gesehen und gedeutet fühlt, von der er nicht sicher ist, ob er so gesehen werden möchte. Und dieses Gesehen-Werden als Sozialpädagoge vonseiten seines Lehrerumfeldes ist insofern subtil konflikthaft für T, als dass er sich wünscht, vonseiten seiner Kolleg*innen nur als Lehrer, nicht jedoch als Sozialpädagoge gesehen zu werden. Damit lassen sich die Konflikte, von denen die Interviewpartner in Bezug auf ihre Arbeitsfelder berichten, als Ausdruck von Hybridität der Subjekte deuten, die „Agonalitäten" (Reckwitz 2010, S. 14) unterworfen sind, da sich auch in den Fällen eine Konflikthaftigkeit rund um verschiedene Fragen der Zweiberuflichkeit bzw. Biprofessionalität ablesen lässt.

Auch lässt sich an den Fällen erkennen, dass die geschilderte Konflikthaftigkeit um die zweifache Professionalität bzw. das Ringen der einfach-professionellen Umfelder und der zweifach-professionellen Interviewpartner miteinander – wie es die Fälle beschreiben – eine neue Form von Professionalität produziert. Und damit ist eine neue Form des Selbstverständnisses im Sinne einer Selbstkonstruktion von M, K und T gemeint, die hier als Transprofessionalität beschrieben wird.

Anknüpfend an den zweiten Aspekt von Hybridität mit dem Fokus auf der systematischen Überschreitung von Grenzen, sollen hier die jeweiligen fallspezifischen Transprofessionalitätsbegriffe als weiterer Ausdruck hybrider Subjekthaftigkeit gedeutet werden, insofern sie als *Trans*-Professionalitäten verstanden werden, wobei die aus dem Lateinischen abgeleitete Vorsilbe „trans" im Deutschen mit „über" bzw. „hinaus" wiedergegeben wird. Transprofessionalität ist also eine Form der Professionalität, die über eine Grenze hinweggeht bzw. sie überschreitet. In diesem Sinne sind die Fälle M, K und T zu sehen. Alle drei Fälle zeigen ein Wissen um die Grenzen, die ihre jeweiligen Berufsfelder konturieren, und sie zeigen auch, dass diese Grenzen je nach Berufsfeld von den Interviewpartnern überschritten werden und diese so Transprofessionalität im Sinne einer entgrenzten Professionalität darstellen. Für M ist klar, dass sich die juristischen Kolleg*innen in einer Logik des Status-Upgrades verstehen, das sich an der Höhe der Einnahmen festmacht. Es geht entsprechend dieser Logik, wie sie von M angedeutet wird, darum, Mandant*innen zu finden, deren Fälle einen hohen Profit versprechen. Diejenigen Jurist*innen, die Fälle bearbeiten, die viel Geld versprechen, folgen dieser Logik. Die anderen, denen die Einnahmen und damit der Status, den sie sich dementsprechend zuschreiben, nicht wichtig sind, unter-

laufen diese Logik und das tut auch M insofern, als dass er seine finanzielle Entlohnung von vornherein als unwichtig betrachtet, sich vordringlich darum sorgt,
dass seine Einnahmen für sein Auskommen reichen und er sich, wie er es beschreibt, mit einem Sozialarbeitergehalt zufrieden gibt, das dem eines Anwalts
mit entsprechenden Fällen mit hohem Streitwert und damit hoher finanzieller
Entlohnung nicht entspricht. Auch überschreitet M Grenzen der jeweils professionsbezogen von ihm aufgefassten Wissensbestände und Methoden, wenn er in
Beratungsgesprächen beide Wissensbestände und Methoden situationsbezogen
und zur besseren Problembearbeitung nutzt. In seiner Perspektivwechselfähigkeit zwischen Juristen- und Sozialarbeiterperspektive lässt sich eine weitere Form
des Überschreitens von professionsbezogenen Grenzen sehen, da beide Perspektiven jeweils flexibel von ihm eingesetzt werden, unabhängig von seiner jeweiligen Tätigkeit, also unabhängig davon, ob M gerade als Sozialarbeiter mit seinen
Klient*innen oder als Rechtsanwalt mit seinen Mandant*innen arbeitet.

K überschreitet, so scheint es zunächst, aus seiner Sicht bereits dadurch Grenzen, dass er im Arbeitsfeld Schule arbeitet, das von Kolleg*innen mit einfachem
Professionshintergrund geprägt ist, während er mit seiner eigenen zweifachen
Beruflichkeit in diesem monoprofessionell geprägten Kontext arbeitet. An Ts
Selbstbeschreibung als „Bildungsarbeiter" (ITS Herr K, Z. 331), die als kennzeichnend für Ts Berufsbild gedeutet worden ist, lässt sich eine weitere Grenz-
überschreitung ablesen. Diese liegt vor, weil die Berufsfelder selbst sich nicht in
erster Linie über den in ihnen verhandelten Wert der Bildung verstehen, sondern, wie T es darstellt, über die Aufgaben und Ziele, die sie bearbeiten bzw.
verfolgen. Während Schule nach Ts Beschreibung als Aufgabe und Ziel die Umsetzung des jeweiligen Fachlehrplans festsetzt, ist Hochschule auf die Erschlie-
ßung neuer Forschungsfelder ausgerichtet, die sich zum Beispiel an den Akkreditierungszyklen, in denen neue Inhalte für Forschung und Lehre erarbeitet
werden, ausrichtet. Weder Schule noch Hochschule würden sich vorrangig als
Bearbeiterinnen von Bildung sehen, da ihre Eigensicht anders ausgerichtet ist. T
überschreitet mit seiner Selbstsicht, er sei ein „Bildungsarbeiter" (ebd.), die
Grenzen seiner Arbeitsfelder dahingehend, dass er unabhängig von den Logiken
seiner Arbeitsfelder in ihnen eine übergeordnete Aufgabe erkennt – Bildung zu
bearbeiten –, und schreibt sich selbst diese übergeordnete Aufgabe als eigene
Selbstpositionierung zu. Damit löst er sich aus den Selbstzuschreibungen der Arbeitsfelder. Schule versteht sich als Institution, in der Unterricht stattfindet, ohne
dass dabei die Frage im Vordergrund steht, ob und in welcher Weise damit auch
Bildung geschieht. Damit ist Schule als Arbeitsort, wie K ihn beschreibt, auf bestimmte Grenzen, die sich von übergeordneten Werten bzw. Logiken lösen, beschränkt. Auch die Universität sieht sich nach Ks Beschreibung nicht vorrangig
als Institution, in der Bildung bearbeitet wird, sondern als beruflicher Kontext
mit Ausrichtung auf beständige Innovation in der Forschung, die von K ein ge-
schicktes und nachhaltiges Agieren erfordert, um sich dort behaupten zu

können. Universität würde von sich sagen, interpretiert man Ks Sicht auf die Hochschule richtig, dass dort Forschung und Lehre stattfindet. Ob dort auch Bildung stattfindet, ist – versteht man Ks Beschreibung richtig – nachrangig. Ebenso ist es mit der Schule, die von sich sagen würde, dass ihre Aufgabe der Unterricht ist, und ob dieser gleichzeitig auch Bildung vermittle, ist Ks Beschreibung nach für das Arbeitsfeld weniger wichtig. Mit seiner Eigenbeschreibung als „Bildungsarbeiter" (ebd.) überschreitet K die fixe Verbindung von Institution bzw. Arbeitsfeld und der dort stattfindenden Tätigkeit (Schule: Unterricht, Hochschule: Lehre) und deutet sie in seiner Eigensicht um: von der bloßen Tätigkeit (unterrichten, lehren) zur Arbeit an einem Wert. Denn Bildung ist ein solcher Wert, wie im Fallporträt zu K gezeigt worden ist.

T, ebenso wie K im Kontext Schule tätig, zeigt ein klares Verständnis der Grenzen, die Schule, an der er unterrichtet, arbeitet. Diese Grenzen werden an der Art und Weise sichtbar, wie nach Auffassung des kollegialen Umfeldes, wie T es beschreibt, mit den Schüler*innen umgegangen werden soll. Gleichzeitig erfährt auch T selbst diese Grenzen durch seine eigene praktische Tätigkeit. Er stellt fest, dass er im Unterricht einen bestimmten Umgang mit den Schüler*innen pflegen muss, um die vorgeschriebenen Aufgaben wie die Umsetzung des Lehrplans und das Erreichen der Unterrichtsziele zu bearbeiten. Ist er zu beziehungsorientiert, empathisch und freundlich, wie er es als Sozialpädagoge im Umgang mit seinen Klient*innen gewesen ist, stößt er an seine Grenzen, denn die Schüler*innen akzeptieren dann Ts Führung nicht, die ihrerseits wichtig dafür ist, um die Aufgaben (Umsetzung des Lehrplans, Erreichen der Unterrichtsziele) zu bewältigen. Dadurch, dass T auch einen anderen Umgang als den erforderlichen direktiv-autoritativen mit den Schüler*innen pflegt, übertritt er bereits die Grenzen, die er als schulspezifisch erkennt und die festschreiben, dass T als Lehrer während des Unterrichts lediglich autoritativ führen darf und keinen anderen Umgangsstil bei den Schüler*innen anwenden darf, da dieser die von T als kennzeichnend für das Arbeitsfeld Schule erkannte Zuschreibungslogik (autoritativer Führungsstil = Abarbeiten der Unterrichtsaufgaben / unautoritativer Führungsstil = Disziplinverlust = kein Abarbeiten der Unterrichtsaufgaben) durchkreuzt.

M, K und T lassen sich also als Fälle betrachten, die Transprofessionalität im Sinne einer Hybridität herstellen, insofern sie ihre Professionszugehörigkeiten und -bezugnahmen miteinander vermischen. Sie verstehen ihre Professionalität nicht jeweils separat für sich im Sinne einer arbeitsfeldbezogenen Professionalität, die nach Arbeitsfeld getrennt funktioniert. Auch stellen sie ihre Professionalität nicht separat nach Arbeitskontext her. Vielmehr arrangieren sie ihre professionellen Selbstkonstruktionen innerhalb arbeitsfeldübergreifender und damit transprofessioneller Konstruktionen, die die einzelnen beruflichen Bezüge als solche überschreiten. Ihre Professionsbezüge mischen M, K und T in einer Weise bzw. ordnen Elemente neu an, die sie jeweils dem einen oder dem anderen Kontext zuweisen, und formen sie zu einem Arrangement der Mischung einzelner

Elemente der Berufskontexte unter Auflösung ihres Bezugs zum jeweiligen Arbeitsfeld. Damit entsteht eine neue, andere Form von Professionalität, die sich entsprechend der Beschreibungen der Interviewpartner von der der einfachen Professionalität des kollegialen Umfeldes der Interviewpartner unterscheiden. Damit bestehen zwei differente Professionsbezüge bei den Interviewpartnern nebeneinander und treffen sich in verschiedenen Mischungsverhältnissen. Begleitet werden die transprofessionell-hybriden Professionsentwürfe von Konflikten, bezogen auf ihre jeweiligen konkreten Ausformungen, bzw. um mit Reckwitz zu sprechen: „Agonalitäten" (Reckwitz 2010, S. 14). Diese finden sowohl im Umfeld der Interviewpartner statt als auch auf innerpersönlicher Ebene. Sie fokussieren die differenten berufsbezogenen Perspektiven, Arbeitsweisen und Wünsche zwischen den einfach-professionellen Umfeldern und den zweifach-professionellen Interviewpartnern. Um die Mischungen bzw. Arrangements herzustellen, in denen sich die Transprofessionalität der Interviewpartner ausdrückt, werden systematisch die Grenzen der Professionsbezüge, wie es von den Interviewpartner beschrieben wird, aufgelöst und in eine neue, nicht mehr einfach-professionelle Praxis, wie sie die das kollegiale Umfeld anwendet, nämlich in eine transprofessionelle Praxis überführt, die die Fälle im Zuge ihrer Arbeitstätigkeit ausüben. Sie entsteht auf unterschiedlichen Ebenen: der Ebene der sinnhaften Selbstkonstruktion, der zeitlichen und räumlich-logistischen Ebene, der inhaltlichen Ebene und der Ebene der Aufgabenbearbeitung.

Schlussbetrachtung/Fazit

Betrachtet man die Frage nach der anderen Professionalität der Professionsträger*innen mit Mehrfach-Zugehörigkeit, die in dieser Arbeit als eine Form von
Multiprofessionalität verstanden wird, und greift die eingangs gestellte Frage nach
der möglichen bzw. vermuteten Andersartigkeit einer solchen doppelten Professionalität bzw. Biprofessionalität auf, dann fallen verschiedene Aspekte auf.

Erstens gibt es eine Differenz im Selbstbild der Akteur*innen zwischen sich
als zweifach-Beruflichen und den einfach-beruflichen Kolleg*innen bzw. den
Arbeitsfeldern insgesamt, zu denen Kolleg*innen und Vorgesetzte gezählt werden. Die Berufsbilder zeigen, dass sich Doppelt-Berufliche bewusst von ihren
Kolleg*innen distanzieren und sich andere Attribuierungen zuschreiben, die
sie von ihnen unterscheidet. Es folgt der Argumentation eines Sowohl-als-auch
und einer nicht vollen Alleinzugehörigkeit sowie einer Zugehörigkeitsmischung
im Sinne eines „Ich bin zwar Lehrer, aber eben auch noch Sozialpädagoge, und
daher nicht ganz und gar die Art von Lehrer, wie es meine Kolleg*innen sind"
(Fall T) oder eines „Ich bin in erster Linie Sozialarbeiter, fühle mich aber auch
als Jurist und unterscheide mich von meinen Juristenkolleg*innen in unterschiedlichen Punkten" (Fall M). Diese bewussten Differenzsetzungen transportieren ein variantenreiches Selbstbild, das jeweils eigene Positionierungen
entwirft und diese mit jeweils anders – anders im Sinne einer Differenz zu den
einfach-beruflichen Kolleg*innen – gelagerten Akzentsetzungen umgibt. Diese
Nuancierungen sind von Fall zu Fall unterschiedlich detailliert und ausgear-
beitet. Sie sind jeweils unterschiedlich auf einer Ebene oder mehreren Ebenen
angeordnet. So bezieht sich der Fall T vordringlich auf die Ebene der in direktem Umgang mit den Schüler*innen erfahrenen Berufsrolle und damit auf
eine Inhaltsebene, während in anderen Fällen mehrere Ebenen aufgemacht
werden wie die Ebene eines im Vergleich zu den juristischen Kolleg*innen er-
weiterten Methodeneinsatzes und der ebenfalls im Vergleich zu den genannten
Kolleg*innen größeren Wissensressource. So lassen sich Selbstzuschreibungen
beobachten, die aus der Differenzsetzung/Abgrenzung zu den einfach-beruflichen Kolleg*innen eine besondere Qualität, die durch die beiden Ausbildungen, die Erfahrung aus zwei Arbeitsfeldern und nicht nur einem Arbeitsfeld
etc. begründet ist. Doch während sich die Eigensicht der zweifach-beruflichen
Akteur*innen mit ihrer doppelten Berufstätigkeit einen besonderen Wert zuschreibt, nehmen die Arbeitsfelder diese Ressource nicht als solche wahr und es
lassen sich unterschiedlich starke Konflikte darum, wie die doppelte Beruflichkeit wahrgenommen werden soll, beobachten. Diese Konflikthaftigkeit wird in
den Selbstbildern ebenfalls jeweils unterschiedlich bearbeitet.

Zweitens zeigen alle untersuchten Fälle eine hohe Bezugnahme auf beide Professionen.

Die vermutete Möglichkeit, dass eine der beiden Professionen nicht mehr wichtig sein könnte, lässt sich nicht nachweisen. Auch im Fall des Professionsträgers, der nicht wie die beiden anderen Professionsträger in beiden Arbeitsfeldern arbeitet, sondern „nur" als Lehrer tätig ist (Fall T), lässt sich eine große Wichtigkeit des Sozialarbeiterberufs, der vorher ausgeübt worden ist, ablesen.

Drittens weisen alle Fälle wie bereits beschrieben eine starke Eigenabgrenzung von den Kolleg*innen, Vorgesetzten – kurz: den beruflichen Umfeldern – auf. Die Professionsträger*innen mit doppelter Professionszugehörigkeit sehen eine Differenz zwischen sich und ihren Umfeldern und machen diese Differenz an ihrer Bezogenheit auf zwei berufliche Zugehörigkeiten fest. Diese steht im Gegensatz zur einfach-professionellen Orientierung ihrer Umfelder. Die Mehrfach-Professionalität der Interviewpartner stellt damit einen wichtigen Aspekt der beruflichen Selbstbilder der untersuchten Biprofessionellen dar. Diese doppelte Bezogenheit ist auch dann ein Kernelement, wenn die Professionsträger*innen nicht gleichzeitig in beiden Arbeitsfeldern arbeiten, wie dies bei T der Fall ist. Die Biprofessionalität zeigt sich damit als ein Nebeneinander zweier Professionsbezüge, das sich in den Augen der zweifach-professionellen Professionsträger*innen über die Differenzsetzung zu einer den Umfeldern zugeschriebenen Professionalität mit einfachem Professionsbezug bzw. Monoprofessionalität ergibt.

Viertens zieht die Differenz zwischen den biprofessionellen Professionsträger*innen und ihren monoprofessionellen Umfeldern im praktisch-alltäglichen Beruflich-tätig-Sein unterschiedliche Orientierungen, Ziele und Ansprüche nach sich, die die Professionsträger*innen mit Mehrfach-Professionsbezug im Gegensatz zu ihren Umfeldern haben. Auch zeigt sich ein Machtungleichgewicht zwischen den biprofessionellen Professionsträger*innen und ihren Umfeldern zu Ungunsten der Zweifachprofessionellen. Aus dieser Unterschiedlichkeit ergeben sich zunächst Spannungsfelder, die sich im Weiteren zu Konfliktfeldern von unterschiedlicher Intensität verändern. Diese Konflikte der Unterschiedlichkeit zwischen den Mehrfach-Professionellen und ihren einfach-professionellen Kontexten stellen sich als Konflikte dar, die in erster Linie intrapersonal stattfinden und die von den Zweifach-Professionsträger*innen bearbeitet werden. Aber sie treten auch als Konflikte zwischen den einzelnen Biprofessionellen und ihren Umgebungen hervor. Gewisse Ansprüche bzw. Wünsche der Professionsträger*innen können nicht innerhalb der monoprofessionellen Umfelder verwirklicht werden.

Nicht nur aus dieser Konflikthaftigkeit, aber auch durch sie bedingt, entwickeln die Fälle fünftens jeweils unterschiedliche Strategien des Umgangs mit der Kluft zwischen ihren biprofessionellen Wünschen und der monoprofessionellen Wirklichkeit. Diese Formen des Umgangs drücken sich in einer Distanzierung von einer Profession oder von beiden Professionen aus. Auch findet ein Überschreiten der Grenzen von einer Profession oder beiden Professionen statt. Die Professionsträger*innen bringen mit anderen Worten Formen von Transprofessionalität hervor. Diese fungiert sozusagen als praktisch-alltäglicher Ausdruck der zweifachen Beruflichkeit bzw. der Biprofessionalität, die die Befragten aufweisen. Dabei drücken sich die beiden Professionsbezüge in der bereits erwähnten Form eines Nebeneinanders von beiden beruflich-professionellen Bezogenheiten aus. Dieses Nebeneinander bzw. das Arrangement der Professionalitäten stellt sich als ein auf unterschiedlichen Ebenen angeordnetes Mischungsverhältnis dar. Dieses findet auf folgenden Ebenen statt: der zeitlichen, der räumlich-logistischen, der sozial-emotionalen, der inhaltlich auf die Professionen bezogenen Ebene und der sinnhaften Ebene der Selbstkonstruktion. Innerhalb dieser Ebenen wird die jeweilige Transprofessionalität mit jeweils unterschiedlich großen Schwerpunktsetzungen auf einer Ebene oder mehreren Ebenen hervorgebracht. Diese Leistung des Herstellens auf mehreren Ebenen ist eine immer wieder neu zu erbringende, flexible und den jeweils herrschenden Umständen angepasste Leistung der Selbstorganisation innerhalb der jeweiligen beruflichen Kontexte.

Im Fall M stellen sich die zeitliche, die räumlich-logistische und die inhaltliche Ebene als wichtige Schwerpunktsetzungen in der täglichen Herstellung von Ms Transprofessionalität dar. Zeitliche und räumlich-logistische Ebene verschränken sich zusätzlich miteinander, da zwischen Wohn- und Arbeitsorten (der eigenen Kanzlei und den jeweiligen Arbeitsstellen in Einrichtungen der Sozialen Arbeit) täglich große Distanzen bewältigt werden müssen und nicht alle Tätigkeiten an allen Arbeitsorten ausgeführt werden können. Auf der inhaltlichen Ebene findet ein differenziertes Tätig-Sein im Sinne einer von M jeweils extra gerahmten sozialarbeiterischen und juristischen Professionalität statt. Sie hat einen jeweils auf die sozialarbeiterische bzw. juristische Profession bezogenen Wissens-, Kompetenz-, Methoden- und Erfahrungsbezug.

Im Fall K stellt sich die zeitliche, die sozial-emotionale Ebene und die sinnhafte Ebene der Selbstkonstruktion als Ort der Schwerpunktsetzung bei der Herstellung von Transprofessionalität dar. Es ist tägliche Aufgabe Ts, berufliche Termine aus beiden Arbeitsfeldern, Freizeit und die jeweils anders organisierte und bemessene Urlaubszeit zu koordinieren. Auch muss T die sozial-emotionalen Bezugnahmen mit den jeweils unterschiedlichen Blicken, die T von Arbeitsfeld zu Arbeitsfeld unterschiedlich erfährt, ausbalancieren , auf der sinnhaften Ebene der Selbstkonstruktion ein arbeitsfeldunabhängiges Selbstbild entwickeln und immer wieder neu herstellen.

Bei T erweist sich die Herstellung von Transprofessionalität insbesondere auf der inhaltlichen Ebene der jeweils unterschiedlichen Bezugnahme auf Erst- und Zweitprofession wie auch auf der sozial-emotionalen Ebene und der sinnhaften Ebene der Selbstkonstruktion als bedeutsam. An Ts Rollenkonflikt wird deutlich, dass die inhaltliche Bezugnahme im Sinne einer Bezugnahme auf die Sozialarbeiter- oder die Lehrerrolle täglich neu erarbeitet werden muss und beide Bezugnahmen miteinander abgeglichen und gegeneinander austariert werden müssen. Auf der sozial-emotionalen Ebene findet die Herstellung von Transprofessionalität im Austausch mit den Lehrerkolleg*innen und Vorgesetzten statt in Form einer halb spielerischen, halb ernsten Zuschreibung an T, ein Lehrer zu sein, der eher Sozialpädagoge als Lehrer ist, die von T ebenfalls spielerisch beantwortet wird. Auf der Ebene der Selbstkonstruktion wird eine Selbstzuschreibung erarbeitet, die sich so darstellt, dass T sich als Lehrer sieht, der sich in seinem Führungsstil wie auch in seinem Umgang mit den Schüler*innen von seinen Kolleg*innen unterscheidet und in dieser Unterschiedlichkeit einen eigenen Platz für sich beansprucht.

Insgesamt zeigen alle drei Fälle die Herstellung einer Transprofessionalität auf der sinnhaften Ebene der Selbstkonstruktion. M zeigt in seiner Selbstdarstellung ein transprofessionelles Selbstbild, da er sich als jemand beschreibt, der an der Schnittstelle zwischen Sozialer Arbeit und Jura tätig ist. Damit überschreitet er sowohl die sozialarbeiterischen als auch die juristischen Perspektivnahmen, die beide so angelegt sind, dass sowohl die Soziale Arbeit als auch der Rechtsbereich sich als Professionen verstehen, die zu autonom auftreten, als dass sie eine direkte Bezugnahme auf angrenzende Professionen in dieser Form zentral in ihrer Sicht auf sich selbst zu formulieren imstande wären. K transzendiert beide Professionen dahingehend, dass er ihnen einen übergeordneten Wert zuschreibt, und zwar den der Bildung, an den er seine sinnhafte Selbstkonstruktion anschließt, wenn er von sich als „Bildungsarbeiter" (ITS Herr K, Z. 331) spricht. Damit schafft er ein arbeitsfeldunabhängiges Selbstverständnis, das sich deutlich von dem seiner einfach-professionellen Kolleg*innen unterscheidet. T stellt nicht zuletzt in seiner Selbstkonstruktion von sich das Bild eines Lehrers her, der sein Lehrer-Sein bewusst nicht nur in den Kontext der Schule stellt, sondern sich bezogen auf die Rolle, die er den Schüler*innen gegenüber einnehmen möchte, auch auf die Erfahrungen aus seiner Erstprofession bezieht. Damit überschreitet T den Raum, den ihm die Lehrerprofession für die Ausführung seiner Berufsrolle bietet, und arrangiert ihn neu mit einem durch sozialpädagogische Elemente angereicherten beruflichen Selbstverständnis.

Abkürzungsverzeichnis

Folgende Abkürzungen wurden verwendet:

B	Befragter
I	Interviewerin
ITS	Interviewtransskript
ITS Herr M	Interviewtransskript des Interviews mit Herrn M
ITS Herr K	Interviewtransskript des Interviews mit Herrn K
ITS Herr T	Interviewtransskript des Interviews mit Herrn T
unv.	unverständlich
Z.	Zeilennummer des Transskripttextes

In den Transkriptionen der Interviews wurden folgende Transkriptionszeichen verwendet:

/	Satzabbruch
(.)	kurze Pause
(..)	längere Pause
(…)	Auslassung einer Textpassage

Literatur- und Quellenverzeichnis

Abbott, Andrew (1980) Religion, Psychiatry and Problems of Everyday Life. In: Sociological Analysis Vol. 41, No. 2, S. 164 - 171

Abbott, Andrew (1988) The System of Professions. An Essay on the Division of Expert Labour, Chicago: The University of Chicago Press

Alheit, Peter (1999) „Grounded Theory": ein alternativer methodologischer Rahmen für qualitative Forschungsprozesse http://www.global-systems-science.org/wp-content/uploads/2013/11/On_grounded_theory.pdf (letzter Zugriff: 25.11.2020)

Bauer, Petra (2018) Multiprofessionalität. In: Graßhoff, Gunther et al. (Hrsg.) Soziale Arbeit. Eine elementare Einführung, Wiesbaden: Springer, S. 727 - 739

Bloemer, Vera (2005) Patchworkkarriere. Mit Vielseitigkeit und Strategie zum Berufserfolg, Walhalla Metropolitan

Böhm, Andreas (2015) Theoretisches Codieren. Textanalyse in der Grounded Theory. In: Flick, Uwe et al. (Hrsg.) Qualitative Sozialforschung. Ein Handbuch, Reinbek: Rowohlt, S. 475 - 485

Bhabha, Homi K. (1994) The Location of Culture. London: Routledge

Braun, Andrea (2010) Biografie, Profession und Migration. Rekonstruktion biographischer Erzählungen von Sozialpädagoginnen in Deutschland und Kanada, Wiesbaden: VS Research

Büker, Petra/Höke, Julia (2020) Bildungsdokumentation in Kita und Grundschule stärkenorientiert gestalten, Stuttgart: Kohlhammer

Brücker, Herbert et al. (Hrsg.) (2012) Handbuch Arbeitsmarkt 2013. Analysen, Daten, Fakten, Bielefeld: Bertelsmann

Carr-Saunders, Alexander M./Wilson, Paul A. (1936) The Professions, Cambridge: Clarendon Press

Daheim, Hansjürgen (1970) Der Beruf in der modernen Gesellschaft. Versuch einer soziologischen Theorie beruflichen Handelns. Zweite Auflage 1970, Köln/Berlin: Kiepenheuer & Witsch

Daigler, Claudia (2008) Biografie und sozialpädagogische Profession: eine Studie zur Entwicklung beruflicher Selbstverständnisse am Beispiel der Arbeit mit Mädchen und jungen Frauen, Weinheim: Juventa

Dausien, Bettina (1996) Biografie und Geschlecht. Zur biographischen Konstruktion sozialer Wirklichkeit in Frauenlebensgeschichten, Bremen: Donat Verlag

Dewe, Bernd (1996) Das Professionswissen von Weiterbildnern: Klientenbezug – Fachbezug. In: Combe, Arno/Helsper, Werner (Hrsg.) Pädagogische Professionalität. Untersuchungen zum Typus pädagogischen Handelns, Frankfurt a. M.: Shurkamp, S. 714 – 757

Diekmann, Andreas (2016) Empirische Sozialforschung. Grundlagen, Methoden, Anwendungen. 10. Auflage April 2016, Reinbek: Rowohlt

Ehlke, Caroline (2020) Careleaver aus Pflegefamilien. Die Bewältigung des Übergangs aus der Vollzeitpflege in ein eigenverantwortetes Leben aus Sicht der jungen Menschen, Weinheim: Beltz Juventa

Eßer, Florian (2013) Das Kind als Hybrid. Empirische Kinderforschung (1896 - 1914), Weinheim/Basel: Beltz Juventa

Etzioni, Amitai (1964) Modern Organizations. Englewood Cliffs: Prentice-Hall

Fabel-Lamla, Melanie (2004) Professionalisierungspfade ostdeutscher Lehrer: biographische Verläufe und Professionalisierung im doppelten Modernisierungsprozess, Wiesbaden: VS Verlag für Sozialwissenschaften

Fabel-Lamla, Melanie et al. (2019) Multiprofessionalität und Konflikt. In: Karic, Senka et al. (Hrsg.) Multiprofessionalität weiterdenken. Dinge, Adressat*innen, Konzepte, Weinheim/Basel: Beltz Juventa, S. 100 - 124

Freidson, Eliot (1975) Dominanz der Experten. Zur sozialen Struktur medizinischer Versorgung. Eliot Freidson. Herausgegeben und übersetzt von Johann Jürgen Rohde. Unter Mitarbeit von Gabriele Faulhaber und Hermann Better, München/Berlin/Wien: Urban und Schwarzenberg

Freidson, Eliot (2001) Professionalism. The third Logic, Cambridge: Polity Press

Gerstenauer, Therese et al. (Hrsg.) (2016) Arbeit im Lebenslauf. Verhandlungen von (erwerbs-)biographischer Normalität, Bielefeld: Transcript

Goode, William J. (1972) Professionen und die Gesellschaft. Die Struktur ihrer Beziehungen. In: Luckmann,

Thomas/Sprondel, Michael (Hrsg.) Berufssoziologie, Köln: Kiepenheuer und Witsch, S. 157 - 167

Hartmann, Heinz (1972) Arbeit, Beruf, Profession. In: Luckmann, Thomas/Sprondel, Michael (Hrsg.) Berufssoziologie, Köln: Kiepenheuer und Witsch, S. 36 - 52

Hesse, Hans A. (1968) Berufe im Wandel. Ein Beitrag zum Problem der Professionalisierung, Stuttgart: Enke

Heyer, Lea et al. (2019) Entwürfe der Zusammenarbeit zwischen Vergemeinschaftung und Vergesellschaftung: wie Multiprofessionalität hergestellt werden soll. Ein handlungsvergleichender Blick. In: Karic, Senka et al. (Hrsg.) Multiprofessionalität weiterdenken. Dinge, Adressat*innen, Konzepte, Weinheim/Basel: Beltz Juventa, S. 125 - 161

Hoff, Walburga (2002) Die ethische Bindung an den Erziehungsauftrag als Grundlage professioneller Schulleitung: Gymnasialdirektorinnen in den 60er Jahren. In: Kraul, Margret et al. (Hrsg.) Biograpie und Profession, Bad Heilbrunn: Verlag Julius Klinkhardt, S. 103 - 131

Hopf, Christel (2015) Qualitative Interviews – ein Überblick. In: Flick, Uwe et al. (Hrsg.) Qualitative Forschung. Ein Handbuch. 11. Auflage, Reinbek: Rowohlt, S. 349 - 360

Hughes, Everett (1958) Men and Their Work, Glencoe: Free Press

Hughes, Everett (1971) The Sociological Eye – Selected Papers, Chicago/New York: Aldine Atherton

Hülst, Dirk (2010) Grounded Theory. In: Friebertshäuser, Barbara et al. (Hrsg.) Handbuch qualitative Sozialforschung in der Erziehungswissenschaft. 3., vollständig überarbeitete Auflage, Weinheim: Juventa Verlag, S. 281 - 300

Jarausch, K. H. (1996) The Unfree Professions: German Lawyers, Teachers, and Engineers, 1900 - 1950, New York: Oxford University Press

Johnson, Terence (1972) Professions and Power, London-Basingstoke: Macmillan

Kairat, Hans (1969) „Professions" oder „Freie Berufe"? Professionelles Handeln im sozialen Kontext, Berlin: Duncker & Humblot

Kallmeyer, Werner/Schütze, Fritz (1977) Zur Konstitution von Kommunikationsschemata der Sachverhaltsdarstellung. In: Wegner, Dirk (Hrsg.) Gesprächsanalysen. Vorträge gehalten anlässlich des 5. Kolloquiums des Instituts für Kommunikationsforschung und Phonetik, Bonn, 14. - 16. Oktober 1976, Hamburg: Buske, S. 159 - 274

Karic, Senka et al. (Hrsg.) (2019) Multiprofessionalität weiterdenken. Dinge, Adressat*innen, Konzepte, Weinheim/Basel: Beltz Juventa

Kleve, Heiko (2000) Die Sozialarbeit ohne Eigenschaften. Fragmente einer postmodernen Professions- und Wissenschaftstheorie Sozialer Arbeit, Freiburg: Lambert

König, Eckard (2014) Systemdiagnose von Professionalität. In: Schwarz, Martin P. et al. (Hrsg.) Professionalität: Wissen – Kontext. Sozialwissenschaftliche Analysen und pädagogische Reflexionen zur Struktur bildenden und beratenden Handelns. Festschrift für Prof. Dr. Bernd Dewe, Bad Heilbrunn: Verlag Julius Klinkhardt, S. 75 - 85

Korth, Anna et al. (2020) Per se eine multi-professionelle Profession? Einleitung in den Schwerpunkt. In: Sozial Extra 3. Zeitschrift für Soziale Arbeit. Multiprofessionalität, S. 124 f.

Kraul, Margret (2002) Biographie und Profession, Bad Heilbrunn: Verlag Julius Klinkhardt

Krause, Elliot (1996) Death of the Guilds: Professions, State and the Advance of Capitalism, New Haven: Yale University Press

Kunze, Katharina (2013) Biographie und berufliches Handeln eines Waldorflehrers. Rekonstruktion zum Wechselverhältnis von Biographie und Profession, Opladen: Budrich

Kraul, Margret et al. (Hrsg.) (2002) Biographie und Profession, Bad Heilbrunn: Verlag Julius Klinkhardt

Kurtz, Thomas (2000) Moderne Professionen und Gesellschaftliche Kommunikation. In: Soziale Systeme 6. Jg., H. 1, S. 169 - 194

Larson, Magali (1977) The Rise of Professionalism. A sociological Analysis, Berkeley/Los Angeles/London: California Press

Luhmann, Niklas (1981) Die Profession der Juristen: Kommentare zur Situation in der Bundesrepublik Deutschland. In: Luhmann, Niklas Ausdifferenzierung des Rechts, Frankfurt a. M.: Suhrkamp, S. 173 - 190

Luhmann, Niklas/Schorr, Karl-Eberhard (1979) Reflexionsprobleme im Erziehungssystem, Stuttgart: Klett/Cotta

Maiwald, Kai-Olaf (1997) Die Herstellung von Recht. Eine exemplarische Untersuchung zur Professionalisierungsgeschichte der Rechtsprechung am Beispiel Preußens im Ausgang des 18. Jahrhunderts, Berlin: Duncker & Humblot

Marshall, T. H. (1939) The recent History of Professionalism in Relation to Social Structure and Social Policy. In: Canadian Journal of Economics and Political Science 5, S. 325 - 340

Mok, Albert L. (1969) Alte und neue Professionen. In: Kölner Zeitschrift für Soziologie und Sozialpsychologie 21, S. 770 - 781

Nittel, Dieter/Seltrecht, Astrid (2016) Biographie. In: Dick, Michael et al. (Hrsg.) Handbuch Professionsentwicklung, Bad Heilbrunn: Verlag Julius Klinkhardt, S. 138 - 149

Nürnberg, Claudia/Schmidt, Maria (2018) Der Erzieherinnenberuf auf dem Weg zur Profession: eine Rekonstruktion des beruflichen Selbstverständnisses im Kontext von Biographie und Gesellschaft, Opladen: Budrich

Oevermann, Ulrich (1996) Theoretische Skizze einer revidierten Theorie professionalisierten Handelns. In: Combe, Arno/Helsper, Werner (Hrsg.) Pädagogische Professionalität. Untersuchungen zum Typus pädagogischen Handelns, Frankfurt a. M.: Suhrkamp, S. 70 - 182

Oevermann, Ulrich (1997) Die Architektonik einer revidierten Professionalisierungstheorie und die Professionalisierung rechtspflegerischen Handelns. In: Wernet, Andreas Professioneller Habitus im Recht. Untersuchungen zur Professionalisierungsbedürftigkeit der Strafrechtspflege und zum Professionshabitus von Strafverteidigern. Mit einem Vorwort von Ulrich Oevermann, Berlin: Edition Sigma, S. 9 - 19

Parsons, Talcott (1970) Struktur und Funktion der modernen Medizin. In: Kölner Zeitschrift für Soziologie und Sozialpsychologie, Sonderheft 3, 4. Auflage, S. 10 - 57

Parsons, Talcott (1968) Die akademischen Berufe und die Sozialstruktur. In: Rüschemeyer, Dietrich (Hrsg.) Talcott Parsons. Beiträge zur soziologischen Theorie. Herausgegeben und eingeleitet von Dietrich Rüschemeyer. 2. Auflage, Neuwied am Rhein: Hermann Luchterhand Verlag, S. 160 - 179

Pfadenhauer, Michaela (2003) Professionalität. Eine wissenssoziologische Rekonstruktion institutionalisierter Kompetenzdarstellungskompetenz, Wiesbaden: Springer Fachmedien

Pfaffenberger, Hans/Schenk, Hans (1992) Sozialarbeit zwischen Berufung und Beruf. Professionalisierungsprobleme und Verwissenschaftlichungsprobleme der Sozialarbeit/Sozialpädagogik, Münster/Hamburg: Lit

Przyborski, Aglaja/Wohrab-Sahr, Monika (2014) Qualitative Sozialforschung. Ein Arbeitsbuch. 4. Auflage, München: Oldenbourg Verlag

Reckwitz, Andreas (2010) Das hybride Subjekt. Eine Theorie der Subjektkulturen von der bürgerlichen Moderne zur Postmoderne. Studienausgabe 2010. Unveränderter Nachdruck der Erstausgabe 2006, Weilerswist: Welbrück Wissenschaft

Reichertz, Jo (1993) Das Dilemma des „klinischen" Sozialwissenschaftlers und Sozialpädagogen. Kritische Randnotizen zur Nutzung der Oevermannschen Professionstheorie im sozialpädagogischen Diskurs. In: Pfaffenberg, Hans/Schenk, Hans (Hrsg.) Sozialarbeit zwischen Berufung und Beruf. Professionalisierungs- und Verwissenschaftlichungsprobleme der Sozialarbeit/Sozialpädagogik, Münster/Hamburg: Lit, S. 205 – 222

Rifkin, Jeremy (2016) Das Ende der Arbeit und ihre Zukunft. Neue Konzepte für das 21. Jahrhundert. 4. Auflage, Frankfurt a. M.: Fischer Taschenbuchverlag

Royl, Wolfgang (2005) Berufliche Mehrfachqualifikation. Persönlichkeitsentwicklung und individuelle Beschäftigungschance. In: Gonon, Philip et al. (Hrsg.) Kompetenz, Kognition und neue Konzepte der beruflichen Bildung, Wiesbaden: Springer, S. 101 - 110

Rüschemeyer, Dietrich (1972) Ärzte und Anwälte: Bemerkungen zur Theorie der Professionen. In: Luckmann, Thomas/Sprondel, Michael (Hrsg.) Berufssoziologie, Köln: Kiepenheuer und Witsch, S. 169 - 197

Sahle, Rita (1985) Professionalität oder Technokratie? Zur Mikrologie einer Beratungsbeziehung. In: Neue Praxis 2/3 1985, 151 - 170

Schaeffer, Doris (1990) Psychotherapie zwischen Mythologisierung und Entzauberung. Therapeutisches Handeln im Anfangsstadium der Professionalisierung, Opladen: Westdeutscher Verlag

Schmidt, Ralph/Spree, Ulrike (2005) (Hrsg.) Gender und Lebenslauf in der New Economy. Analysen zu Karrieremustern und Lebenskonzepten. Gender Studies in den Angewandten Wissenschaften, Bd. 2, Münster: Lit Verlag

Schröer, Sebastian/Schulze, Heike (2010) Grounded Theory. In: Bock, Karin/Miethe, Ingrid (Hrsg.) Handbuch Qualitative Methoden in der Sozialen Arbeit, Opladen/Farmington Hills: Barbara Budrich, S. 277 - 288

Schütze, Fritz (1983) Biographieforschung und narratives Interview. In: Neue Praxis 13 (3), S. 283 - 293 https://www.ssoar.info/ssoar/bitstream/handle/document/5314/ssoar-np-1983-3-schutze-biographieforschung_und_narratives_interview.pdf (letzte Abfrage: 27.11.2020)

Schütze, Fritz (1984) Kognitive Figuren des autobiographischen Stegreiferzählens. In: Kohli, Martin/ Robert, Günther (Hrsg.) Biographie und soziale Wirklichkeit: neue Beiträge und Forschungsperspektiven, Stuttgart: Metzler, S. 78 - 117

Schütze, Fritz (1987) Das narrative Interview in Interaktionsfeldstudien. Erzähltheoretische Grundlagen, Hagen: Fernuniversität

Schütze, Fritz (1992) Sozialarbeit als „bescheidene" Profession. In: Dewe, Bernd et al. (Hrsg.) Erziehen als Profession. Zur Logik professionellen Handelns in pädagogischen Feldern, Wiesbaden: Springer, S. 132 - 170

Schütze, Fritz (1996) Organisationszwänge und hoheitsstaatliche Rahmenbedingungen im Sozialwesen. Ihre Auswirkungen auf die Paradoxien des professionellen Handelns. In: Combe, Arno/Helsper, Werner (Hrsg.) Pädagogische Professionalität, Frankfurt a. M.: Shurkamp, S. 183 - 275

Spranger, Eduard (1968) Der geborene Erzieher. Fünfte Auflage, Heidelberg: Quelle & Meyer

Stahl, Uta (1998) Pädagogische Professionen? Auswirkungen fehlender Professionalisierung pädagogischen Handelns. In: Schulz, Wolfgang (Hrsg.) Expertenwissen: soziologische, psychologische und pädagogische Perspektiven, Opladen: Leske + Budrich, S. 87 - 96

Staub-Bernasconi, Silvia (2007) Dienstleistung oder Menschenrechtsprofession? Zum Selbstverständnis Sozialer Arbeit in Deutschland mit einem Seitenblick auf die internationale Diskussionslandschaft. In: Lob-Hüdepohl, Andreas/Lesch, Walter (Hrsg.) Ethik Sozialer Arbeit. Ein Handbuch, Paderborn: Schöningh, S. 20 - 53

Stichweh, Rudolf (1994) Wissenschaft, Universität, Profession. Soziologische Analysen, Frankfurt a. M.: Suhrkamp

Stichweh, Rudolf (2000) Professionen im System der modernen Gesellschaft. In: Merten, Roland (Hrsg.) Systemtheorie Sozialer Arbeit. Neue Ansätze und veränderte Perspektiven, Opladen: Leske + Budrich, S. 29 - 38

Strauss, Anselm (1985) Social Organizations of Medical Work, Chicago: University Press

Strauss, Anselm (1991) A Social World Perspective. In: Strauss, Anselm Creating Sociological Awareness, New Brunswick/London: Transaction Publishers, S. 233 - 344

Strauss, Anselm/Corbin, Juliet (1994) Grundlagen qualitativer Sozialforschung. Datenanalyse und Theoriebildung in der empirischen soziologischen Forschung, München: Wilhelm Fink Verlag

Strübing, Jörg (2018) Qualitative Sozialforschung. Eine komprimierte Einführung, Boston/Berlin: De Gruyter

Susskind, Richard/Susskind, Daniel (2017) The Future of the Professions. How Technology will transform the Work of Human Experts, Oxford: Oxford University Press

Truschkat, Inga et al. (2007) Grounded Theory Methodologie in Qualifikationsarbeiten. Zwischen Programmatik und Forschungspraxis – am Beispiel des Theoretical Samplings. In: Mey, Günter/Mruck, Katja (Hrsg.) Grounded Theory Reader, Köln: Zentrum für Historische Sozialforschung

Volk, Sabrina et al. (2020) Netzwerke Frühe Hilfen. Multiprofessionelle Kooperation als Grenzarbeit. Ergebnisse einer Studie der Stiftung Universität Hildesheim (2013 - 2015). Kompakt. Herausgegeben vom Nationalen Zentrum Frühe Hilfen (NZFH). Köln https://doi.org/10.17623/NZFH:K-NwFHMpKoop

Wagner, Leonie (2019) Die Erfindung der Sozialen Arbeit als Disziplin und Profession: Soziale Arbeit als multidisziplinäres und monoprofessionelles Projekt. In: Karic, Senka et al. (Hrsg.) Multiprofessionalität weiterdenken. Dinge, Adressat*innen, Konzepte, Weinheim/Basel: Beltz Juventa, S. 22 - 38

Wilensky, Harold (1972) Jeder Beruf eine Profession? In: Luckmann, Thomas/Sprondel, Walter (Hrsg.) Berufssoziologie, Köln: Kiepenheuer, S. 198 - 215

Wulfekühler, Heidrun et al. (Hrsg.) (2013) Interprofessionalität in der Tagesbetreuung: Module zur Gestaltung von Netzwerkpraxis, Wiesbaden: Springer VS

Zlatkin-Troitschanskaia, Olga et al. (Hrsg.) (2009) Lehrerprofessionalität: Bedingungen, Genese, Wirkungen und ihre Messung, Weinheim/Basel: Beltz

Internetquelle

https://arbeits-abc.de/patchwork-karriere/ (letzter Zugriff: 09.12.20)

Danksagung

Mein Dank geht an meine Betreuer Herrn Prof. Dr. Wolfgang Schröer und Herrn Prof. Dr. Gunther Graßhoff. Außerdem danke ich Frau Prof. Dr. Melanie Fabel-Lamla für die viele Hilfe und Unterstützung.

Ich danke Tabea Noack im Institut für Sozial- und Organisationspädagogik der Stiftung Universität Hildesheim für die vielen schönen Promotionstage.

Und nicht zuletzt danke ich Caroline Rapp, dass ihre Motivation dazu beigetragen hat, dass diese Dissertation entstanden ist.